Ça n'enlèvera peut-être p[...] ça rendra ceux que vo[...]

TIM FINCHEM,
Commissaire, PGA Tour

Voilà un remède magnifique! Il me rappelle combien il est important dans la vie de pouvoir rire de soi et l'importance des relations gagnant-gagnant. La combinaison du golf et de Bouillon de poulet *est l'ordonnance parfaite pour inspirer votre esprit et soulager votre âme!*

ROBERT DEDMAN
Auteur de *King of Clubs*

Bouillon de poulet pour l'âme du golfeur *parle au golfeur comme aucun autre livre. Il nous rappelle pourquoi nous jouons au golf!*

JERRY TARDE,
Rédacteur en chef, *Golf Digest*

Ces histoires me rappellent combien le golf est vraiment le meilleur sport. Il faut lire Bouillon de poulet pour l'âme du golfeur.

MICHELLE MCGANN,
Joueuse de la LPGA

Les histoires de ce livre montrent que le golf est une scène où bien des rêves de vie – et la plupart de ses leçons – peuvent être joués de façon très perspicace. Je l'ai beaucoup aimé!

JIM RITTS,
Ancien commissaire, LPGA

Le lien commun du golf nous rapproche plus les uns des autres que la plupart des autres passe-temps. Les gens, les lieux et les émotions que nous visons dans ce jeu ressortent brillamment dans ce magnifique livre. Si vous voulez profiter au maximum du golf et de la vie, procurez-vous ce livre et lisez-le!

JULIE INKSTER,
Joueuse de la LPGA

Il est agréable de lire un livre de vraies histoires écrites par de vraies personnes qui se lèvent le matin et mettent leurs pantalons une jambe à la fois – comme tout le monde.

TOM LEHMAN,
Joueur de la PGA

Conservez et lisez ce livre qui rend hommage au jeu de golf d'une manière si édifiante et si positive. On devrait obliger tous les golfeurs à le lire.

JIM COLBERT,
Joueur de la PGA senior

Ce livre m'a procuré tant de plaisir que je veux le partager avec mes amis golfeurs. On ne peut se tromper avec Bouillon de poulet pour l'âme du golfeur.

NANCY HALEY,
Chef de la direction, TEHÂMA

Merci d'avoir réuni Bouillon de poulet *et le golf. Quelle bonne façon de voir ce merveilleux jeu sous un jour différent! J'ai l'intention d'utiliser vos histoires pour éclairer mes élèves et pour moi-même lorsque j'ai besoin de changer d'attitude.*

MARDELL WILKINS,
Président, section Ouest LPGA

Cet excellent livre réussit à réunir de merveilleuses histoires de golf et plusieurs des meilleures qualités humaines que nous désirons améliorer dans notre vie. Je l'ai beaucoup aimé.

DAN QUAYLE,
Vice-président (des États-Unis)

La lecture de ce livre a confirmé ce que je savais déjà : le golf est fondamentalement bon, tout comme les gens qui s'y adonnent. De plus, il a guéri mon rhume.

RUFFIN BECKWITH,
Directeur exécutif et chef de la direction,
World Golf Village

Chaque histoire vous touche le cœur d'une certaine manière.

LIZ COMTE REISMAN
Rédactrice en chef, *Golf Digest Woman*

Ce livre constitue une formidable collection d'histoires amusantes et pleines de sens sur le golf, que les joueurs de tous les niveaux pourront apprécier.

BOB MURPHY,
Joueur de la PGA senior

Une réserve pour la vie de bonnes histoires de golf réunies dans un livre unique. Ce livre incarne l'âme et l'esprit de ce grand sport. J'ai beaucoup aimé.

RICK SMITH
Architecte et instructeur renommé

Le golf, c'est vraiment comme la vie. Jamais plus je ne penserai à ce sport de la même manière.

PEARL SINN,
Joueuse de la LPGA

Ce livre vous fera rire et pleurer. Tout comme le golf, il fera appel à toutes vos émotions.

ANN LIGOURI,
Auteure, *A Passion for Golf,
Celebrity Musings About the Game*

Il faut être inspiré pour donner le meilleur de soi. Gagner en compétition demande une énorme dose de volonté. Bouillon de poulet pour l'âme du golfeur est le repas équilibré des futurs champions. De merveilleux récits qui satisferont le lecteur gagnant.

BRUCE WALLEN OLLSTEIN,
Captain « O »
Super instructeur et auteur de *Combat Golf*

Une merveilleuse collection d'histoires qui rendent hommage à la beauté et aux vertus du golf... Sans l'ombre d'un doute, ce sport est une merveilleuse école!

STEVE COHEN
Président, The Shivas Irons Society

JACK CANFIELD, MARK VICTOR HANSEN
JEFF AUBERY
MARK & CHRISSY DONNELLY

Bouillon de Poulet pour l'âme du Golfeur

Des histoires perspicaces,
inspirantes et drôles
sur le parcours de golf

Traduit par Fernand A. Leclerc et Lise B. Payette

BÉLIVEAU
★
é d i t e u r
Montréal, Canada

L'édition originale de cet ouvrage a été publiée sous le titre
CHICKEN SOUP FOR THE GOLFER'S SOUL
101 Stories of Insight, Inspiration and Laughter on the Links
© 1999 Jack Canfield, Mark Victor Hansen
Health Communications, Inc.
Deerfield Beach, Floride (É.-U.)
ISBN 1-55874-658-7

Réalisation de la couverture : Jean-François Szakacs

Tous droits réservés pour l'édition française
© 2000, *Éditions Sciences et Culture Inc.*

Dépôt légal : 2e trimestre 2009
Bibliothèque et Archives nationales du Québec
Bibliothèque nationale du Canada

ISBN 978-2-89092-423-9

BÉLIVEAU 5090, rue de Bellechasse
⭐ Montréal (Québec) Canada H1T 2A2
é d i t e u r **514-253-0403** Télécopieur : 514-256-5078

www.beliveauediteur.com
admin@beliveauediteur.com

Gouvernement du Québec – Programme de crédit d'impôt pour l'édition
de livres – Gestion SODEC – www.sodec.gouv.qc.ca.

Nous reconnaissons l'aide financière du gouvernement du Canada par
l'entremise du Programme d'Aide au Développement de l'Industrie de
l'Édition pour nos activités d'édition.

IMPRIMÉ AU CANADA

Nous dédions chaleureusement
Bouillon de poulet pour l'âme du golfeur
aux millions de golfeurs du monde entier.

Votre passion et votre ardeur pour ce sport
contribuent à garder le golf et son histoire
vivants pour des générations à venir.

Nous dédions aussi ce livre
à Patty Aubery, vice-présidente de
Chicken Soup for the Soul Enterprises.

Nous sommes tellement heureux
de vous connaître et nous vous remercions
pour tout ce que vous avez fait pour
nous aider dans ce projet.

Votre habileté inexplicable de ne voir
que le bon côté des gens et votre désir
d'être utile nous inspirent tous
à être de meilleurs humains.

Nous vous aimons !

Table des matières

3. Moments privilégiés

4. L'art du golf

7. Le dix-neuvième trou

Les citations

Pour chacune des citations contenues dans cet ouvrage, nous avons fait une traduction libre de l'anglais au français. Nous pensons avoir réussi à rendre le plus précisément possible l'idée d'origine de chacun des auteurs cités.

Remerciements

Bouillon de poulet pour l'âme du golfeur a été un changement d'orientation agréable pour nous. Comme dans toutes les nouvelles aventures, nous avons reçu l'aide inattendue de nombreuses personnes dévouées. Nous avons été conseillés de façon experte par des gens qui en savent beaucoup plus que nous sur ce sport. Surtout, nous avons reçu l'amour et l'appui, si importants dans un projet de cette envergure. Nous aimerions remercier les personnes suivantes, sans qui nous n'aurions pu terminer ce livre.

Patty Aubery, merci de votre appui et de votre compréhension indéfectibles. Vous avez joué le rôle de notre plus précieux caddie, vous nous avez fait éviter les obstacles et vous avez dirigé notre élan vers la cible.

Bob et Jan Donnelly, votre amour et votre appui soutenus ont été plus importants que vous ne le pensiez. L'effet multiplicateur que vous avez créé se poursuit encore et encore.

Nat C. Rosasco et les gens de Northwestern Pro-Select Golf Co., pour avoir cru et appuyé ce livre depuis le premier jour.

Jeanne Neale, merci d'avoir été là! Vos appels opportuns et vos encouragements nous ont permis de traverser les moments les plus difficiles.

Patty Hansen, vous êtes un phare d'amitié, d'amour et d'encouragement. Merci d'être un si grand modèle pour *Bouillon de poulet*. Merci à Elisabeth et Melanie pour votre amitié et votre hospitalité.

Georgia Noble, merci de nous avoir ouvert votre demeure et de nous avoir accordé votre appui. Nous vous aimons. Merci, Christopher, de nous avoir inspiré par votre attitude libre et insouciante dans la vie.

Bob Carney, de *Golf Digest*, votre sagesse et votre amitié nous ont aidés à rester dans les limites du terrain. Merci d'avoir cru et d'avoir vu les possibilités. Vous incarnez ce dont parle ce livre.

Liz Comte Reisman, de *Golf Digest Woman*, notre rencontre fortuite sur le parcours a donné des résultats aussi merveilleux qu'inattendus. Merci de votre aide et de votre ténacité.

Jerry Tarde et l'équipe exceptionnelle de *Golf Digest*, merci de votre engagement et de votre enthousiasme.

Melanie Hauser et la Golf Writer's Association of America; les contributions de vos membres ont ajouté de merveilleuses histoires et une meilleure qualité d'écriture à ce projet.

Scott Medlock, Wally Buchleitner et vos équipes, merci pour la créativité et l'illustration de la couverture. Ce fut un plaisir de travailler avec vous.

Jim Ritts, merci d'avoir cru en ce projet dès le début.

Leslie King et le personnel des communications de la LPGA, merci de votre appui et de votre efficacité.

Lorne Rubenstein, cette rencontre prédestinée à la librairie et votre appui par la suite ont été un vrai cadeau du ciel. Merci.

Len Stachitis, de First Tee, votre foi et votre aide ont été un apport inestimable à ce livre. Kurt Knop, de CaP CURE, merci de votre créativité de la onzième heure. Steve Cohen, de Shivas Irons Society, merci de votre aide de dernière minute.

Heather McNamara, merci de votre attention aux détails. Votre connaissance incroyable du jeu, du tertre de départ au vert, a fait de vous une vraie joueuse d'équipe.

Nancy Mitchell Autio, merci de votre collaboration dans l'obtention des autorisations. Nous avons apprécié votre aide constante.

Leslie Forbes, Ro Miller, Veronica Romero, Teresa Esparza et Robin Yerian, de Self-Esteem Seminars, merci de nous avoir donné votre appui et les moyens de nous concentrer sur un projet comme celui-ci. Même si vous êtes à l'arrière-scène, nous vous apprécions beaucoup.

Laurie Hartman, de MVH & Associates, merci de vous être occupée de tous les détails importants qui nous ont permis de nous concentrer sur le projet dans son ensemble.

Peter Vegso, nous vous remercions et nous vous rendons hommage pour votre désir sincère d'apporter une contribution positive dans le monde. À cause de vous, il est meilleur.

Terry Burke, la contribution de votre équipe et votre enthousiasme personnel pour l'*Âme du golfeur* en ont fait un projet amusant. Merci pour tout.

Allison Janse, votre souci du détail et vos conseils d'experte pendant la préparation des épreuves sont plus appréciés que vous ne le croyiez. Il est réconfortant de vous savoir à l'autre bout de la chaîne avec nous.

Bob Land, merci pour votre travail d'expert dans l'édition. Votre perspicacité et vos corrections ont amélioré la qualité de ce livre.

Larissa Hise et Lisa Camp, nos livres ont meilleure apparence grâce à vous!

Kim Weiss et Larry Getlen, merci pour l'enthousiasme que vous générez. Votre conviction et votre engagement éclairent toutes vos communications.

À toute l'équipe de Health Communications, votre professionnalisme, votre dévouement et votre esprit d'équipe sont une inspiration que nous apprécions beaucoup.

Un merci tout spécial à toutes les personnes qui ont consacré des heures à lire et à évaluer nos histoires sélectionnées. Vos conseils et vos réactions ont été inestimables : Diane Aubery, Bob Carney, Christine Clifford, Bob Donnelly, Bud Gardner, Rose Greenman, Amy Fanelli, Brad Halfon, Tom Hazard, Paul Holcomb, Leslie King, Barbara Lamonico, Linda Mitchell, Todd Mielke, Jeanne Neale, Bob Polivka et Liz Comte Reisman.

Nous désirons aussi remercier tous ceux qui ont soumis les milliers d'histoires, de lettres, de poèmes et de citations que nous avons considérés pour ce livre. Même si nous n'avons pas pu les utiliser tous, nous avons été touchés par chacun d'eux. Constamment, vos histoires nous ont apporté un appui et nous ont confirmé que nous étions sur la bonne voie, en plus de nous donner des conseils additionnels sur la manière de mieux toucher l'âme du golfeur.

Ce projet était si considérable que nous avons probablement oublié certaines personnes qui ont apporté leur aide. Si c'était le cas, nous nous en excusons. Sachez que nous vous sommes très reconnaissants.

Enfin, nous sommes aussi reconnaissants à tous les bras et à tous les cœurs qui ont rendu ce livre possible. Nous n'aurions pas pu réussir sans vous!

Introduction

Le golf, c'est comme un aquarium. Toute personne qui s'est présentée sur le premier tertre de départ devant une foule de spectateurs le sait très bien. Les anecdotes amusantes du golf ont la capacité de nous enseigner des leçons de vie importantes et c'est ce qui nous a incités à collaborer à l'écriture de *Bouillon de poulet pour l'âme du golfeur*. Le golf a la propriété d'améliorer ce que nous sommes, ou de nous donner l'occasion d'essayer de changer.

Nous avons compilé *Bouillon de poulet pour l'âme du golfeur* en espérant capter le mystère et l'émerveillement de ce jeu dans des histoires qui vous inspireront, vous donneront des aperçus du jeu de la vie et vous laisseront avec une toute nouvelle impression du jeu de golf. Ce livre s'adresse à tous ceux qui ont déjà joué au golf, à ceux qui ont un handicap de zéro comme aux golfeurs de fin de semaine, aux professionnels comme à ceux qui regardent un tournoi à la télévision.

Chaque histoire de ce livre a été écrite par une personne qui a été transformée par une expérience au golf. Il se peut que certaines de ces histoires vous permettent d'aborder les difficultés du parcours sous un nouveau jour, ou vous inspirent en vous montrant comment d'autres ont surmonté d'énormes obstacles physiques ou émotionnels. Il est possible que d'autres histoires vous fassent apprécier le degré d'intégrité que demande ce sport, ou vous suggèrent des façons plus productives de traiter ceux qui prennent des libertés avec les règlements. D'autres histoires vous rappelleront et vous confirmeront peut-être que, même si nous rencontrons tous des défis à un moment ou un autre au golf, nous ne sommes jamais seuls à nous délecter de ce sport.

Avec perspicacité et éloquence, les histoires de ce livre montrent bien comment le golf est une si merveilleuse métaphore de la vie. Par exemple, la vie se présente parfois sous la sérénité d'un magnifique lever de soleil éclairant un vert immaculé et couvert de rosée, nous mettant à l'unisson avec la nature pour transcender toute une ronde. Parfois, c'est la sensation de pure adrénaline qui accompagne un coup frappé de façon parfaite – le moment où il devient évident que tout est possible. Parfois, c'est la frustration totale qui nous donne envie de tout abandonner, pour être remplacée ensuite par l'espoir d'un retour réussi à la prochaine ronde. En d'autres occasions, le golf cimente des liens d'amitié ou familiaux, ou nous entraîne dans un voyage à l'intérieur de nous-mêmes.

Ces histoires montrent bien que le golf peut être un professeur très compétent. Il nous enseigne l'acceptation, le pardon et l'humilité. Il nous enseigne quand il faut faire plus d'efforts et quand il faut relaxer et profiter du moment. Il nous donne l'occasion d'expérimenter et de développer des qualités telles l'esprit sportif, l'honnêteté, le courage et la persévérance. Si nous avons l'esprit ouvert, le golf peut nous enseigner bien des leçons qu'il nous faut apprendre. Ainsi, le golf formera notre caractère longtemps après que nous aurons quitté le terrain.

Nous vous offrons ce livre comme un cadeau. Certaines histoires vous feront rire. D'autres vont vous émouvoir aux larmes. Nous souhaitons qu'elles vous ouvrent le cœur, vous guident vers de nouveaux sommets dans votre jeu et dans la vie, et qu'elles vous accompagnent dans votre voyage. Nous vous souhaitons de retirer du golf autant que vous y mettez.

Les nombreuses leçons du golf

Le golf nous enseigne que nous avons tous des handicaps… et que presque personne ne les connaît vraiment.

Le golf nous enseigne que les meilleurs parcours sont ceux qui ne modifient pas beaucoup ce que Dieu avait d'abord créé.

Le golf nous enseigne que, même si peu de gens honnêtes au golf trichent dans la vie, tous ceux qui trichent au golf trichent aussi dans la vie.

Le golf nous enseigne que, si nous avons besoin de règlements sévères, nous avons aussi besoin de la règle des obstacles mobiles.

Le golf nous enseigne que même les gens qui portent des pantalons verts ont droit à une place bien à eux et peuvent faire un peu d'exercice sans faire rire d'eux.

Le golf nous enseigne que, même si vous avez peu de chance d'être le meilleur, vous avez une bonne chance d'aller au meilleur de vos habiletés.

Le golf nous enseigne que le succès et l'échec sont temporaires.

Le golf nous enseigne aussi que le succès est beaucoup plus temporaire.

Le golf nous enseigne que, même si la pratique ne nous rend pas toujours parfaits, l'absence de pratique nous rendra toujours imparfaits.

Le golf nous enseigne que, peu importe votre habileté, il y aura toujours quelqu'un de meilleur que vous et que, règle générale, cette personne vous trouvera pour vous le dire.

Le golf nous enseigne que, lorsque vous êtes bon, vous pouvez le dire aux autres, mais lorsque vous êtes grand, ce sont les autres qui vous le diront.

Le golf nous enseigne que, si la patience est une qualité, le jeu lent ne l'est pas.

Le golf nous enseigne que, si les meilleurs golfeurs ont le plus de chances de gagner, ce sont les autres qui ont le plus de chances de s'améliorer.

Le golf nous enseigne que, par un matin de rosée ou par un après-midi ensoleillé, lorsque le soleil réchauffe le monde, nous pouvons nous retrouver à marcher dans une prairie improvisée et comprendre que nous ne cherchons pas une petite balle blanche, mais le moment où la nature et le jeu ne font qu'un. C'est alors que dans la rosée ou le soleil, nous comprendrons que, même si nous pouvons faire une balle parfaitement blanche, il n'y a que Dieu qui peut rendre une prairie parfaitement verte.

Rabbin Marc Gellman, Ph.D
et Monseigneur Tom Hartman

Note de l'éditeur francophone

Nous avons voulu employer les termes les plus couramment utilisés par les golfeurs au Québec. Plusieurs de ces mots étant des anglicismes, nous les avons mis en italique.

1

LE PREMIER TERTRE
DE DÉPART

*Finalement, le golf est probablement
le sport universel.*

George Low

Un seul

À l'été de 1941, Norma Halstead était une mince jeune fille de 15 ans. Son père, Grant, était le professionnel au club de golf municipal de Fresno, situé sur les rives de la rivière San Joaquin. Elle habitait avec ses parents à l'étage du *clubhouse*, sur une colline surplombant la rivière et le premier trou. La vie était simple et les journées de Norma étaient bien remplies, surtout par son amour du golf.

À Fresno, les journées d'été peuvent être cruellement chaudes. Souvent, Norma se levait avant l'aube, accomplissait ses tâches et partait avec son sac de toile en direction du premier départ pour un neuf trous en solitaire. Tôt le matin, la brume montait souvent de la rivière. Le premier trou, qui descendait du *clubhouse*, était blanc comme du lait. Norma était débutante mais il était clair qu'elle avait reçu des leçons de son père quand elle a frappé son coup de départ et l'a regardé aller dans la brume qui recouvrait l'allée en contrebas. Norma aimait ce sport et sa vie au bord de la rivière.

Un matin de juillet, Norma a commencé sa ronde sans espérer plus qu'une bonne marche dans la campagne. En mettant sur le *tee* une des trois balles que son père lui avait données, elle s'est souvenue de la mise en garde de ce dernier, « un bon golfeur ne perd jamais sa balle ». En matière de golf, les propos de son père étaient paroles d'évangile et Norma redoutait le jour où elle devrait lui demander d'autres balles. Mais ce matin-là, son coup de départ a fendu la brume pour se retrouver loin dans l'allée du trou nº 1.

C'est Billy Bell qui avait été l'architecte du parcours. Grant Halstead avait convaincu les édiles municipaux que Bell était l'homme pour dessiner leur premier terrain public et Bell avait réussi un chef-d'œuvre. Bientôt, le terrain est devenu le « big Muni » (le grand municipal), et il a été le site de plusieurs championnats municipaux excitants. Le véritable défi de Bell avait été de dessiner les trois premiers trous dans l'espace réduit à sa disposition. Le premier trou, une longue normale 4, descendait la côte du *clubhouse* et suivait la rivière. Le deuxième, une normale 3 avec plusieurs fosses de sable, montait vers un vert en forme de cuvette. Le troisième trou était parallèle au premier et son vert avait été creusé à même la berge surplombant la rivière. On avait jugé impossible la conception de ces trois trous, mais l'élégance simple de leur forme était évidente. Bell avait un talent pour trouver des solutions simples mais élégantes et cela se reflétait sur tout le parcours.

En approchant de sa balle dans la première allée, Norma a entendu au loin le sifflet du train de marchandises du matin. La voie suivait le terrain du côté est et traversait la rivière en empruntant un grand pont sur chevalets. Bientôt, le train filerait bruyamment près du deuxième trou, en route vers Modesto, Stockton et Sacramento au nord. Il a fallu trois bons coups à Norma pour atteindre le premier vert et deux coups roulés pour son *par* personnel.

Au deuxième trou, elle a choisi un fer long. La sagesse simple de son père lui avait enseigné de ne craindre aucun bâton. « Frappe-les tous de la même manière, mais surtout, disait-il, aie confiance en ton élan. » En prenant un élan de pratique, elle pensait seulement à imiter le style élégant de son père. Il lui disait souvent : « Imagine que quelqu'un te photographie. Essaie d'avoir l'air mignonne. » C'était facile pour la jeune fille.

Le train passait le long de la clôture de bois qui déterminait les limites du terrain. Norma était parfaitement concentrée en frappant la balle. Elle a vu avec plaisir qu'elle se dirigeait droit vers le vert en cuvette. Norma espérait réussir le *par* sur les trous plus courts et essayait très fort de rejoindre le vert. Elle était habile sur les coups roulés et, souvent, elle se limitait à deux par trou. Ce coup semblait bon, il avait atterri sur le devant du vert, en ligne avec le drapeau. Elle a donc ramassé son sac et a commencé à monter la côte en direction du vert.

Les jours de grande chaleur, les joueurs s'attardaient souvent derrière le deuxième trou, profitant momentanément de l'ombre des deux pins géants. Le vert, en forme de cuvette, retenait bien les coups, mais comme il était petit, toute balle frappée plus de dix degrés hors ligne bondissait sur le coteau. La précision était récompensée. Norma savait que le secret de ce trou était de prendre un bâton plus long et de faire confiance à son élan.

En arrivant au haut de la côte, Norma n'a pas vu sa balle. Le train, maintenant assez loin de l'autre côté du pont, a fait entendre son grand sifflet trois fois. Norma a regardé vers l'arrière du vert, espérant voir sa balle près de la frise. Elle n'était pas là. Elle a déposé son sac et a commencé à chercher dans l'herbe longue à l'arrière du vert. Un peu irritée, elle a commencé à penser qu'elle avait peut-être perdu sa première balle de golf. Elle imaginait la mine renfrognée et incrédule de son père, bouche bée, abasourdi par la perte honteuse faite par sa fille unique.

Elle doit bien être quelque part, pensait Norma. Elle s'est dirigée vers le devant du vert, pensant que la balle aurait pu ne pas rebondir vers l'avant comme elle l'avait d'abord cru. En passant près du trou, elle a baissé les yeux et a vu sa balle dans la coupe. Un trou d'un coup!

Bien que novice, elle savait qu'un trou d'un coup était un grand exploit au golf. Elle savait que son père serait ravi. Elle pensait à son grand sourire et à ses yeux brillants en se penchant pour ramasser sa balle dans la coupe. Elle aurait aimé que son père soit témoin de cette scène. Elle aurait aimé que quelqu'un l'ait vue.

Après avoir terminé les neuf trous, elle a monté les marches du chalet, maintenant illuminé par les rayons du soleil matinal. Elle a regardé sur la galerie et a vu sa mère. Ne voulant pas avoir l'air trop excitée, elle a simplement dit : « Oh! Maman, j'ai frappé un vrai bon coup aujourd'hui. » Sa mère, rassasiée d'histoires de golf depuis qu'elle avait fait la connaissance de Grant, s'est préparée à écouter patiemment l'histoire d'un autre haut fait d'armes sur le terrain.

Bien préparée à recevoir les félicitations pour son exploit, Norma a dit : « Oui, au trou n° 2, j'ai envoyé ma balle directement dans la coupe. »

Sa mère a scruté l'horizon au-dessus du terrain, comme si elle faisait l'inventaire des jeunes arbres qui poussaient le long des allées. Elle pensait surtout aux tartes, aux gâteaux et au chili destinés aux clients de la journée. Pendant que Grant s'occupait de la boutique et donnait des leçons sur le terrain de pratique, la mère de Norma s'occupait du casse-croûte. Tous les produits étaient frais du jour.

Elle s'est tournée vers Norma et a regardé ses cheveux bruns qui lui allaient aux épaules, et les gouttes de sueur qui perlaient sur son front. Finalement, elle a dit : « C'est bien, chérie. N'oublie pas de le dire à ton père. Rentre maintenant, protège-toi du soleil. »

Norma a été un peu désappointée de la réaction de sa mère qui aurait certainement dû être plus enthousiaste. Elle s'y était peut-être mal prise pour lui annoncer. Suivant sa mère dans le casse-croûte, Norma dit : « Non, maman. Je veux dire que j'ai envoyé la balle dans le trou d'un seul coup. Un trou d'un coup! »

La mère de Norma a pris sa jeune fille par les épaules et l'a menée à travers le casse-croûte en direction de la boutique. « Oui, chérie. C'est très bien, a-t-elle répété. N'oublie pas de le dire à ton père. »

La frustration de Norma a augmenté lorsqu'elle a annoncé la nouvelle à son père. Ils étaient seuls dans la boutique. La frêle fille de quinze ans avait l'air d'une naine à côté du professionnel musclé. Ce qui impressionnait le plus chez Grant étaient ses mains énormes et son crâne chauve. Son regard pouvait être sévère mais souvent on croyait voir l'esprit de Noël dans ses yeux.

D'un air grave, Grant a dit à sa fille : « C'est très bien, Norma. Mais tu dois comprendre qu'il n'est pas très sportif de dire que tu as fait un trou d'un coup alors que tu jouais seule. Tu vois, sans un témoin… bien… chaque jour, il y aurait plein de petits rigolos qui viendraient nous dire qu'ils ont réussi tel ou tel exploit. » Grant a ensuite pris sa fille dans ses bras, l'a serrée doucement contre lui et a dit : « Souviens-toi – fais confiance à ton élan et tu réussiras. »

De nos jours, les parents s'interrogeraient sur les effets psychologiques d'une telle déception chez un jeune. Mais en 1941, les gens étaient plus réalistes et, d'une certaine manière, les parents étaient moins soucieux de protéger leurs enfants des difficultés de la vie. Ils s'employaient plus à les préparer à vivre dans un monde où le bien et le mal se côtoient.

Norma a oublié son exploit. Elle avait appris qu'en plus des règles écrites du golf que son père lui avait enseignées, il y avait d'autres règles que seule l'expérience pouvait nous apprendre.

Deux semaines plus tard, une carte postale adressée simplement « Au professionnel » est arrivée au club. Grant a lu la carte et son rire tonitruant s'est fait entendre dans tout le *clubhouse*. La carte disait simplement « Félicitations à la jeune femme qui a fait un trou d'un coup sur le 2. Quel beau coup de golf! » Et c'était signé « J.C. Wade, Mécanicien, Southern Pacific Railroad. »

Quand Norma a entendu le vacarme dans la boutique, elle est descendue de sa chambre pour être accueillie par son père et quatre hommes, membres du club. La voix de stentor de son père racontait l'exploit de sa fille pendant que Norma lisait et relisait la carte postale, n'en croyant pas ses yeux. Elle arborait un large sourire et, avec toute la modestie de circonstance, elle a enfin reçu l'accolade de tous pour son exploit.

Elle s'apprêtait à retourner à sa chambre quand son père lui a dit : « Maintenant, chérie, va chercher ta tire-lire. C'est ta tournée au bar. »

Norma a eu l'impression qu'elle allait apprendre une autre des règles non écrites du golf.

J.G. Nursall

Objets perdus

*On dit que le golf ressemble à la vie, il ne faut
pas le croire. Le golf est plus compliqué.*

Gardner Dickinson

Les quarante compositions non corrigées dans
mon porte-documents m'appelaient de toutes leurs fau-
tes de grammaire. Mais après deux jours de pluie dilu-
vienne, un soleil éclatant baignait le terrain de golf par
ce beau dimanche radieux. Après une douche rapide, je
suis parti jouer une ronde solitaire avant d'échanger
mon cocheur d'allée (*pitching wedge*) pour le traditionnel crayon rouge.

Au club, le préposé m'a accueilli avec un grogne-
ment. Il semblerait que se lever tôt pour regarder les
autres jouer au golf produise cet effet. La feuille d'inscription m'a annoncé qu'un seul autre homme était
déjà sur le terrain. Très bien. Ce serait une ronde rapide,
sans témoins, sans se faire pousser dans le dos.

Après avoir mis mon alliance dans ma poche (elle
me cause des ampoules si je la porte), j'ai été stupéfait
devant mon premier coup de départ, un doux sifflement
en plein centre de l'allée. J'ai doucement remis le capuchon sur mon bois 1.

Au sixième trou, malgré mes faibles connaissances
en mathématiques, il devenait évident que j'allais jouer
la ronde de ma vie. Non pas que Tiger Woods doive
s'inquiéter, mais après cinq trous j'étais un sous la

normale, particulièrement grâce à un délicat roulé de vingt pieds.

En prenant position devant ma balle, j'ai jeté un coup d'œil sur le sixième *fairway*, un magnifique *par* 5 qui se déroulait autour d'un étang en forme de rein, le long duquel poussaient des plantes aquatiques et des quenouilles.

M. Lève-tôt était là qui fouillait dans l'étang avec sa perche. C'est le nom que je lui ai donné, car je ne me rappelais pas du nom que j'avais vu dans le registre moins d'une heure auparavant. Les cheveux plus blancs qu'une paire de bas de sport, sa démarche laissait croire qu'il avait été présent à l'invention du golf. Il n'a pas remarqué que je m'impatientais sur le tertre de départ. Finalement, je me suis dit que je jouais tellement bien ce jour-là que je ne risquais pas de l'atteindre (tout en ressentant le poids de ces compositions qui taxaient lourdement le reste de mes heures de loisir); j'ai frappé un coup dérouté (*shank*) qui aurait fait la fierté de Sir Murphy et de ses lois.

Vieux merdeux, murmurai-je, en replaçant le capuchon sur mon bois 1. Désirant poursuivre ma ronde seul, j'étais bien résolu à ne pas entreprendre la conversation avec ce vieux débutant. Mais, problème, dans mon dégoût de ce coup raté, je n'ai pas vu précisément où ma balle s'était dirigée. Tout ce que je savais, c'est qu'elle était allée en direction de l'endroit où M. Lève-tôt cherchait encore.

« Belle matinée, n'est-ce pas? » a-t-il proposé au moment où je me suis approché.

« Ouais! » ai-je répondu en évitant son regard. Les vieux sont comme les animaux, me suis-je dit, ils peuvent voir nos faiblesses dans nos yeux.

« Il semble que nous nous soyons perdus dans ce coin-ci », dit-il en agitant sa perche au-dessus des herbages qui nous entouraient.

Au moment où il m'a semblé que je devrais passer mon dimanche matin à servir de chaperon à un membre de l'unité gériatrique sur le parcours, j'ai aperçu une sphère à fossettes enfouie dans l'herbe longue.

« Voici ma balle », dis-je en attrapant le premier bâton dans mon sac. Une vieille branche aurait fait l'affaire.

« Êtes-vous certain? » a-t-il demandé. « Je jouais une Titleist. »

« Moi aussi », ai-je répondu en roulant les yeux d'exaspération. Ou était-ce une Top-Flite? Peu importe, ai-je décidé. Cette balle m'appartenait.

Et je suis parti.

Mais l'image du vieil homme qui me dévisageait pendant que je contournais l'étang m'empêchait de me concentrer, et mon jeu en souffrait. Je suis devenu de plus en plus en colère.

Au trou suivant, après un autre coup de départ raté, j'ai flanqué mon bois 1 dans mon sac, déterminé à ne jamais plus y retoucher.

J'ai carrément perdu mon jeu de fers. Au treizième trou, je cherchais mon fer 7 dans mon sac pour découvrir qu'il n'était pas là. J'ai poussé un gémissement en comprenant que je devrais m'en passer. M. Lève-tôt était toujours derrière moi et probablement qu'il avait mon bâton.

Malheureusement, il avait quitté. Il semblerait qu'en ce beau dimanche matin, il en avait assez de neuf trous. Probablement parti à l'église, ai-je pensé en colère en revenant vers le *clubhouse*, ma partie gâchée.

Il n'y avait toujours personne au *clubhouse* quand je suis rentré, même le ventilateur au plafond ne pouvait me rafraîchir. Le préposé m'a regardé avec le même air ennuyé qu'il m'avait manifesté plus tôt.

« Quelqu'un est-il venu ici? » ai-je demandé.

« Un vieux monsieur? Tête blanche? » a-t-il demandé en baîllant.

« Oui, ai-je répondu. A-t-il laissé quelque chose? »

« Ouais! Il a dit que vous les chercheriez sans doute. Il a tout mis sur le bar. »

« Tout? »

« Regardez sur le bar. C'est tout ce que je sais », dit-il.

Je me suis dirigé vers le bar d'acajou, le bruit de mes crampons résonnant à mes oreilles. Sur le bar, il y avait : l'enveloppe de mon bois 1, mon fer 7 et une balle. Prenant la balle, j'ai rougi. Top-Flite. Il y avait même ma marque personnelle, trois points en rouge indélébile. Puis, j'ai remarqué une serviette de papier. Dessus, en plein centre, il y avait mon jonc, aussi luisant que le jour où ma femme l'avait passé à mon doigt. Il était tombé de ma poche quelque part sur le parcours. Un vrai miracle qu'il l'ait trouvé et, plus étonnant, qu'il ait su que c'était le mien et me l'ait rapporté, avec les autres objets. La gorge serrée, j'ai couru vers le station-nement.

M. Lève-tôt partait au moment où j'ai glissé devant sa voiture. Je me suis lentement dirigé vers le côté de la fenêtre du conducteur qu'il avait déjà commencé à baisser.

« Mes affaires, dis-je. Vous avez rapporté mes affaires même après… la balle… votre balle… j'ai volé votre balle. »

« Laissez-moi voir », dit-il en me regardant.

J'ai presque déchiré mon pantalon en sortant la balle qui se trouvait toujours dans ma poche avant. Tremblant, je la lui ai donnée.

Il a regardé la balle, l'a tournée en tous sens et a fait un bruit avec sa bouche. Après un long moment, il a pris la balle et me l'a remise par la fenêtre.

« Non. Ce n'est pas la mienne. Je jouais une Titleist 3. Celle-ci est une Titleist 1. Garde la balle, mon garçon. Tu l'as trouvée. »

Hébété, j'ai repris la balle. « Mais, mes choses. Vous avez trouvé tout ce que j'avais perdu. »

« Pas tout », a-t-il répondu avec un léger sourire. « Pas tout. »

« Que voulez-vous dire? »

Il a embrayé la voiture et, en remontant sa vitre, il a dit : « Vous avez perdu la seule chose que je ne peux vous rendre, mon jeune. Allez lire ce qu'il y a d'écrit sur la serviette de papier. »

Il est parti.

De retour dans le *clubhouse*, je me suis rendu au bar et j'ai retourné la serviette. J'ai lu, écrit de la main de M. Lève-tôt, les mots suivants :

VOTRE CALME

Greg R. Bernard

Le golf contredit le mythe qui veut que les Américains plus âgés soient moins actifs ou moins compétitifs. Demandez à n'importe quel golfeur d'âge moyen qui s'est fait battre par quelqu'un de l'âge de ses parents. Je parle d'expérience. Sur le parcours, la jeunesse n'est pas un avantage.

Dan Quayle

L'Omnium des États-Unis

Comment aimeriez-vous devoir affronter les 143 meilleurs de votre profession chaque semaine pour survivre?

Bruce Crampton

J'avais sept ans quand mon père m'a initié au golf en m'emmenant au parcours Memorial Park de Houston pour voir le doux géant qui arpentait les allées du golf professionnel. C'est là que, pour la première fois, j'ai vu Arnold Palmer et son style bravache. J'ai été séduit par son charisme. J'ai dit à mon père que je voulais être comme lui! Mon père m'a donné toutes les chances de réussir et, vingt ans plus tard, j'ai eu la chance de réaliser mon rêve.

Même si j'étais un bon joueur, je ne l'étais pas suffisamment pour être une vedette. Je me suis battu et j'ai persévéré, mais je n'ai pas atteint mon but. Ce que je voulais surtout, c'était participer à un grand championnat, à un Majeur, et vivre cette expérience. J'ai dû m'y prendre à onze reprises, dix ans de désappointement, avant de me qualifier pour mon premier Omnium des États-Unis en 1979.

Les qualifications étaient un test rigoureux de trente-six trous en une journée, habituellement par une température de 35 degrés, dont seulement les quelques meilleurs d'un excellent contingent accédaient au tournoi de championnat. Pour tout golfeur qui a rêvé de jouer contre les meilleurs de ce sport, une participation à l'Omnium des États-Unis a toujours représenté le summum.

Après tant d'échecs, me qualifier pour un seul Omnium était presque plus que je ne pouvais espérer. Les attentes sont fortes et l'espoir éternel. J'avais hâte de prendre l'avion pour Toledo et me rendre au parcours. Lorsque nous avons finalement traversé la barrière du Inverness Country Club, sous l'émotion du moment, ma famille et moi avons pleuré de soulagement.

J'ai bien joué en ronde de pratique mais, pendant le Championnat, j'ai perdu ma touche sous l'effet de la pression. J'ai mal commencé et terminé encore plus faible; après 36 trous, il me manquait seulement deux coups pour survivre à la coupure.

Ma femme et mes parents m'ont accompagné tout le long du parcours, vivant mon rêve par procuration. Quel désappointement de ne pas avoir réussi, car nous savions que je n'aurais peut-être pas une autre chance de participer à l'Omnium des États-Unis.

Le dimanche, en attendant notre correspondance pour rentrer à la maison à l'aéroport O'Hare de Chicago, nous avons vu les premiers instants du reportage national d'ABC TV. Le commentaire d'ouverture de Jim McKay était tellement émouvant que j'ai vu mon père ému aux larmes. Il s'est tourné vers moi, presque gêné de ses émotions, et m'a dit : « La prochaine fois, fais la coupe pour moi, pour la fête des Pères. »

Le moment était particulièrement touchant, car nous étions le jour de la fête des Pères et l'Omnium des États-Unis se termine toujours ce jour-là. « Je te promets que je réussirai la prochaine fois, papa », ai-je promis en retenant mon souffle et en espérant contre toute attente que j'aurais une autre chance. Au fond de moi, je savais que c'était peu probable.

Même si je me suis retiré de la compétition à plein temps l'année suivante, mes prières ont été exaucées en 1981. Je me suis qualifié pour jouer mon deuxième (et dernier) Omnium des États-Unis, au Merion Golf Club à Ardmore, Pennsylvanie. De nouveau, ma famille s'est jointe à moi pour cette expérience bien spéciale et j'ai demandé à mon meilleur ami, Sam Irwin, d'être mon caddie. Mes attentes étaient modestes et j'espérais surtout bien jouer et m'amuser.

McKay décrivait Merion comme une superbe douairière. C'était un parcours traditionnel, construit au début des années 1900, assez court selon les standards actuels, mais bordé d'herbe longue drue, avec de profondes fosses de sable et des verts rapides comme l'éclair : un test redoutable, malgré sa longueur réduite. Pourtant, ce qui m'intéressait le plus, c'était l'histoire de ce célèbre parcours. Il avait accueilli d'autres championnats, dont le championnat amateur des États-Unis, alors que Bobby Jones avait défait Bobby Cruickshank pour gagner la dernière manche du Grand Chelem.

Cette fois, j'ai bien débuté, jouant une solide ronde de 73, malgré un triple *bogey* au 5e trou et des *bogeys* aux 17e et 18e. Mon score me plaçait en position de faire la coupe, mais personne n'osait le dire de peur d'influencer mon moral le lendemain. Il y avait presque neuf mois que je n'avais participé à une compétition, et mes nerfs et ma confiance étaient très fragiles. De plus, je m'amusais pour la première fois depuis des années, jouant pour le simple plaisir et non pour mettre du pain sur la table!

La deuxième ronde a bien débuté également. J'ai joué un premier neuf à égalité avec la normale avant de commettre des *bogeys* aux 11e et 12e trous. En arrivant aux terribles derniers trous du Merion, je savais que ce serait le test de ma vie. Mon score me permettait d'espérer faire la coupe et un seul mauvais coup pouvait mettre fin à mes espoirs de participer aux rondes du week-end. J'ai réussi des normales aux 14e et 15e trous sans difficulté. Un bon coup de départ et un fer 6 au 16e m'ont placé sur le vert me laissant un *putt* monstrueux de 40 pieds avec une dénivellation de cinq pieds. Je ne souhaitais que m'approcher suffisamment pour terminer avec deux *putts* avant d'affronter le trou suivant. À ma grande surprise, mon *putt* a serpenté sur le vert avant de tomber dans la coupe : *birdie*! Même un *bogey* au très difficile 17e « La carrière » ne m'a pas empêché de penser qu'un autre *bogey* au dernier trou me permettrait enfin de faire la coupe après 36 trous.

J'ai été plus conservateur que de coutume sur le 18e trou, un long *par* 4 coudé de 470 verges. J'ai utilisé un bois 3 à mon coup de départ pour passer au-dessus du mur de la carrière et pour mieux courber mon coup et atteindre facilement l'allée. Cependant, il me restait un très long coup de fer pour atteindre le vert et je me suis retrouvé considérablement à court. Puis, mon coup d'approche s'est arrêté à 15 horribles pieds du trou.

Il ne me restait qu'à faire deux *putts*, mais le vert était si rapide que je devais être prudent, très prudent. Dès le départ, je savais que j'avais frappé ma balle trop fort. Ma gorge s'est serrée et j'ai regardé pour voir où la balle allait s'arrêter. À mon grand soulagement, et à ma grande surprise, la balle a frappé l'arrière de la coupe et est retombée dedans pour un *par* 4 !

Je dansais presque en me rendant à la tente du marqueur pour signer ma carte. Je savais que j'avais assez bien joué pour faire la coupe après 36 trous, mais je croyais que mon père l'ignorait. Il était persuadé que je jouerais bien et que je serais près du but, mais il n'osait pas en espérer plus. Trop souvent, dans le passé, j'avais raté la coupe par un ou deux coups. Les membres de ma famille ne s'attendaient pas à tant de chance.

Après avoir signé ma carte et serré la main de mes partenaires de jeu, je suis sorti de la tente et j'ai vu mon père qui attendait tout près de là. En me dirigeant vers lui, je pouvais voir qu'il était fier de moi. Il m'a dit : « Bravo, Punkins », c'était le surnom qu'il m'avait donné, enfant. J'avais de la peine à me retenir en serrant papa dans mes bras, plus fort que jamais je ne l'avais fait. Toutes ces années d'encouragement et de support venaient finalement d'être récompensées.

« Bonne fête des Pères, papa », lui ai-je dit fièrement, deux jours avant le temps. Je n'ai pas eu besoin d'en dire plus. À cet instant même, il a compris que « nous » avions atteint les rondes finales de l'Omnium des États-Unis.

Bill Pelham

Sur un nuage

Le rire est la meilleure communion.

Robert Fulghum

Ce samedi, j'avais le choix : nettoyer le garage, laver l'auto ou aller à la boutique de golf et passer des heures à regarder des choses que je ne pouvais me payer.

La boutique était très achalandée, ce qui me plaisait bien. Les vendeurs sont trop occupés pour vous importuner et il est possible de tester les *putters* pendant des heures. J'ai remporté bien des tournois imaginaires sur ce petit vert en tapis.

Je me dirigeais vers l'avant du magasin pour fouiller dans le pot de balles « de démonstration » quand j'ai vu trois enfants qui m'étaient familiers, les miens, qui entraient dans la boutique. J'ai d'abord cru que ma femme les avait envoyés en expédition de sauvetage et qu'il me faudrait finalement nettoyer le garage.

C'est alors que j'ai vu l'affiche au-dessus de la caisse « Demandez nos spéciaux de la fête des Pères ». Ils venaient m'acheter un cadeau! Et pas une autre cravate horrible. Et pas une Handy Mitt, le meilleur outil de lavage d'auto depuis l'invention de l'eau. Non, un cadeau de golf. Superbe!

Je me suis caché derrière le miroir à chaussures pendant qu'ils se dirigeaient vers la section des balles de golf. M'achèteraient-ils les Titleist Tour Edition?

Improbable, sans aide. Je suis parti en coup de vent le long des étalages de bâtons et je me suis glissé derrière les montagnes de boîtes luisantes rouge et or.

« Que penses-tu de ces balles jaunes ? » ai-je entendu le plus jeune demander.

« Ou celles-ci, les orange ? » a ajouté ma fille.

J'ai poussé jusqu'à ce qu'une boîte de Titleist tombe par terre à quelques pas d'eux.

« Holà ! Cette pyramide pourrait bien s'écraser », a dit mon fils aîné.

« Ouais ! Regardons ailleurs. »

Zut ! Je les ai suivis courbé, pendant qu'ils arpentaient lentement les allées près des sacs de golf en direction de l'étalage de gants. Parfait. Un de ces gants importés double cuir avec le marque-balle amovible. Ils ont passé tout droit. Bon. Peut-être choisiront-ils un de ces calculateurs de distance électroniques. Ils ont continué.

Enfin, ils ont atteint la section des vêtements et se sont dirigés vers l'étalage Polo de Ralph Lauren. Ah oui ! Je m'imaginais déjà dans l'allée, préparant mon coup d'approche, entendant mes partenaires de jeu s'extasier sur mon élégance.

« Hé ! Regardez ici. » L'enthousiasme dans la voix de ma fille me disait qu'ils avaient trouvé le cadeau parfait. Je me sentais gêné de les voir dépenser tout cet argent, mais qui étais-je pour mettre en doute leur grande affection pour moi ?

« Super, et pas cher du tout. »

Pas cher? J'ai regardé à travers une pile de chandails pour femme. Ma fille tenait un pantalon de polyester rose qui était en solde depuis l'ouverture du magasin.

« Et nous pourrions lui acheter ceci pour aller avec. » Mon fils aîné tenait une chemise en filet vert lime.

J'ai sursauté assez fort pour être entendu. Ils ont jeté un coup d'œil dans ma direction. Je me suis donc enfoncé davantage dans les vêtements pour femme et je me suis heurté au directeur du magasin.

« Je regarde », lui ai-je murmuré.

Il m'a jeté un regard étrange et j'ai vu que je tenais un short extra grand pour femme et un soutien-gorge athlétique. Derrière moi, j'ai entendu qu'on disait : « Et pour la touche finale… »

Je me suis mis à quatre pattes et j'ai sorti la tête. Mon plus jeune fils tenait une casquette de golf sur laquelle était écrit « Tee-riffic Golfer » en caractères assez gros pour être vus à un kilomètre de distance.

« Mais elle est rouge, a dit mon jeune fils. Ça ira quand même? »

« Ouais!, a répondu ma fille. Les golfeurs sont toujours mal étriqués. »

Je les ai observés se diriger vers la caisse. Je me suis retourné et j'ai dit au directeur : « Est-ce que par hasard…? »

« Non. Toutes les ventes sont finales, aucun retour. De plus, vous leur briseriez le cœur. »

J'ai dormi tard le dimanche. Vers neuf heures, ils sont entrés dans la chambre et ont placé un paquet sur moi en disant « Bonne fête des Pères! »

Lentement, j'ai défait le paquet, espérant pouvoir faire montre d'un certain enthousiasme en prenant la fameuse casquette. Mais le colis ne contenait qu'une feuille sur laquelle on avait écrit :

« Regarde à côté de toi. »

Je me suis retourné lentement et, sur l'oreiller, il y avait un de mes *putters* favoris que j'avais vu à la boutique.

« Je ne comprends pas », dis-je.

« Papa », a dit mon aîné. « C'est que nous savions que tu étais là. Ta voiture était garée devant le magasin. »

« Es-tu déçu? » a demandé ma fille.

« Que non ! Ce cadeau est parfait. » J'ai amoureusement caressé mon *putter*.

« Alors, ai-je dit en riant, j'imagine qu'ils vous ont laissé retourner cet horrible pantalon rose… »

À cet instant, ma femme est entrée dans la chambre avec un cadeau soigneusement emballé.

« Pas vraiment… »

Ernie Witham

Le maniaque du golf

Lui et moi voyagions souvent ensemble par le train de banlieue.

C'est ainsi que j'ai commencé à lui parler. « Belle journée », dis-je en prenant place à côté de lui et en ouvrant mon journal.

« Superbe! » a-t-il répondu. « Le gazon va sécher rapidement et les verts seront bientôt prêts à nous recevoir. »

« Oui, dis-je, le soleil est plus haut et les jours allongent. »

« En effet, a dit mon ami, un gars pourrait commencer à jouer à six heures du matin, aisément. En fait, je me suis souvent demandé pourquoi on ne joue pas plus au golf avant le petit déjeuner. Nous en parlions justement hier soir. Je ne sais pas comment le sujet est venu sur le tapis, mais nous disions que c'est dommage qu'un des meilleurs moments de la journée, disons de cinq heures à sept heures trente du matin, ne soit jamais utilisé. »

« C'est vrai », ai-je répondu. Puis, cherchant à changer le sujet, je lui ai dit en regardant par la fenêtre : « Le paysage est joli par ici, n'est-ce pas? »

« En effet, a-t-il répondu. Mais il me semble honteux qu'on ne l'utilise pas mieux. Il n'y a que quelques maraîchers et autres jardiniers du genre. J'ai remarqué qu'il y avait des acres et des acres de verre – des espèces de constructions pour les plantes – et de pleins champs de laitue et autres cultures. Dommage qu'ils n'en fassent rien. L'autre jour, je faisais remarquer à un ami dans le train qu'on pourrait facilement créer un parcours de 18 trous ici. »

« C'est possible? » dis-je.

« Tout à fait. Cette terre est très légère et on peut facilement en faire des fosses. On pourrait y creuser de profonds fossés et créer un ou deux trous en contrebas. En réalité, il est possible d'améliorer considérablement ce terrain. »

J'ai regardé mon journal. « Regardez, ai-je dit en montrant une manchette. "La Marine des États-Unis reçoit l'ordre de retourner au Nicaragua". Les problèmes vont recommencer. »

« Avez-vous vu dans le journal, il y a quelque temps, dit mon voisin, la Marine américaine a fait du golf un cours obligatoire à son Académie d'Annapolis? Progressiste, non? J'imagine que cela signifie moins de temps en mer, une réduction de l'utilisation de la marine en mer, mais une augmentation de la qualité. »

« Probablement, répondis-je. Avez-vous lu cet article sur un meurtre extraordinaire à Long Island? »

« Non, a-t-il répondu. Je ne lis jamais les histoires de meurtre. Elles ne m'intéressent pas. En fait, je crois que notre continent s'en fait trop avec ces histoires. »

« Mais, celui-ci est bien particulier… »

« Ils sont tous particuliers, dit-il l'air las. Les journaux les moussent pour faire sensationnel. »

« Je sais, mais dans ce cas, il semble que l'homme ait été tué d'un coup de bâton de golf. »

« Quoi? Quoi? Tué d'un coup de bâton de golf! »

« Oui, un bâton quelconque… »

« Je me demande bien si c'était un fer – passez-moi le journal – malgré qu'un coup de *driver* en bois… Où est l'article? On dit "Un coup de bâton de golf". Dommage que les journaux ne donnent pas plus de détails, non? »

« Jouez-vous beaucoup au golf? » lui ai-je demandé, voyant qu'il était inutile d'aborder un autre sujet.

« Pas vraiment, a répondu mon compagnon. Je regrette de le dire. Voyez-vous, j'ai commencé tard. Je ne joue que depuis vingt ans, vingt et un si on compte la saison qui débutera en mai. Je ne sais pas ce qui m'a pris. J'ai gaspillé la moitié de ma vie. En réalité, je ne me suis vraiment intéressé à ce sport que dans la trentaine. J'imagine que plusieurs d'entre nous, en faisant le bilan de leur vie, comprennent ce qu'ils ont perdu. »

« Malgré cela, a-t-il poursuivi, je ne joue pas souvent. Au mieux, je réussis à jouer quatre après-midi par semaine, en plus évidemment du samedi et du dimanche. Je prends mes vacances en été, mais elles ne durent qu'un mois, et c'est trop court. En hiver, je m'arrange pour aller dans le sud une ou deux fois, parfois une petite excursion autour de Pâques, mais pas plus d'une semaine à la fois. Je suis trop occupé – c'est la triste vérité. »

Il a soupiré. « Il est difficile de quitter le bureau avant quatorze heures. Il y a toujours quelque chose à faire. »

Puis, il s'est mis à m'expliquer des points techniques du jeu, en utilisant une balle sur le siège du train, et à me parler de l'équilibre mental requis pour les coups de départ, le geste brusque des poignets (il m'en a fait la démonstration) qu'il fallait faire pour frapper sous la balle et la faire monter haut dans les airs.

Il m'a expliqué comment on peut faire ce qu'on veut avec une balle de golf, à condition d'avoir l'esprit en équilibre, les yeux bien fixes, et que le corps soit une machine bien huilée.

Plus tard ce jour-là, j'ai rencontré quelqu'un à mon club qui était expert en la matière. Je me suis informé au sujet de mon ami. « J'ai pris le train avec Llewellyn Smith, lui ai-je dit. Je crois que vous êtes membres du même club de golf. C'est un bon joueur, non? »

« Un bon joueur! » s'est esclaffé l'expert. « Llewellyn Smith? Il peut à peine frapper la balle. De plus, il ne joue au golf que depuis environ vingt ans. »

Stephen Leacock

Une journée au Tradition

*Béni soit celui qui a appris à rire de lui-même,
car il ne cessera jamais de s'amuser.*

John Bowell

Il y a plusieurs années, on m'a diagnostiqué un cancer. La plus difficile épreuve de ma vie. Je crois que mon sens de l'humour m'a permis de garder mes esprits. Comme plusieurs personnes qui subissent de la chimiothérapie, j'ai perdu mes cheveux et j'étais aussi lisse qu'une boule de billard.

J'ai toujours aimé porter des chapeaux. Ainsi, quand j'ai perdu mes cheveux, j'ai commandé plusieurs chapeaux spéciaux auxquels étaient déjà fixés des cheveux. Cela rendait les choses faciles et je n'avais jamais à m'inquiéter de ma coiffure.

J'ai toujours été amatrice de golf. J'ai assisté à vingt-trois Omniums des États-Unis, sans en manquer un. Un jour, au cours de mon traitement pour le cancer, mon mari, John, et moi avons décidé de quitter l'hiver rigoureux du Minnesota et de nous rendre à Scottsdale, en Arizona. On y tenait un tournoi du Tour Senior de la PGA qu'on appelait The Tradition. Cet événement semblait parfait pour me remonter le moral.

Le premier jour du tournoi, il y avait une grande foule. Le temps était superbe et j'étais aux anges. J'étais près du départ du troisième trou, derrière les cordages, et je regardais mes trois golfeurs favoris s'approcher du tertre de départ : Jack Nicklaus, Raymond Floyd et Tom Weiskopf.

Comme ils arrivaient au tertre, il s'est produit quelque chose d'inimaginable. Le vent s'est soudainement levé et a soufflé mon chapeau, et mes cheveux, au beau milieu de l'allée! Les milliers de spectateurs qui bordaient l'allée me regardaient en silence. Même mes idoles me fixaient, car mes cheveux étaient dans leur ligne de jeu. J'étais humiliée. Je savais que je ne pouvais rester là. Il fallait faire quelque chose.

J'ai respiré profondément et je me suis glissée sous les cordages pour me rendre au milieu de l'allée. J'ai attrapé mon chapeau et mes cheveux, et je les ai replacés de mon mieux sur ma tête. Puis, je me suis tournée vers les golfeurs et j'ai dit très haut :

« Messieurs, le vent souffle de gauche à droite. »

On raconte qu'on pouvait entendre les éclats de rire jusqu'au 19e trou.

Christine Clifford

Je hais le golf –
j'adore le golf!

*J'ai souvent été reconnaissant des efforts
héroïques de mes partenaires pour ne pas rire
de moi.*

Bernard Darwin

J'ai déjà eu un handicap de 11. C'était avant les
« index slope », avant les « crampons mous », même
avant les voiturettes électriques.

Aujourd'hui, malgré la plus récente technologie,
j'ai un handicap de 22 qui va en se dégradant.

En effet, à l'époque, mes bois, aussi fou que cela
puisse sembler, étaient faits de bois. Les tiges étaient
faites de métal brillant. Pas de titane, pas de graphite
assorti, pas d'intervalle de flexion (*flex*).

Les balles de golf vous faisaient un sourire lorsque
vous frappiez mal votre cocheur ou que vous calottiez
un fer 6. En frappant une *slice* avec votre fer 4, vous
pouviez faire apparaître l'élastique apparemment sans
fin qui enroulait le noyau de la balle.

Je pouvais frapper la balle très loin à l'époque. Je
pouvais me sortir des fosses de sable et ne faire que
deux roulés sur le vert. J'ai d'agréables souvenirs.

En 1947, j'ai même gagné contre Chad Brown, un
ami du bureau de poste. À ce tournoi, j'ai battu Chad 8
et 7, le coup de grâce ayant été un roulé sinueux de

15 pieds pour un oiselet. Je dois dire que ce jour-là Chad n'était pas très en forme.

À cette époque, je jouais dans les hauts 70.

Aujourd'hui, malgré que je joue souvent, les choses sont bien différentes. Chad Brown me donnerait une raclée. Tout le monde le fait.

Mes coups de départ sont des *slices* qui ne vont donc pas très loin. Mes fers longs me résonnent dans les mains. La balle ne lève pas souvent. Je ne peux réussir mes coups d'approche roulés. Mon *putting*? N'y pensez même pas.

Ce n'est pas la faute de mon équipement, je possède ce qu'il y a de plus récent. Je possède quatre Tight Lies, les miens lèvent tout droit. J'ai de merveilleux fers Titleist DCI – des Black Cats également. J'ai des Cobras qui m'ont été donnés par Hale Irwin lui-même. J'ai un gros bois Un 975 Titanium Titleist, et un Taylor Made Bubble Driver et le plus gros des Big Bertha qu'on ait jamais fabriqué. J'ai la gamme complète des cocheurs – cinquante-six degrés, cinquante-huit degrés, soixante degrés. Je les ai tous. J'ai même un « Alien ».

Mes balles sont du plus pur high-tech. Des XL recouvertes de Zylin, des Tour Distance-Wound 90, des Slazenger 420. Nommez-moi votre balle favorite, je l'ai.

Il m'arrive de jouer avec quelqu'un qui soit pire que moi. Lui aussi se passionne pour la haute technologie. Il faut l'entendre dire : « J'aime beaucoup la sensation de ces nouvelles Balata » ou « Ce nouveau bois 3 décalé fait des merveilles » ou « Le seul *putter* acceptable est le Scotty Cameron – le Tel3 est si juste. Je possède trois Scottys – j'adore le Microstep et les incrustations de Teryilium. »

Le pauvre bougre n'a pas réussi à faire lever un coup de cocheur au cours de ses trois dernières parties et son bois 3 décalé sort de l'allée avec une motte de la taille d'une moumoute pour adulte. La dernière fois qu'il a terminé un vert en deux *putts*, c'est quand je lui ai donné un *putt* de 4 pieds.

Il continue : « Cette nouvelle balle Maxfli Multilayered Revolution atterrit en douceur. Je peux sentir la différence sur mes coups de *wedge* et sur mes *putts*. » Bien sûr!

Je n'ai rien contre la technologie, comprenez-moi bien. Regardez Davis, Tiger et Freddie. Mais soyons sérieux, la haute technologie n'a pas résolu mon lot de difficultés.

Mon plus grand problème, c'est la pratique. J'en ai horreur. J'y suis allergique. Je fais une crise d'urticaire juste d'y penser. C'est plus fort que moi.

Le *putting* est mon pire défaut, suivi de près par mes sorties de fosses de sable et mes coups d'approche. Un bon ami, qui m'a appuyé quand j'étais président des États-Unis et qui me respectait à l'époque, a bien résumé la situation la semaine dernière quand il a dit : « George, tu es pitoyable. »

Ceci dit, il y a quelques semaines à Muirfield – un terrain où on devrait interdire l'accès à des gens comme moi – j'ai invoqué la règle du « On ne rit pas ».

Mes partenaires de jeu ont accepté – « D'accord, on ne rira pas. »

Je les ai mis à l'épreuve. Dans une fosse de sable, j'ai perdu quatre coups avant d'empocher ma balle. J'ai trouvé des ruisseaux et des remous dont Jack Nicklaus ignorait l'existence lorsqu'il a aménagé ce monstre.

Les choses n'allaient pas bien pour moi. Je me disais : « Je n'ai pas besoin de ceci. J'ai soixante-quatorze ans. J'ai un bateau, une charmante femme. Pourquoi me torturer? »

Puis, au seizième, j'ai frappé un fer 9 parfait. Loin et droit avec beaucoup d'effet. La balle s'est arrêtée à six pieds de la coupe. Mes partenaires étaient ravis. « Tiens, tu es de retour! » « Quel beau coup! » « Tu l'as vraiment écrasée celle-là. »

Puis, ce fut à mon tour de *putter*. Je n'avais pas beaucoup confiance en étudiant mon *putt* tout en descente. Je l'ai poussé à gauche. La balle a accéléré pour dépasser la coupe de six pieds. Il me restait un autre *putt* de six pieds pour terminer le trou.

J'ai mal frappé mon deuxième *putt* et la balle a décollé comme un missile. La ligne était parfaite, mais le coup était trop fort. La balle a frappé la lèvre de la coupe pour ricocher violemment et me laisser un troisième *putt* de quatre pieds et demi.

J'ai figé sur ma balle, mon long *putter* battait comme la perche d'un sauteur. J'ai remonté lentement et j'ai carrément raté mon coup. Au moment où la balle partait vers la droite, la règle du « On ne rit pas » a été violée. Ils ne voulaient pas me blesser, pendant quinze trous pénibles, ils avaient résisté. Mon partenaire m'a lancé ma balle, toujours à quatre pieds en disant : « Je te le donne. »

Comme plusieurs fois auparavant, j'ai décidé sur le coup d'abandonner le golf. Je hais le golf.

Mais après un moratoire de deux semaines, j'étais de retour sur le parcours.

Je jouais avec Ken Raynor, notre professionnel à Cape Arundel. Je me sentais inspiré.

Le premier neuf a été catastrophique, mes approches roulées et mes *putts* ont causé ma perte.

Puis, il y a eu un moment magique. Sur le onzième, un *par* 4, j'ai frappé un bon coup de départ. J'ai calotté mon bois 5 – qui a roulé furieusement pour s'arrêter à soixante verges du vert.

J'ai pris mon Cleveland Classic-588 de cinquante-six degrés. Mon élan a été étonnamment souple. La tige « True Temper » a résonné comme du velours. J'ai senti les rainures mordre dans la balle. J'ai senti le doux contact de ma Tour Distance-90. Elle s'est envolée vers le vert pour atterrir comme un papillon. Cassant un peu vers la droite, elle a serpenté seize pieds pour aboutir dans la coupe.

Le golf? Je le hais, c'est sûr. Mais en fait, je l'adore.

Demain matin, à 6 h 50, je serai sur le premier tertre de départ.

George Bush

Une chandelle dans le vent

La vie d'un golfeur professionnel est pleine de légèreté et de plaisir, sans compter les nombreux privilèges qu'on accorde à ceux qui atteignent les plus hauts niveaux de ce sport.

Par contre, ce serait de la fausse représentation que de laisser entendre que ces hommes sont, pour quelque raison, exemptés des peines et des souffrances de la vie quotidienne. Comme tous les joueurs, il m'arrive à l'occasion de me rappeler que ce que nous faisons jour après jour, parfois avec le sérieux d'un cardiologue, n'est après tout qu'un jeu, et que la vraie vie se déroule en dehors des barrières, loin des feux de la rampe. L'histoire qui suit raconte la vraie vie.

Peter et Paul : deux noms qui sont reliés entre eux depuis les temps de la Bible, et quand on donne ces noms à deux frères qui ont à peine deux ans de différence, les comparaisons sont inévitables. Même si les parents visent à traiter tous leurs enfants également, dans une grande famille, il est impossible que chacun reçoive sa juste part d'attention. Pour Paul, je crois que cela a été difficile, car ses deux frères aînés étaient très actifs et on le comparaît toujours à eux. David et moi étions du type athlétique et nous étions très actifs au golf et dans d'autres sports. Nous avons tous deux été les rédacteurs sportifs du journal de notre école secondaire et nous participions beaucoup aux activités de l'école. Nous nous faisions facilement des amis et nous nous amusions sans problème.

Par contre, Paul n'était pas très sportif et, de nature, il était plus introverti. Il lui fallait constamment entendre les professeurs et amis lui demander : « Comment se fait-il que tu ne sois pas comme tes grands frères? »

En tant que troisième garçon de la famille Jacobsen, on attendait beaucoup de Paul et il ne pouvait ou ne voulait simplement pas répondre à ces attentes. Il a donc suivi son propre chemin et, comme cela arrive souvent, il a finalement connu des problèmes avec les drogues.

En vieillissant, Paul et moi nous sommes éloignés l'un de l'autre. Nous nous aimions toujours et nous restions en contact. Ses amis me disaient combien il était fier de ce que j'avais réussi dans la vie, mais il était incapable de me le dire directement. Il était important que Paul définisse sa propre identité. Il ne voulait pas rester à Portland et avoir à répondre aux mille questions au sujet de son frère Peter, ou pourquoi son frère avait raté un *putt* de cinq pieds à la télévision la semaine précédente, comme devaient le faire sans cesse David et ma sœur Susie.

Il a donc déménagé à Los Angeles et s'est trouvé du travail comme graphiste en plus de travailler comme mannequin à temps partiel. Au sud de la Californie, il pouvait être simplement Paul Jacobsen et vivre sa propre vie. J'ai cru qu'il avait fait montre de courage et je l'admirais pour cela.

Cependant, il restait une certaine tension entre Paul et le reste de la famille qui ne se dissipait pas. Lorsque ma femme, Jan, et moi allions à Los Angeles chaque année pour l'Omnium L.A., Paul était toujours trop occupé pour venir me voir jouer. C'était sa façon de me dire que sa vie était plus importante qu'un tournoi de golf et je respectais sa décision. Nous nous parlions au téléphone quand j'étais là, mais rien de plus.

Paul avait 26 ans quand il a dit pendant une de nos conversations : « Tu sais que je suis gay, n'est-ce pas ? »

Évidemment, je lui ai dit que je le savais, et que je ne m'en formalisais pas. Même si j'avais été surpris qu'il me le dise si brusquement, j'étais heureux qu'il ait pu se libérer de ce secret. Cela signifiait qu'il commençait à faire face à ses problèmes et à accepter ce qui était.

Les problèmes d'alcool et de drogue de Paul ont augmenté au cours des années, et il n'était pas rare de recevoir des appels de lui à trois ou quatre heures du matin. La conversation commençait normalement : « Salut, comment ça va », pour se transformer rapidement en discours délirant sur les problèmes qu'il vivait. Il perdait la raison et nous traitait de tous les noms. Il appelait papa, maman, David ou Susie, ou toute personne qu'il pouvait rejoindre. Il consommait beaucoup de cocaïne pendant la journée et buvait de la vodka le soir pour revenir sur terre. Il se lançait alors dans les montagnes russes de ses émotions.

Les choses allaient tellement mal que, en 1987, nous l'avons fait entrer à la Clinique Betty Ford à Palm Springs. Dieu merci, grâce au bon travail de ces gens, Paul s'est désintoxiqué. Il semblait avoir repris une vie normale lorsqu'en 1988 nous avons reçu un appel qui a tout changé.

C'était le 24 août, le lendemain du Challenge Fred Meyer. Maman a appelé pour nous apprendre que Paul avait été admis à l'hôpital à cause d'une pneumonie. Jan et moi avons immédiatement pensé que ce pourrait être le SIDA. J'ai appelé Paul et il semblait en forme. Il nous a dit qu'il croyait qu'il vivait trop intensément et qu'il devait tout simplement ralentir et se reposer. Il a même parlé de revenir vivre dans le Nord-Ouest. Par contre, la semaine suivante, alors que j'étais à Toronto pour l'Omnium canadien, la situation s'est gâtée. En réalité, Paul avait le SIDA et avait été admis à l'unité des soins intensifs du Cedars Sinai Hospital. J'étais complètement nul au Canada et je me suis retiré après une première ronde de 79. Jamais mes pensées n'avaient été si loin d'un parcours de golf qu'en cette journée.

Je suis revenu à Portland, et Jan et moi avons pris le premier avion en direction de Los Angeles pour être au chevet de Paul.

Des amis m'avaient dit que Paul avait perdu du poids et qu'il n'était pas bien depuis quelque temps, mais j'ai été renversé quand je l'ai vu à l'hôpital. Je ne l'avais pas vu depuis son entrée à la Clinique Betty Ford, huit mois auparavant. Il était clair que sa situation était devenue critique. Il avait en effet perdu beaucoup de poids et il était décharné. En rétrospective, je crois que Paul savait depuis plusieurs mois qu'il était sérieusement malade, mais il avait retardé ses examens car il avait trop peur des résultats. Lorsqu'il a finalement été examiné, le SIDA s'était déjà déclaré.

Malgré ses problèmes de drogue, Paul avait toujours fait de l'exercice pour se tenir en forme. Mais il était devenu si maigre et si pâle. Il avait perdu plus de trente livres, lui qui n'était pas très gros. J'en ai eu le cœur brisé de le voir ainsi. J'ai dit à Jan que nous devions annuler tous nos plans parce que nous devions rester avec Paul.

Un de mes souvenirs les plus frappants, c'est d'être entré dans la chambre et de l'avoir vu branché à un respirateur. Quand il m'a regardé, il y avait de la terreur dans ses yeux. Puis, il a écrit quelque chose sur un carnet et me l'a tendu. « Peter, tu peux tout faire. S'il te plaît, fais que je guérisse. »

Les larmes me sont montées aux yeux, puis Paul m'a pris dans ses bras et m'a serré très fort. Je ne me suis jamais senti si impuissant. Mon petit frère me disait que je pouvais tout, mais je ne pouvais rien pour l'aider au moment où il avait le plus besoin de moi. Je ne savais que dire et je me suis mis à pleurer. J'ai fini par hoqueter quelque chose qui ressemblait à « Paul, nous ferons tout ce que nous pouvons pour toi. »

Le pauvre avait tellement peur et il était désespéré. Je n'oublierai jamais son regard.

Je restais dans sa chambre pendant des heures et nous nous remplacions à son chevet. Puis, nous retournions dormir quelques heures à l'hôtel et nous revenions. Trois jours à peine après notre arrivée, la situation de Paul s'est gâtée. Il se débattait avec le respirateur et pourtant, il en avait besoin pour respirer. Les médecins lui ont injecté une drogue paralysante pour permettre à son corps de relaxer et lui donner une chance de vaincre la pneumonie. Soudain, il est tombé dans un coma.

Nous sommes retournés à la maison ce soir-là, sachant que la fin était proche. Nous étions le 5 septembre, douze jours à peine après avoir appris que Paul était malade et une semaine seulement après le diagnostic. Je dormais profondément lorsque quelque chose d'inhabituel s'est produit. À 1 h 30 pile, je me suis brusquement éveillé et j'ai senti comme une pulsation en moi. J'ai demandé à Jan d'allumer et je lui ai dit que Paul était avec nous.

« Il est en moi », ai-je dit.

« Tu es sûr d'être bien? » a-t-elle demandé.

J'étais étrangement calme. Je lui ai dit que Paul était venu pour me dire que tout était bien et qu'il allait bien. Je lui ai aussi dit que je voulais rester ainsi quelques instants et sentir l'âme de mon frère, car c'était exactement ce sentiment. L'âme de Paul était avec moi et je me sentais réconforté.

Je me souviens que les pulsations n'ont pas cessé, je sentais comme des papillons en moi. Puis, je me suis endormi. Le lendemain, au réveil, Jan m'a demandé si je me rappelais m'être éveillé durant la nuit. Je m'en souvenais parfaitement. Je lui ai dit que Paul était venu me rendre visite, qu'il était enfin soulagé de sa souffrance et qu'il m'avait laissé quelque chose.

Ce matin-là, j'ai appelé une amie intime de Paul qui vit sur une ferme dans l'État de Washington. Avant que j'aie pu lui raconter mon expérience, elle m'a dit que la nuit précédente, elle avait été réveillée par un hibou qui s'était perché sur le bord de sa fenêtre et s'était mis à hululer. Le hibou est un symbole universel de mort. Je lui ai demandé à quelle heure cela s'était produit. Elle m'a répondu : « À une heure trente. »

Plus tard dans la journée, j'ai parlé au colocataire de Paul. Il m'a dit que le chien et le chat avaient été très agités toute la semaine en l'absence de Paul et qu'ils l'avaient empêché de dormir. Mais à 1 h 30 du matin, les animaux s'étaient soudainement calmés. Il a dit sentir que l'âme de Paul était avec eux.

Il est extraordinaire que trois personnes, proches de mon frère, dont une à plus de 1 600 kilomètres, aient senti sa présence au même moment.

À l'hôpital, une des infirmières de Paul m'a dit que ses signes vitaux avaient chuté brutalement à 1 h 30 du matin. « Je crois qu'il nous a quittés », a-t-elle dit. Paul n'est jamais sorti de son coma et il est mort paisiblement plus tard ce jour-là. Il avait trente-deux ans.

Le chagrin de sa mort a été adouci par la certitude qu'il m'avait rendu visite. Cette nuit-là, Paul m'avait dit quelque chose dont je me souviens clairement : « Peter, tu es bien comme tu es. Sois bon avec les gens et ne te laisse pas abattre. » Puis, il a ajouté : « Va là-bas et gagne. Vas-y et gagne. »

Pendant un certain temps après la mort de Paul, notre famille a eu du mal à comprendre ce qui s'était passé. Je savais que la seule chose que je pouvais faire pour lui rendre hommage était de mettre en pratique son message : être moi-même et jouer pour gagner.

Sans victoire sur le circuit de la PGA depuis 1984, j'avais pourtant été près de gagner à plusieurs occasions. En fait, j'avais terminé deuxième à sept reprises au cours des cinq dernières années. Puis, j'ai gagné le Isuzu Kapalua International en novembre 1989 et, dans une victoire bien spéciale, j'ai gagné le Bob Hope Chrysler Classic deux mois plus tard. La dernière ronde avait lieu sur le parcours Palmer de la PGA West. Coïncidence, c'était sur ce parcours que j'avais fait ma dernière ronde de golf avec Paul, seize mois auparavant. Mon père était aussi avec nous.

Je me suis débattu avec ce souvenir pendant toute la dernière ronde. Je jouais avec Steve Elkington et Mike Reid, et j'avais une avance de deux coups, mais j'étais aux prises avec ce souvenir très net d'avoir joué le parcours Palmer avec Paul et papa. Chaque fois que mon esprit se mettait à vagabonder pour penser à Paul, je l'entendais me dire : « Ne pense pas à moi. Je suis bien. Joue et gagne. » Cette pensée m'a accompagné toute la journée.

Lorsque j'ai réussi un *birdie* au dernier trou pour gagner le tournoi, David, qui était venu passer la semaine à Palm Springs, m'a serré dans ses bras et je lui ai dit : « J'aurais aimé que papa et Paul voient ça. »

Et David m'a répondu : « Paul a vu chacun de tes coups. Je crois qu'il t'a même aidé à frapper ton dernier fer 3 bien droit. »

Peter Jacobsen
avec Jack Sheehan

Reculer dans le temps

Mon père n'est plus aussi énergique. La maladie a affecté son corps et son esprit. Il a quatre-vingts ans. Pourtant, cela m'a semblé si soudain. Je sais maintenant comment il est pénible de penser : si seulement je pouvais reculer dans le temps, pendant une seule journée.

En plus de sa famille, mon père a toujours aimé les bonnes histoires, les 49ers de San Francisco, les cartes et, « plus que tout », le golf. Son élan était une de ses meilleures farces. Une merveille d'erreurs qui fonctionnait tout de même. « Cette fois, j'ai vraiment bien synchronisé mes spasmes ! » disait-il.

À cause des barrières embrumées de l'âge et du sexe, il arrive que les pères et les filles ne font que s'entrevoir. Ce n'était pas notre cas. Le matin où j'ai laissé mes leçons de piano, ma mère – fille d'un professeur de musique – a pleuré. Impuissante, elle ne pouvait que constater que je ressemblais de plus en plus à mon père. La famille dit que, lorsque nous jouons aux cartes, je tapote la table du même geste que lui. Quand j'étais petite, nous avions « notre chanson ». Quand il la chantait, nous riions comme des fous.

« We belong
To a mutuaaaalllll
Ad-mir-a-tion So-ci-e-ty,
My buddy and me. »

Aujourd'hui, nous sommes à des lieues l'un de l'autre, géographiquement, politiquement et autrement. Mais nous sommes toujours copains. Nous partageons le lien le plus durable qui soit.

Nous sommes des copains de golf.

Il y a un peu plus d'un an, mon père a subi une de ses nombreuses rechutes dans sa lutte contre le cancer. Nous nous demandions tous si c'était la fin.

Quelque temps après, j'ai pris l'avion pour San Francisco et je l'ai convaincu de jouer une petite ronde tranquille au Olympic Club. J'ai pensé que le fait d'être sur le parcours lui remonterait le moral. Il y avait aussi une autre raison : je jouais le meilleur golf de ma vie, j'avais cassé le 90 deux semaines auparavant.

Papa, qui avait déjà joué régulièrement dans les 80 et les 90, ne m'avait jamais vue jouer si bien. J'étais emballée à l'idée d'empocher son argent et d'obtenir son approbation.

Nous avions tous les deux des gènes de prédateurs, nous jouions toujours à l'argent. Au cours des années, j'ai perdu suffisamment de "nassau" pour lui rembourser mes frais de scolarité à l'université. À ce propos, papa disait : « Il n'est pas facile de gagner ainsi quarante mille dollars. »

Il était ravi d'être mon mentor et mon pire rival en même temps. Je suis convaincue que ses dernières paroles à mon intention seront : « Tire avec ta main gauche! »

Ce jour-là au Olympic Club, je devrais lui concéder des coups. Quelle magnifique journée ce serait pour nous deux, pensais-je.

Il n'était pas aussi emballé que je l'avais anticipé. Notre rendez-vous de golf tombait le jour de son soixante-dix-neuvième anniversaire. Ni cela, ni mon nouveau handicap, ni une journée ensoleillée à San Francisco n'ont pu lui arracher un sourire. Nous avons commencé notre ronde en parlant avec tristesse de son traitement qui minait son énergie et de l'horreur qu'il avait de ne plus jamais jouer en bas de 100.

Puis, il m'a semblé qu'il se soit sérieusement mis au boulot. Il a réussi un *par* d'un seul *putt* au premier trou, pendant que je me morfondais avec un 8. Ensuite, il calait des *putts* de partout. Je ne l'avais jamais vu si bien *putter*.

Pendant que mon score augmentait, il synchronisait de mieux en mieux ses spasmes. Chaque fois, il dressait son bois 1 au-dessus de sa tête et son corps tremblait comme du Jell-O. Avant que je puisse m'éclater de rire devant ce spectacle, TWACK, il levait les yeux et riait de lui.

Puis, il se hâtait vers la voiturette et m'incitait à le rejoindre avant même que j'aie terminé mon élan, comme lorsque j'avais 12 ans.

« Faut rendre la balle au trou! » dit-il pour la cent millionième fois lorsque j'ai laissé un *putt* quatre pieds à court du trou. Je ne sais pourquoi, mais je me suis mise à rire.

Avec cet air de satisfaction que je lui connaissais si bien, il a calculé les scores : 96 pour lui et 114 pour moi.

Nous étions revenus 20 ans en arrière.

Plus tard, dans l'avion qui me ramenait à Seattle, j'ai repensé à la santé fragile de mon père. Pour la première fois, je me suis demandé si je le reverrais. Puis, je me suis souvenue de notre partie, comment il avait si bien joué, et moi si mal, et du plaisir que nous avions eu.

Soudain, tout s'est éclairé, comme le ciel devant mes yeux. Sur le parcours, le jour de son soixante-dix-neuvième anniversaire, nous avions reçu un cadeau magique. Quelqu'un avait reculé l'horloge, juste pour une journée.

Betty Cuniberti

2

TENTER LE VERT

*Si je me mets à penser
que quelqu'un est meilleur que moi,
je ne pourrai jamais être le meilleur.
Je dois toujours croire
que je suis le meilleur.*

Payne Stewart

*Mon coup de départ m'a toujours incitée
à viser la perfection.
Pourtant, le golf est un jeu
où la perfection est inaccessible.*

Betsy Rawls

Plimpton attire l'attention

J'aurais dû me douter que la semaine du tournoi Pro-Am Crosby serait difficile dès que je me suis présenté à l'aéroport, en route vers la Californie. Le commis avait été très obligeant en attachant mes bâtons et en les insérant dans une enveloppe de plastique. Lorsqu'il a renversé le sac pour s'assurer que les bâtons étaient bien fixés, un nid de souris en est tombé.

Nous regardions le petit tas de copeaux et de corde sur le plancher. « Je remarque que vous allez à Monterey, dit-il. Vous allez au Crosby? »

« En effet, dis-je. J'y ai participé une fois, il y a quatorze ans. Je vais tenter ma chance de nouveau. »

« On voit bien que vous vous y êtes préparé pendant toutes ces années », dit-il, en regardant le nid de souris.

Lors du tournoi Pro-Am National Bing Crosby de 1966, mon sac de golf avait été porté par un tout petit ouvrier qui s'appelait Abe – un résident assez âgé qui travaillait parfois comme caddie à Pebble Beach, un des terrains de golf de la péninsule de Monterey sur lequel se tenait le tournoi. À mon grand étonnement, Abe m'attendait à mon arrivée à l'inscription. Il avait entendu dire que je serais là et espérait que je retiendrais de nouveau ses services. J'étais enchanté.

Abe croyait qu'il serait utile d'arpenter le terrain « pour nous remettre en tête » les différents trous.

Nous nous sommes mis en route, suivant un quatuor dans lequel jouait Jack Lemmon. Les amateurs aiment bien Lemmon à cause des grandes difficultés qu'il a connues sur les derniers trous de Pebble Beach, soigneusement documentées par les caméras de la télévision lors de sa première participation au Crosby, il y a plus de dix ans. Je me suis rappelé avec délice les efforts de Lemmon qui tentait un coup de rattrapage dans une pente abrupte. La balle a bondi allègrement le long de la pente puis, comme si elle avait été horrifiée de ce qu'elle avait vu au sommet, elle a tourné pour redescendre en vitesse. Nous pouvions voir le dessus de la tête de Lemmon qui se replaçait pour prendre position de nouveau. Le résultat fut identique. La balle est apparue au haut de la pente, pour disparaître aussitôt. Nous n'avons jamais bien vu Lemmon lui-même, juste sa balle qui semblait remplir l'écran de ses pitreries.

En marchant, Lemmon évoquait ses souvenirs de cette expérience. « Tout a commencé à se gâter lorsque notre quatuor est arrivé à portée des caméras de télévision. On croirait que je suis habitué aux caméras de télé depuis le temps, mais au golf, ce n'est pas le cas. Je crois que j'ai dû enregistrer dix coups en moyenne sur chacun des cinq derniers trous. »

Lemmon a raconté qu'au dix-huitième trou, avec déjà 12 coups de joués, il lui restait un coup roulé de trente-cinq pieds. La dignité de son caddie, assez âgé, avait été mise à rude épreuve. Il se tenait loin. Lemmon, genou au sol, tentait de voir la direction de son coup roulé; il a dû l'appeler pour demander son avis. Le caddie s'est approché avec réticence et Lemmon l'a enfin entendu respirer derrière lui. « De quel côté

casse-t-il? » a-t-il demandé. Le caddie a marmonné :
« Est-ce vraiment important? »

Aujourd'hui, sur ce même dix-huitième trou, le
fameux trou qui longe l'océan, le coup de départ de
Lemmon, un crochet de gauche prononcé, a atterri dans
les rochers arrondis par les vagues qui forment une
digue le long de l'allée. La balle est restée visible pendant un très long moment, rebondissant hystérique-
ment d'une pierre à l'autre. « La vie est une motte de
terre qu'on ne peut replacer », m'a dit Lemmon d'un
air mystérieux en quittant le tertre de départ.

Au Crosby, un professionnel et un amateur forment équipe pendant tout le tournoi. Cela signifie
qu'un parfait amateur peut jouer devant les caméras de
télévision le dernier jour, si lui et son partenaire professionnel se sont qualifiés.

Peu de golfeurs connaissent le stress d'un premier
coup de départ dans un tournoi devant une foule importante. Il est facile de frapper son premier coup au tournoi de la fête du Travail de son club local devant deux
témoins qui font tinter la glace dans leur "bloody
mary". Il en va tout autrement de mettre sa balle sur un
tee en sentant les regards de cinq cents personnes sur
vous. Le sang vous monte à la tête. La balle tombe du
tee. Pour amorcer votre élan, vous devez vous faire vio-
lence et vous dire : « Maintenant! »

Mon premier coup de départ m'a étonné, une longue courbe à droite qui a trouvé le moyen de rester dans
les limites du terrain. J'ai quitté rapidement le tertre,
soulagé d'en avoir terminé du premier départ et de ses
témoins. Après la première ronde, Abe m'a accompa-

gné au terrain de pratique où j'ai tenté d'améliorer mon jeu pitoyable. Je n'avais réussi aucune normale et je n'avais pas aidé mon partenaire, le professionnel Jack Ferenz.

Ma deuxième ronde, disputée au parcours voisin de Cypress Point, n'a guère été meilleure que la première. J'ai passé beaucoup de temps à chercher ma balle avec Abe. J'avais joué trente-six trous sans réussir une seule normale. Le lendemain, nous devions jouer à Spyglass Hill, un des parcours les plus difficiles au monde. Je commençais à penser sérieusement que je ne réussirais pas une seule normale, moi qui suis un athlète passable dont l'élan de golf a été peaufiné pendant des années par une foule de professionnels.

La ronde à Spyglass n'a pas commencé sous de bons auspices. Mon coup de départ a sautillé dans l'allée, assez gentiment, mais mon deuxième coup est parti en angle prononcé, a frappé un pin, puis un autre, pour revenir à huit verges de moi, après avoir parcouru au moins deux cents verges. J'ai fixé ma balle comme si elle était une grenade fumante.

Au coup de départ suivant, j'ai tenté de ralentir mon rythme. Le célèbre rédacteur de golf, Bernard Darwin, a écrit à propos de l'élan de Bobby Jones qu'il avait « une certaine beauté somnolente ». Sur le tertre, je me suis rappelé cela et lentement, trop lentement, j'ai amorcé mon élan arrière. Imperceptiblement, comme un paquebot qui s'éloigne du quai, la tête du bâton s'est éloignée de la balle, montant graduellement vers le haut de l'élan. Cependant, à la fin de l'élan arrière, tout a chaviré. La tête du bâton a hésité comme un avion de papier qui décroche dans le vent, puis elle a foncé vers le sol dans un piqué hurlant. Un cri s'est échappé de ma gorge au moment où le bâton a frappé la terre un pied derrière la balle, a rebondi et envoyé la balle en flèche à une distance de quatre-vingt-dix verges dans l'allée.

« Droite comme une flèche! » dit le caddie de Ferenz, en guise d'encouragement.

Au douzième, Matt Mitchell, l'autre amateur de notre quatuor, a envoyé sa balle dans l'obstacle d'eau. De toutes les indignités que l'homme peut infliger à des objets inanimés, la pire est probablement d'envoyer une balle de golf dans l'eau. Le lac accepte la balle avec une légère ondulation qui se dissipe presque instantanément, laissant la surface lisse, affichant un air presque suffisant. « Je pense qu'il ne nous reste plus qu'à imaginer la balle en train de gonfler au fond de l'eau », dis-je à Matt en guise de réconfort. Il m'a jeté un regard furieux.

Comme si j'avais voulu le mettre à l'aise, mon coup de fer 8 au dernier *par* 3 a exécuté une longue parabole avant de tomber dans l'eau qui borde le vert, en l'aspergeant d'un geyser miniature.

« Bientôt, elle commencera à se gonfler », dit Mitchell.

Le dix-huitième, une normale 4, représentait ma dernière chance de réussir un *par*. J'ai frappé un énorme crochet de gauche dans un bosquet de pins. « Elle est perdue », a dit Abe d'un air lugubre.

Je lui ai répondu que nous devions trouver la balle. C'était ma dernière chance. Si nous la trouvions, lui ai-je dit, je prendrais un immense élan, je frapperais la balle à la perfection, peu importe la position de la balle.

La balle partirait comme une fusée à l'air libre au-dessus de l'allée et flotterait doucement en direction du vert. Puis, de là, je frapperais un *wedge* sur le vert et je calerais un long coup roulé serpentant pour ma normale. Je lèverais alors mon chapeau aux spectateurs d'un geste élégant. Mais la balle demeura introuvable, ma dernière chance venait de s'envoler.

De retour à la maison, j'ai appelé Golf-O-Rama, situé en dehors de New York. C'est un endroit où, sur des terrains d'exercice intérieurs, on projette l'image de trous de golf sur un écran et un ordinateur simule la trajectoire de la balle. L'homme m'a dit qu'ils avaient le parcours de Pebble Beach. J'ai réservé une heure de jeu.

Norman Schaut, président de Golf-O-Rama, m'a fait visiter les lieux. Le long d'un mur de l'édifice qui ressemblait à un hangar s'alignaient les « parcours », chacun comportant un tertre de départ surélevé. Le golfeur frappe sa balle qui franchit environ 20 pieds avant de frapper un écran de 9 pieds sur 9, sur lequel est projetée l'image du trou de golf.

Nous avons pris place sur le tertre de Pebble Beach. « Si l'ordinateur détermine que vous avez frappé votre balle dans l'obstacle d'eau, vous entendrez un plouf! » dit Schaut.

Je lui ai répondu : « Vous devriez reproduire le son des vagues qui déferlent et celui des phoques qui aboient dans le Pacifique. »

Schaut a démarré l'ordinateur. L'image du premier trou de Pebble Beach, une normale 4 de 482 verges, est apparue. « C'est bien ça, ai-je dit. Le trou coudé vers la droite. » L'appel des noms des participants par le préposé au départ m'est revenu en mémoire, ainsi que les applaudissements de la foule près du départ et la sécheresse de ma bouche quand je me suis penché pour planter mon *tee*. Même ici, au son de « Deep Purple » diffusé par le Muzak, j'ai senti l'énervement me gagner.

J'ai placé ma balle et j'ai frappé. L'ordinateur a déterminé que ma balle avait parcouru 205 verges, excellent pour moi. Mon deuxième coup s'est arrêté à cinquante verges du drapeau. J'ai ensuite frappé un superbe et délicat coup de *wedge*, ce qui me laissait un coup roulé de six pieds pour la normale. J'ai pris place sur le vert en Astroturf avec mon fer droit. J'ai fixé la balle, pris mon élan et frappé la balle que j'ai regardée tomber dans la coupe.

J'avais envie de lancer mon fer droit en l'air. Au lieu de cela, j'ai essayé de prendre un air dégagé. Schaut s'est avancé rapidement. « Qu'avez-vous à dire? » a-t-il demandé en voyant mon large sourire.

« Facile! » ai-je répondu.

George Plimpton

En équipe,
il n'y a pas de « Je »

Nous, au lieu de « je ».

Charles Garfield

Bob et Tina Andrews travaillent ensemble comme une machine super synchronisée. Elle installe Bob sur le tertre de départ, se recule, regarde l'allée et dit « Okay ». Il prend une grande respiration, s'élance et la balle file le long du côté gauche de la première allée du Killearn Country Club, près de leur résidence de Talla-hassee, Floride.

Ils font preuve d'un esprit d'équipe remarquable. Bob Andrews est totalement aveugle. Tina, sa femme, est son « guide » et ensemble, ils forment une des meilleures équipes de la United States Blind Golf Association (USBGA) (Association des golfeurs aveugles des États-Unis).

« La première chose qu'on apprend, c'est que le golf pour aveugles est un sport d'équipe », dit Bob, cinquante et un ans, rendu aveugle par une grenade au Vietnam en 1967. « Tant que vous n'avez pas un guide, vous n'êtes pas un golfeur aveugle. Vous n'êtes qu'une personne aveugle avec des bâtons de golf. »

Bob et Tina se sont mariés quelque temps après son retour du Vietnam. Il s'est mis au golf d'abord pour faire de l'exercice. « J'ai essayé la course, dit-il en riant. Mais je me suis lassé des chutes. »

Jeune, il avait joué au golf mais jamais sérieusement avant de devenir aveugle. Il s'est joint à la USBGA dont il a été président en 1995.

Tina est son troisième guide. D'abord, cette tâche a été accomplie par le père d'Andrews, mais ce travail est devenu trop exigeant pour lui. Puis, ce fut le fils d'Andrews, mais il est parti étudier. Il restait donc Tina, qui n'est pas une golfeuse, mais Bob croit que cela représente un avantage, car elle ne l'inonde pas d'informations inutiles. Elle se contente de l'orienter dans la bonne direction.

Après deux ou trois trous, on comprend comment ils procèdent. Du moins, on le croit. « Prêt à tenter l'expérience? » vous demande Bob.

En hésitant, vous répondez « Bien sûr! »

Tant que vous n'avez pas servi de « guide » à un golfeur aveugle, vous ne pouvez savoir comment cela peut être difficile – ni connaître le plaisir de la réussite. Vous découvrez que jamais le jeu d'un autre vous a autant intéressé.

Bob tient le bâton devant lui et la première chose que le guide doit faire, c'est de le placer fermement sur le sol, directement derrière la balle et perpendiculaire à la cible. C'est le point d'ancrage. Ensuite, vient la position des pieds qui doivent aussi être perpendiculaires à la cible. Enfin, les épaules. Quand tout est prêt, il suffit de lui dire « Okay ».

Andrews s'élance et la balle part. « Petite courbe à droite le long de l'allée? » demande-t-il, ayant senti la trajectoire de la balle.

« Ouais ! Petite courbe à droite. »

Plus tard, Andrews est à 160 verges du vert, dont 140 au-dessus de l'eau. « Quelle est la situation ? » demande-t-il.

« Environ 160 verges au-dessus de l'eau. »

« Oh ! Oh ! dit-il. Allons-y avec un bois 7. » Après sa préparation, Andrews prend un peu plus de temps que normalement. Il frappe un peu « gras » et la balle se retrouve à l'eau. Mon cœur s'est arrêté. Cela ne se serait pas produit avec Tina. « Je ne lui aurais pas parlé de l'obstacle d'eau, dit Tina. Il est inutile de lui donner une raison de plus pour s'inquiéter. Il faut tourner son désavantage en avantage. Vous saisissez ? »

Après avoir *dropé* une nouvelle balle, Andrews a frappé un joli coup de *wedge* par-dessus l'eau, qui a atterri sur le vert. J'ai guidé Andrews par le bras jusqu'à sa balle, puis j'ai marché avec lui jusqu'au drapeau. « Quatorze pieds, dit-il. Légère pente de gauche à droite, en montant légèrement. »

Andrews lit lui-même ses coups roulés, en sentant les dénivellations du vert avec ses pieds. Cela paraît étonnant. Pourtant, lorsque vous regardez, vous en arrivez à la même conclusion : de gauche à droite, en montant un peu.

Vous l'orientez en alignant le fer droit juste en dehors de la coupe à gauche.

« Qu'en dites-vous ? » demande-t-il.

Vous répondez : « Parfait ». Mais vous vous croisez les doigts. Son coup de fer droit est fluide, sans hésitation, un pendule parfait. La balle vient mourir dans la coupe. Andrews entend le son caverneux du coup roulé qui tombe. C'est un beau son.

En vous rendant au départ suivant, vous lui dites : « Hé ! Tu as fait un beau *bogey*, là-bas. »

« Non, dit-il. *Nous* avons fait un beau *bogey*. »

Dave Sheinin

La combine de Magoo

Pour certains golfeurs, l'honnêteté est un grand handicap.

Harvey Mackay

Longtemps avant qu'on immortalise les tricheurs dans *The Hustler* et *The Sting,* il y avait déjà la combine de Magoo qui n'a cependant pas fait l'objet d'un film.

Voici pourquoi.

J'ai commencé à jouer au golf à peu près au même âge que Tiger Woods, avec des bâtons coupés. Mon père m'adorait et suivait mes progrès. En arrivant au secondaire, j'étais convaincu que je pourrais « vivre au soleil » en tant que golfeur professionnel.

À l'Université du Minnesota, toute ressemblance entre la légende de Tiger et la légende de Mackay a cessé d'être. En deuxième année, j'ai participé au Championnat de golf de la NCAA à l'Université Purdue, à West Lafayette, Indiana. Ce week-end-là, j'ai appris que pour chaque golfeur talentueux du nord qui pouvait, au mieux, pratiquer six mois par année, il existait un golfeur talentueux du sud qui pouvait pratiquer 12 mois par année et devenir deux fois meilleur.

Je me suis donc calmé et j'ai accepté que je n'étais qu'un des membres, respectable à défaut d'être spectaculaire, de l'équipe universitaire. Notre entraîneur croyait que chacun devait avoir un surnom. Le mien était « Magoo », un joli jeu de mots sur Mackay et une bonne caricature de mes lunettes épaisses comme des fonds de bouteille. Ma vue était si mauvaise que je n'arrivais pas à suivre la trajectoire de mes coups de départ sans les porter.

Pendant les vacances de Pâques de ma dernière année, l'équipe de huit joueurs s'est rendue par ses propres moyens à La Mecque du temps chaud, St. Louis, pour quelques rondes de pratique avant l'ouverture de la courte saison de golf du Minnesota.

Après la première journée, nous étions à prendre une bière dans un bar local.

« Magoo », dit l'un des membres de mon quatuor en fête, « venons-en aux choses sérieuses. Préparons nos paris pour la ronde de demain. Et arrive-nous avec quelque chose d'intéressant. »

D'ordinaire, nos gageures se limitaient à un gros vingt-cinq cents le trou. Cette fois-ci, je leur ai fait une nouvelle proposition.

« Voici ce que je propose. Demain, je jouerai contre vous tous pour un dollar le trou, SANS MES LUNETTES. Tout ce que je vous demande, c'est un coup par trou, un maigre dix-huit coups, et… votre promesse de me pointer dans la direction du trou. »

Un dollar le trou, c'était beaucoup d'argent à l'époque. Pourtant, ils se bousculaient pour déposer leur mise.

Que les jeux commencent!

Le lendemain, nous avons fusionné les deux quatuors et nous avons joué en octuor. Pas de problèmes.

Nous étions seuls sur le terrain à cause de la pluie fine et des grands vents.

Par miracle, j'ai réussi une normale au premier trou. Impossible. Les gars étaient incrédules.

Au deuxième trou, une autre normale. Ils sont devenus fous.

J'ai réussi une normale au troisième trou. Ils sont devenus enragés.

Sur le vert du quatrième, j'avais deux coups roulés en dix pieds pour réussir une quatrième normale de suite.

« Cessez de me regarder comme un chef de section de Las Vegas regarde un gars qui a réussi trois passes de suite », dis-je en évaluant mon coup roulé.

Soudain, une rafale de vent m'a fait lâcher un grand cri. Le vent venait d'emporter une de mes lentilles cornéennes.

Lentilles cornéennes? Mes partenaires n'en avaient jamais entendu parler. On venait de les inventer. Moi, Magoo, j'étais le premier de mon entourage à en posséder.

J'avais seulement dit que je jouerais sans mes lunettes. Je n'avais jamais parlé de lentilles cornéennes.

Rien à faire. Les arguments légalistes n'ont pas suffi. J'ai dû jouer le reste de la ronde sans lunettes, sans lentilles.

Ce fut une leçon coûteuse.

Quand tout fut terminé, j'ai encaissé le coup, j'ai payé mes gageures et nous sommes retournés au bar pour faire le point de la journée.

« Magoo, tu avais raison. Tu étais comme le gars à la table de dés », dit un de mes joyeux compagnons. « Tu sais ce qui lui est arrivé ? Juste au moment où il allait jouer sa quatrième passe consécutive, trois dés sont tombés de sa manche. Trois six. C'est à ce moment que le croupier s'est avancé, a ramassé les dés en disant : "Continuez à jouer. Vous devez égaler dix-huit." »

Ainsi en fut-il.

Harvey Mackay

Battez le pro

On dit que la victoire engendre la victoire. Par contre, on n'a jamais vu de gagnants engendrés par une défaite. Ils apprennent qu'ils n'aiment pas perdre.

Tom Watson

Sam Snead raconte cette histoire à propos d'un tournoi de charité auquel il a participé, il y a plusieurs années.

On avait installé un professionnel à chaque trou et les trios gageaient individuellement contre le professionnel. Sam était à une normale 3 et, comme il ne fallait qu'un coup pour atteindre le vert, celui dont la balle était le plus près du drapeau gagnait.

Un trio s'est approché et le premier homme a dit : « Bonjour, monsieur Snead. Je vous parie cinq cents dollars que je serai plus près du drapeau que vous. »

Snead a accepté le défi. Le golfeur a frappé un bon coup au vert. Snead a défoncé et perdu le pari.

Le deuxième golfeur s'est avancé en disant : « Enchanté de faire votre connaissance monsieur Snead. Je vous parie la même chose que mon copain. Cinq cents dollars que ma balle s'arrêtera plus près du drapeau que vous. »

Cette fois, Sam a envoyé sa balle vingt verges derrière le trou et a perdu cette gageure aussi. Il en a ri.

Après tout, c'était un tournoi de charité et le but était de recueillir des fonds en s'amusant.

Le troisième membre du trio s'est approché de Snead et, avec son accent prononcé du New Jersey, a dit : « Espèce de vieux fini. Tu es fini, n'est-ce pas? Je te gage trois mille cinq cents dollars que je te bats. »

Sam a simplement souri et accepté le pari. Le golfeur impudent a frappé sa balle à quatre pouces du trou. « Essaie de battre ça, le vieux, dit-il. Tu aurais dû abandonner il y a des années. »

Sam a souri de nouveau. Il s'est placé, a pris son élan et frappé la balle directement dans la coupe. « Meilleure chance la prochaine fois », dit Slammin' Sammy Snead.

Sus an D. Brandenburg

Les balles de golf

Il y a quelques années, j'ai initié un collègue de travail, Roy, au golf. Je lui ai donné mes vieux bâtons, y compris les capuchons, un sac, des *tees*, des marqueurs, une fourchette pour réparer les marques de balles et deux douzaines de balles de golf neuves. Je lui ai même donné une visière et un gant neuf. Il ne lui restait qu'à s'acheter des souliers de golf.

Après quelques leçons au terrain de pratique, il a joué sa première ronde lors du tournoi commandité par la compagnie au Bay Valley Inn, à Bay City, Michigan. Le terrain de 18 trous est à la fois superbe et très difficile. L'eau entre en jeu sur treize trous et il est constamment balayé par le vent en provenance de la baie de Saginaw. Ce n'est pas l'endroit idéal pour un débutant, mais Roy était décidé à participer à ce tournoi de compagnie.

Après un horrible premier neuf digne d'un vrai débutant, Roy s'est tourné vers moi et m'a dit : « Sam, je n'ai plus de balles. Peux-tu m'en donner d'autres? »

J'ai pensé que j'avais été assez généreux et je lui ai répondu : « Roy, as-tu idée de ce que coûtent les balles de golf? »

Roy a calmement répondu : « Sam, si tu n'en as pas les moyens, tu ne devrais pas jouer au golf. »

Sam Murphy

Les honneurs vont à Walter

Si vous êtes de ceux qui croient qu'il y a une dimension spirituelle au golf, comme il est dit dans le livre *Golf in the Kingdom (Le golf dans le Royaume)*, laissez-moi vous raconter une histoire vécue qui vous confirmera dans vos croyances.

L'automne dernier, Walter Donoughe, un de mes amis très chers, a appris de ses médecins qu'ils ne pouvaient guérir son cancer du pancréas, mais qu'ils croyaient que les traitements prolongeraient sa vie et que, oui, il pourrait jouer encore beaucoup au golf.

Nous en parlions tous les deux quelques jours après le diagnostic, alors que nous arpentions le premier neuf en duo. Assis dans la voiturette électrique en attendant que le vert du huitième se libère, j'ai demandé à Walter ce qu'il préférerait entre trois autres années à jouer au golf ou la garantie de l'éternité au ciel. Il a répondu sans hésiter qu'il préférerait la garantie du ciel, mais en souriant, il a ajouté qu'il espérait pouvoir y jouer au golf et non de la harpe. D'autres sujets dont Walter m'a parlé au cours de l'hiver et de son dernier printemps me faisaient croire qu'il n'aurait aucune difficulté à être accepté comme membre au meilleur club de golf du ciel.

Nous avons aussi beaucoup parlé golf et comment un élan en douceur commence sans effort, comme si quelqu'un d'autre faisait l'élan arrière, puis descendait en angle parfait et qu'on entendait plus qu'on ressentait la balle quitter la face du bâton. Nous avons passé des heures formidables à frapper des fers 5 dans le filet de la remise des bâtons en oubliant le froid de l'hiver et en essayant de trouver la sensation d'un élan en douceur.

Walter s'accrochait et combattait son cancer, et son élan était toujours bon lorsque, au printemps, le comité du golf a décidé de créer un tournoi de deux jours en juillet qui, chaque année, honorerait un membre qui avait contribué à l'essor du club.

Ils ont choisi Walter comme premier membre à honorer. Un choix superbe. Il avait travaillé durant de nombreuses années au conseil et avait été membre de tous les comités créés. Il avait gagné le championnat par handicap à deux reprises, de nombreux championnats de classe et chez les seniors, et il avait même gagné le championnat annuel "au trou par trou" à deux reprises. Un homme de qualité, un fier compétiteur et un ami formidable.

Au cours du tournoi, les 5 et 6 juillet, Walter et moi aurions fait équipe, comme nous le faisions toujours dans ce genre d'événement, mais il est décédé le 5 juin.

J'ai été invité et j'ai joué avec le champion du club, Scott Arthur, qui a assez bien joué pour gagner seul. Par contre, j'ai assez mal joué pour nous assurer que nous ne gagnerions pas. J'ai fait rouler ma balle en bas du tertre de départ, frappé mes bois d'allée du talon et du bout, dispersé mes coups de fers à gauche et à droite, raté mes coups d'approche roulés et pris trois ou quatre roulés pour terminer avec des doubles ou triples *bogeys*.

Il ne nous restait que deux trous à jouer en arrivant au treizième, une normale 3, lorsque j'ai dit à Scott qu'il devait bien y avoir une leçon pour moi après ces deux rondes humiliantes, mais que je ne croyais pas qu'elle en valait la peine.

En arrivant au treizième tertre, un aigle planait au-dessus du vert. Scott a dit que c'était notre dernière chance de réussir un trou d'un coup et qu'il serait très heureux, car c'était son quarantième anniversaire de naissance. Depuis les années qu'il jouait au golf, il m'a dit qu'il n'avait été témoin que d'un seul as, réussi par Walter Donoughe, plusieurs années auparavant, alors qu'il lui servait de caddie.

Sans enthousiasme, j'ai mis ma balle sur le *tee* pour en finir, mais quelque chose d'étrange s'est produit. Mon fer 5 est parti sans effort, comme si quelqu'un d'autre faisait l'élan à ma place, puis il est redescendu en angle parfait, et j'ai plus entendu le *clic* que je ne l'ai senti lorsque la balle a quitté mon bâton.

Mes yeux myopes ne pouvaient suivre la balle, mais je savais qu'elle avait été frappée en douceur, comme le disait toujours Walter, un élan que je n'avais ressenti que rarement auparavant quand il me donnait des conseils devant le filet de pratique.

Bill Kelley, Chris Vasiliades et Scott ont crié des choses comme « Superbe élan… Magnifique coup… Va dans le trou ! » Il y eut soudain un silence, suivi d'un cri : « Oui ! Oui ! Elle est dans le trou ! »

Chris a saisi mon chapeau et l'a lancé en direction du vert, puis il m'a pris dans ses bras et m'a secoué comme une guenille. Je pensais *S'il te plaît, Chris, ne me lance pas comme mon chapeau.*

Les cris ne cessaient pas et fendaient le ciel, mais l'aigle demeurait imperturbable. Comme le pilote calme qu'était Walter lorsqu'il a obtenu son brevet plusieurs années auparavant, l'aigle a continué de planer calmement au-dessus du vert et n'a pas été le moindrement étonné par le miracle qui s'était produit sous lui.

J'ignore comment Walter a intercédé en ma faveur auprès du Tout-Puissant, mais je sais qu'il l'a fait. Il lui a peut-être dit que son copain d'en bas s'apprêtait à laisser tomber le golf, violant ainsi le commandement « Tu n'abandonneras point ».

Walter a donc pris les choses en main au cours de son tournoi et, avant qu'il ne soit trop tard, il s'est arrangé pour envoyer à son copain Frank le message de ne pas lâcher – un trou d'un coup.

Merci, Walter, pour t'être élancé à ma place. Repose en paix.

Frank J. Haller

La vie sur le deuxième neuf

Ne vous énervez pas ; cela ne règle rien et vous donne une drôle de démarche..

Kathryn Carpenter

La première fois que j'ai joué au golf sérieusement – le vrai golf où on compte ses coups, où on termine chaque trou et où on prend le jeu au sérieux – c'était lors d'un tournoi père-fils. J'avais dix ans. Je me souviens avoir pensé combien il serait agréable de conduire la voiturette électrique. J'avais raison. C'était vraiment super. Vous ai-je dit que j'avais dix ans à l'époque ? Je crois que nous avons joué un 65 pour neuf trous, ce qui a constitué notre partie, car la capacité de concentration d'un jeune golfeur ne lui permet pas de jouer une ronde complète.

Le parcours de golf où j'ai grandi, le Country Club de Meadowbrook, compte une épuisante normale 5 de 609 verges. Je crois que nous y avons enregistré un 12. Par contre, j'étais très fier de n'avoir fait aucun "whiff" (de n'avoir pas fendu l'air). De plus, j'étais mordu. Mon père m'avait initié à un jeu qui ferait désormais partie de ma vie.

En même temps, le golf nous a permis de tester les limites de notre relation.

L'été suivant, je jouais au golf chaque jour et, comme le terrain était officiellement fermé les lundis, je me faufilais pour jouer ; les mardis, journée réservée aux dames, je me dépêchais de jouer trois trous avant qu'elles n'arrivent au septième départ.

Cet été-là, j'ai même trouvé sur ce parcours l'animal qui est devenu le chien de la famille. Un matin, un colley errant est venu vers moi au troisième tertre et m'a suivi pendant tout le premier neuf. Après lui avoir donné la moitié de mon hot-dog, elle m'appartenait.

Au moment où est arrivé le temps du tournoi père-fils suivant, j'aurais pleuré si j'avais joué un 65. Mon jeu court était très fort et je m'attendais à ce que les longs coups de départ de papa compensent pour mes faiblesses. S'il pouvait nous placer à 135 verges ou moins sur les *par* 4, je pourrais nous placer sur le vert. Un des bons côtés de Meadowbrook à l'époque, c'était l'absence d'obstacles d'eau. Sauf sur une normale 3, il n'était pas nécessaire de traverser des plans d'eau pour se rendre au vert.

Nous avons joué 48 et j'étais fâché. Je faisais les gros yeux chaque fois que mon père frappait mal un coup. Je faisais la grimace chaque fois que je ne réussissais pas un coup roulé. Je donnais des coups de pied dans l'herbe et je marmonnais. J'étais malheureux. Nous avons terminé en troisième position. Je croyais que nous aurions dû gagner.

Pendant l'après-midi et la soirée, je me suis morfondu à la maison comme si c'était la fin du monde. Je me suis comporté ainsi pendant des années, car bien que papa et moi ayons été de bons joueurs, nous n'avons jamais appris à jouer en équipe. Au milieu de l'adolescence, je jouais fréquemment dans les 70. À quinze ans, j'ai remporté le championnat junior et les membres ont dû endurer un petit morveux de cinq pieds et des poussières pendant leur championnat de club cet été-là, car le champion junior était automatiquement invité.

La vie était belle, sauf lorsque papa et moi jouions en équipe. Nous pouvions jouer dans les 70 le samedi – je me souviens que nous avions tous deux un handicap de six quand j'avais 16 ans. Pourtant, le lendemain, pendant cette ronde en coups alternatifs qui semait la haine, nous jouions un 85 dans un tournoi où nous avions le droit de choisir le meilleur coup de départ.

Un jour, j'étais tellement découragé que j'ai frappé mes coups roulés de la gauche sur les trois derniers trous. Sur le chemin du retour, nous n'avons pas parlé. Qui plus est, nous devions participer au tournoi père-fils Tommy Galloway au Hermitage Country Club, un important événement régional. Il nous serait impossible de gagner la catégorie score brut pour notre tranche d'âge, car nous allions fatalement enregistrer deux ou trois doubles *bogeys*. En arrivant au seizième tertre de départ, l'un de nous disait toujours : « Il nous reste quand même le meilleur score net. Si nous jouons 82, ils déduiront nos deux pires trous. »

Un jour, nous sommes arrivés au dix-septième, une normale 4, et nous étions à sept coups au-dessus de la normale. Il semblait que nous allions jouer sous les 80… jusqu'à ce que nous envoyions tous deux notre coup de départ dans le lac qui longeait la droite de l'allée. Une erreur en suivait une autre. Le problème venait de ce que nous n'avions jamais appris à accepter les défauts de l'autre. Mon père éparpillait ses coups de départ et avait tendance à ne jamais choisir le bâton approprié. Pour ma part, je jouais toujours le tout pour le tout. À seize ans, j'avais eu une poussée de croissance et je croyais qu'il n'y avait pas une normale 5 que je ne pouvais atteindre en deux coups. De plus, mes coups roulés étaient horribles. Papa s'énervait à voir mon élan sec qui réussissait parfois, parfois non. Pendant ce temps, je m'énervais de le voir jouer prudemment.

À 17 ans, nous en étions venus à accepter que nous ne formions pas une équipe terrible. Nous étions au meilleur de notre forme – mon école secondaire avait gagné le championnat d'État de 1981 et j'avais reçu une bourse d'études de golf à l'université Virginia Commonwealth. Papa jouait régulièrement dans les 70 et en était très satisfait. Pourtant, lorsque nous formions équipe, c'était l'enfer.

Je suis parti étudier et je me suis perdu dans les livres et l'acquisition de connaissances, en plus de développer une envie de devenir journaliste. Le golf de compétition ne m'intéressait plus. Après deux saisons, j'avais abandonné ma carrière de golfeur universitaire. Il y a bien eu des rondes mémorables, mais elles étaient rares.

Entre-temps, nous avions dépassé l'âge d'être admissibles au tournoi père-fils. Cependant, quelques années plus tard, papa m'a appelé pour me demander si je voulais participer une nouvelle fois au tournoi père-fils. Il semblerait qu'ils aient adopté une désignation plus politiquement correcte, le tournoi parent-enfant, et qu'ils aient créé une catégorie 18 ans et plus.

Voulions-nous vraiment nous soumettre à cette épreuve de nouveau?

Je jouais rarement et papa avait maintenant des problèmes avec une épaule et jouait encore moins que moi.

« Bien sûr! dis-je. Pourquoi pas? »

Quand on devient adulte, il se produit une chose étrange. Tout à coup, on peut accepter les défauts de son père parce qu'on constate qu'on en a soi-même. De plus, pourquoi, diable, une ronde de quatre heures de golf avec papa serait troublante?

Nous avons frappé un panier de balles pour nous délier les muscles, mais je ne crois pas qu'aucun de nous n'ait frappé plus de trois bons coups. Je n'aurais pas aimé devoir ramasser les balles sur le terrain de pratique ce soir-là; l'équipe Radford avait éparpillé ses coups dans toutes les directions. Mais, nous avons dû laisser tous les mauvais coups au terrain de pratique. Nous avons réussi un oiselet au premier trou : papa a calé le coup roulé après mon coup d'approche laissé à dix verges de la coupe. Puis, nous avons réussi un autre oiselet au quatrième, une normale 5, quand papa a frappé un bois 5 de 200 verges à la frise du vert et que nous avons réussi deux coups roulés d'une distance de 45 pieds. À la fin de la ronde, nous avions enregistré quatre oiselets. Nous avions aussi joué de mauvais trous, mais pas si mauvais que ça. Chose étonnante, après chaque mauvais trou, nous nous trouvions en position d'oiselet. Je me souviens que je riais en signant la carte de pointage.

Deux débutants qui n'avaient jamais bien joué ensemble venaient de jouer une ronde de 4 au-dessus du *par*, un beau 75, dans le format des coups alternatifs. Plusieurs des garçons avec lesquels j'avais grandi, et qui nous avaient toujours battus dans le père-fils, avaient décidé de jouer ce dimanche-là. J'ai regardé les scores de notre groupe d'âge – 81-77-85-76-82-90.

Nous avions gagné! Incroyable. Quand nous avons rapporté le trophée à la maison, maman n'en croyait pas ses yeux. Pendant des années, elle nous avait entendus nous déchirer pendant des heures après chaque tournoi père-fils. Aujourd'hui, elle devait nous entendre jubiler.

Soudain, les coups de départ de papa, 220 verges dans la première coupe de l'allée, étaient devenus superbes. Et tout aussi soudainement, tant que mes coups roulés trouvaient le fond de la coupe, papa ne s'en faisait pas avec mon drôle d'élan. Nous avons ri du coup roulé de quinze pouces que nous avions raté au quinzième trou, ce dont je me rendais constamment coupable.

Deux trous plus tard, j'ai défoncé le vert d'une normale 3, ce qui était sa marque de commerce dans le passé. L'année suivante, nous avons joué 72. Sur le deuxième neuf, nous ne nous demandions pas si nous allions gagner, mais si nous allions jouer sous la normale.

L'énergie négative qui nous avait suivis pendant des années était devenue une force positive. Pendant des années, nous nous étions mis dans des positions qui nous faisaient hésiter entre frapper la balle qui était dans le bois ou celle qui s'était logée sous la lèvre de la fosse de sable. Maintenant, notre choix se limitait au coup roulé de 10 pieds en descente ou celui de 15 pieds en montée pour notre oiselet.

Il y a quelques années que nous n'avons pas participé à un tournoi parent-enfant. L'épaule de papa l'exaspère tellement qu'il a cessé de jouer au golf et qu'il a laissé tomber son abonnement au club. Par ailleurs, l'autre jour, j'étais monté au grenier chez mes parents pour y chercher de vieilles bandes dessinées de Batman pour mon propre fils quand j'ai trouvé une boîte de vieux trophées de golf. Le premier qui m'est tombé sous la main était celui de notre victoire de 1989 au tournoi parent-enfant du Country Club Meadow-brook, catégorie aucune limite d'âge. Le deuxième était celui de notre troisième place au tournoi père-fils de 1973, catégorie 11 ans et moins. Il nous a fallu 16 ans pour mettre les choses en ordre, mais nous y sommes arrivés.

Rich Radford

Dieu ne déduit pas du temps
qui nous est alloué les heures
que nous passons à jouer au golf.

Gerald O'Gara

Réaliser son rêve

Le nom m'a sauté aux yeux sur la liste d'un magazine national sur le golf où on donnait les résultats d'un tournoi. Imprimé en tout petits caractères, il m'avait frappé parce que j'ai l'habitude de consulter les résultats des mini tours pour y voir les noms des anciennes et des futures vedettes.

Je ne m'attendais pas à voir son nom en italique et cela m'a saisi et m'a fait sourire.

Darryl Staszewski.

J'ai fixé les lettres jusqu'à ce qu'elles deviennent embrouillées, saisi de nostalgie en pensant à un ancien ami du secondaire et aux voies que nous avions choisies dans la vie. Je ressentais de l'admiration pour Darryl, et probablement un peu d'envie.

Staszewski, diplômé de l'école secondaire St. Francis (Wisconsin), promotion de 74 – mon confrère de classe, mon ami – avait fini à égalité avec plusieurs autres dans un tournoi obscur d'un mini tour, quelque part dans le Nord-Ouest. Il s'était mérité 216 $.

Grosse affaire, direz-vous.

Oui, si vous aviez connu Darryl il y a vingt-cinq ans. En première année du secondaire, il mesurait à peine 1,45 mètre et ne devait pas peser plus de 34 kilos. En dernière année, il avait poussé vite, il faisait 1,65 mètre et pesait 55 kilos, tout mouillé.

Évidemment, il se faisait taquiner sur sa taille. Ses copains, particulièrement, ne cessaient de faire des blagues de mauvais goût. Il prenait les choses calmement, la plupart du temps, mais je me souviendrai toujours de la fois où je lui ai enlevé son permis de conduire des mains et proclamé à haute voix, non sans un cri de joie, que Darryl devait s'asseoir sur une plate-forme pour voir par-dessus le volant.

Dans la catégorie des insultes d'adolescents, je venais de frapper un coup de départ de 350 verges. Darryl a ri avec nous, mais j'ai remarqué que des larmes d'humiliation commençaient à mouiller ses yeux. Je ne l'ai plus jamais taquiné par la suite.

Darryl était un assez bon athlète, mais il était évidemment trop petit pour jouer au football, et après une saison en première année au basketball – il avait l'air d'un enfant abandonné dans l'album de photos de l'équipe – il n'a pas fait l'équipe en deuxième année.

Il s'est donc tourné vers le golf.

Gaucher, son élan semblait au ralenti et il arrivait à peine à frapper la balle plus loin que son ombre. Il était presque écrasé sous le poids de son sac de golf. Il n'a pu être accepté au sein de la première équipe de compétition avant sa dernière année, et ce, en tant que sixième homme d'une équipe de cinq. Je crois qu'on avait voulu reconnaître sa persévérance. Darryl a rarement joué dans les compétitions.

À cette époque, nous étions quelques-uns à rêver de devenir golfeurs professionnels, mais nous avions dix-huit ans et nous étions pleins d'idées folles. Nous sommes plutôt entrés à l'université ou sur le marché du travail, nous nous sommes mariés et nous avons eu des enfants. Finalement, nous sommes devenus ce que nous étions destinés à être : des joueurs de week-end.

Sauf Darryl Staszewski. Il possédait la détermination, le courage et la concentration dont nous nous contentions de parler. Il est possible que les taquineries dont il avait été l'objet l'aient rendu plus résistant. Il est possible qu'il l'ait voulu plus fort que nous. Il est possible qu'il ait eu plus de talent que nous, et qu'il a fallu du temps avant qu'il ne se manifeste.

Peu après notre graduation, Darryl a déménagé en Californie pour perfectionner son jeu. Il est finalement devenu professionnel de club et, quelque part, pendant les années 70, j'ai perdu sa trace.

Vingt ans plus tard, j'étais dans la tente réservée aux médias à l'Omnium Greater Milwaukee lorsque quelqu'un m'a tapé sur l'épaule. Je me suis retourné, c'était Darryl Staszewski. Athlétique et élancé, il faisait maintenant 1,80 mètre.

Il vivait près de Seattle, mais il était en vacances dans la région. Il avait failli se qualifier lors de la ronde de qualification de l'Omnium Greater Milwaukee du lundi. Nous avons parlé pendant quelques minutes et il m'a donné son numéro de téléphone en disant qu'il serait amusant de se retrouver pour une ronde si jamais j'allais dans le Nord-Ouest.

J'ai de nouveau oublié Darryl jusqu'à ce que je tombe sur son nom dans un magazine de golf. Peu importe qu'il ait gagné 216 $ ou 216 000 $, qu'il ait fini septième sur le Tour Cascade ou qu'il ait remporté l'Omnium des États-Unis.

Voyez-vous, Darryl a réalisé son rêve.

Gary D'Amato

Requiem pour un laitier

Voici l'histoire d'un laitier à la retraite, Emil Kijek, qui a fini ses jours dans les bras d'un ami au centre d'une allée, un jeudi après-midi.

L'histoire s'est passée dans le sud-est du Massachusetts, sur les bords de la baie de Narragansett, là où on raconte des histoires modestes du genre : Lizzie Borden venait de Fall River, tout à côté; Ishmael et Ahab venaient de New Bedford, un peu plus loin.

Comme site d'un drame, Rehoboth ne fait pas tout à fait le poids. C'est une jolie petite ville pourtant.

En passant, vous pourriez penser que c'est un lieu de chasse si John Pellegrino ne s'empressait de vous corriger. « Tirez sur un de mes cerfs », expliquait le propriétaire du club de golf Sun Valley, « et je tirerai sur vous. »

L'affaire de Pellegrino est tout aussi simple. En commençant par la flèche sur la route, tout, à Sun Valley, bénéficierait d'une bonne couche de peinture. Le toit mériterait bien d'être redressé. Le *clubhouse* consiste principalement en un bar. Mais les hommes aux cheveux grisonnants qui parcourent le terrain en tirant leur voiturette ont l'air bien heureux. Le coût pour les seniors est de treize dollars pour dix-huit trous.

Ce jeudi-là, Ron Collett, Morris Dumont, Jack Alexander et Emil Kijek faisaient équipe dans un tournoi. Collett et Dumont n'étaient pas les partenaires de jeu réguliers de Kijek, mais ils connaissaient bien « Ky ». Tout le monde le connaissait.

« Je vous assure qu'il y avait quelque chose de spécial chez lui », dit Dumont, accordeur de piano à la retraite. « Ky était celui qui prenait plus de plaisir à la journée qu'au golf, qui acceptait les mauvais coups comme les bons coups, espérant toujours que le prochain serait parfait. »

Alexander était le copain de golf habituel de Ky, et son meilleur ami. Ils ont tous deux servi sous les drapeaux à Hawaï pendant la Deuxième Guerre mondiale, sans pour autant s'être connus. Kijek s'était enrôlé et avait quitté l'armée avant le début de la guerre. Quand la guerre a été déclarée, il est revenu au génie militaire, dans la construction, un *Seabee*. Finalement, il s'est retrouvé à Saipan.

Sur l'île d'Oahu, où Alexander avait seulement entendu parler de lui, Kijek était aussi boxeur poids-moyen. Il était l'une des attractions principales des soirées de boxe du vendredi des baraques Schofield, un modèle de douceur comme il est paradoxal d'en trouver chez les boxeurs.

Son père lui ressemblait. À Varsovie, Jacob Kijek avait été contremaître dans une filature et s'intéressait au fonctionnement d'un métier à tisser en particulier, celui qu'opérait Caroline. Amoureux, Jacob et Caroline ont émigré à Pawtucket et ont élevé leur fils dans la tradition du tissage. Fils unique, Emil n'a eu qu'une seule fille, Sandra. Ses souvenirs d'enfant sont remplis de pique-niques, de promenades du dimanche et d'un père dont la seule règle était la bonté.

Il s'est mis au golf au début des années 60, après que les premiers avertissements de son cardiologue lui ont valu un congé de quatre mois. Après sa retraite – surtout après la mort de sa femme, Mabel – le parcours de golf est devenu son foyer.

Bon joueur, il frappait droit et son handicap s'est toujours maintenu à 11 ou 12 (même quand il a perdu de la distance), ses coups roulés devenant meilleurs. Ce phénomène est inconnu chez les professionnels, mais bien connu dans des endroits comme Sun Valley.

Aux cartes, Kijek jouait scratch, une légende au gin, mais il préférait le « pitch », le jeu des ouvriers : carte la plus haute, la plus basse, valets et partie.

« Donne les cartes, le vieux », disait Alexander. Kijek souriait comme un bel enfant et les autres riaient. À soixante-quinze ans, Alexander était de quatre ans son cadet. Mais le poids des années se faisait sentir depuis quelque temps. Ky perdait son avantage aux cartes.

Par contre, il pouvait encore *putter*. Au premier trou, ce jour-là, il avait réussi un coup roulé de 20 pieds pour la normale. Au quatrième, il en a calé un autre.

« Tu nous sauves la vie, le vieux », avait dit Alexander. La journée s'annonçait belle.

Le sixième trou à Sun Valley est une normale 3 de 155 verges. Kijek a pris son bois 3.

« Il a frappé un coup superbe », racontait Dumont plus tard. « Une trajectoire étonnante. »

« Emil, je ne vois plus la balle », a murmuré Alexander après un moment. « Je crois qu'elle est dans le trou. »

« Je ne crois pas », a dit Kijek. Il n'avait jamais réussi un trou d'un coup.

« Le vieux! » a crié Alexander en arrivant au vert. « Viens chercher ta balle dans la coupe! »

Dumont se rappelle : « Ky était vraiment heureux, mais il n'a pas sauté de joie. C'était un homme très humble. »

Après un beau coup de départ au septième, Kijek a vacillé avant de jouer son deuxième coup. « Emil, laisse quelqu'un d'autre jouer avant toi », a doucement suggéré Alexander. « Non, ça va, Jack, je suis bien », a-t-il dit.

L'instant d'après, Ky a commencé à chanceler et ses amis l'ont attrapé. Ils l'ont doucement allongé dans l'herbe. Pendant que les autres partaient chercher du secours, Jack lui a dit : « Emil, serre ma main. Ne la lâche pas avant que je te le dise. » Mais Ky lui a fait son sourire habituel et a lâché sa main.

Qui était-il? C'était un homme qui aimait plus ses journées que le golf, qui acceptait également les bons comme les mauvais coups, espérant toujours que le suivant serait parfait.

Il l'a été.

Tom Callahan

À propos de golf et
d'un caddie au Royal Troon

Ma femme et moi avions préparé notre premier voyage en Écosse pendant plus d'un an. Par l'intermédiaire de Scottish Golfing Holidays, nous avons commencé notre semaine au Royal Troon. Je devais jouer sur ce parcours le matin et ma femme devait se joindre à moi en après-midi pour jouer sur le parcours Portland qui se trouvait de l'autre côté de la route.

C'était le premier matin de mon premier jour et de mon premier match de golf en Écosse. Il s'est produit deux événements qui me resteront toujours en mémoire.

D'abord, nous avons été retardés pendant quinze minutes en attendant que Payne Stewart et son groupe se présentent. Contrairement à son habitude, Stewart portait des pantalons et une casquette de golf traditionnelle quand son groupe a été dirigé vers les tertres « medal », d'où ils ont frappé leur coup de départ. Le meilleur des trois compagnons de jeu de Stewart devait avoir un handicap de 10, pas moins. Comme on m'avait déjà refusé la permission de jouer des tertres arrières, j'ai décidé de tenter de nouveau ma chance. Le préposé au départ, avec qui j'avais eu une longue et agréable conversation en attendant l'arrivée du groupe de Stewart, m'a dit que cela n'était pas possible – sauf, évidemment, si le secrétaire du club donnait son autorisation. Il m'a alors offert d'intercéder en ma faveur auprès du secrétaire. Avec ma lettre de présentation qui disait que j'étais un homme respectable du Nebraska qui avait déjà participé à plusieurs événements sanctionnés par la USGA, dont les championnats Amateurs et Amateurs moyens, avec un indice de 2,4 (je ne me suis jamais qualifié, mais cela ne m'a pas empêché de tenter ma chance), il a disparu en direction du *clubhouse*. Quelques minutes plus tard, un grand monsieur à l'air respectable, portant veste et cravate, est arrivé au tertre de départ. Du haut de son 1,80 mètre contre mon 1,65 mètre, le père de Colin Montgomery m'a jeté un regard sévère typiquement écossais que je reverrais souvent au cours de la semaine à venir, et m'a demandé tout de go : « Vous en avez une à perdre ? » Comme mon sac débordait de balles de golf, j'ai répondu par l'affirmative.

Il a alors dit : « Frappez votre bois 1 au-dessus de cette colline », en désignant un gros monticule entre le premier tertre et l'océan. Les mains légèrement moites, devant une foule de quelque vingt-cinq golfeurs, j'ai réussi à frapper un beau coup de départ par-dessus la colline. Monsieur Montgomery s'est alors tourné vers le préposé au départ et a dit, d'une voix qui portait assez pour être entendue de la foule environnante : « Monsieur Kahler est un excellent amateur aux États-Unis et il a l'autorisation de jouer des tertres de championnat. Tous les autres joueront des tertres réguliers. » Sur ces paroles, il s'est retourné et s'est dirigé directement vers le *clubhouse*. C'est ainsi que j'ai pu jouer des tertres de championnat au Royal Troon.

Le deuxième événement de la journée concerne Payne Stewart. Au moment de frapper nos coups de départ au septième trou, un trou coudé vers la droite en descente, la pluie et le vent ont augmenté en intensité.

Le groupe de Stewart s'était retiré dans un des deux abris du côté gauche de l'allée. Nous avons frappé nos coups de départ, puis nous avons décidé de nous mettre aussi à l'abri en attendant que la tempête fasse relâche. J'avais frappé un superbe coup de départ, quelques verges derrière une balle qui appartenait au groupe qui nous précédait. En arrivant au refuge, notre duo s'est installé dans un abri et le groupe de Stewart dans l'autre.

Quelques minutes plus tard, le caddie local de Stewart a couru vers notre abri et a dit quelques mots à mon caddie. Celui-ci m'a dit : « Monsieur Stewart aimerait savoir si vous acceptez une petite gageure : le plus près du drapeau gagne une *livre*. » J'ai accepté. Non parce que je croyais pouvoir frapper ma balle plus près de la coupe que Payne Stewart, mais parce que cela ferait une anecdote savoureuse à raconter et qu'elle ne me coûterait qu'une *livre*. Comme nous n'étions qu'un duo et que nous étions prêts à braver les éléments, contrairement au quatuor de Stewart, ils nous ont offert de passer devant eux au moment où le vent et la pluie diminuaient d'intensité. J'ai frappé le coup de ma vie, qui a bien résisté au vent et s'est arrêté à dix pieds de la coupe. Pendant que je me dirigeais vers le vert, le caddie de Stewart est arrivé en courant et a donné une pièce d'une *livre* à mon caddie qui me l'a remise.

Je ne sais pas si Payne Stewart a lui-même décidé de la gageure ou fourni la *livre*. Plus j'en apprends au sujet des caddies écossais, plus je me dis que c'est le caddie lui-même qui a pris l'initiative de la gageure et l'a payée. De plus, j'ignore si Payne Stewart a frappé sa balle plus près de la coupe que moi. Nous nous sommes dirigés vers le célèbre trou du Timbre (Postage Stamp), le huitième, avant qu'ils reprennent le jeu. Par contre, j'ai laissé un marqueur sur le vert à l'endroit où ma balle s'était arrêtée au septième. Et, plus tard, personne ne m'a réclamé la pièce d'une *livre*. Depuis ce temps, je l'utilise comme marqueur de balle.

Jeff Kahler

Le jour où Monsieur 59
a harnaché la foudre

Quand vous frappez un mauvais coup, dites-vous simplement qu'il fait bon vivre, à relaxer et à marcher sur un superbe terrain de golf. Votre prochain coup sera meilleur.

Al Geiberger

Des centaines d'hommes ont couru le mille en moins de quatre minutes, et au moment où vous lisez ces lignes, il y en a sans doute quelques-uns qui commencent leur sprint final. Combien pouvez-vous en nommer, et qui détient en ce moment le record du monde?

Nous nous souvenons de Roger Bannister, qui a été le premier à le réussir. Son nom passera à la postérité. Chaque fois qu'on parle de la marque du mille en quatre minutes, on parle de Roger Bannister.

Il en va de même pour Al Geiberger. Il a été le premier joueur à briser la barrière du 60 sur le tour de la PGA, en réussissant un surprenant 59 lors de la deuxième ronde de la classique Memphis de 1977. Avant cette date, sept golfeurs avaient joué des rondes de 60, dont Sam Snead, mais personne n'avait traversé dans les 50 avant cet après-midi à Memphis où le mercure approchait les 40 degrés Celsius. Deux joueurs ont réussi cet exploit depuis : Chip Beck en 1991, à Las Vegas, et David Duval en 1999, à Palm Springs.

Le très modeste Geiberger est devenu Monsieur 59, un superlatif que son agent a eu la prévoyance d'enregistrer. Il pourra l'inscrire sur sa pierre tombale. Dites à Tiger Woods que s'il commence à manquer d'objectifs à atteindre, il y aura toujours le 59 que Geiberger a réalisé sur le parcours à normale 72 de 7 249 verges du Country Club Colonial, un terrain qui figure parmi les 100 meilleurs de la revue *Golf Digest*.

Le roi du rythme n'a raté aucune allée ni aucun vert. Il a réussi onze oiselets et un aigle, un coup de *wedge* de trente verges. Il ne lui a fallu que 23 coups roulés, le plus long étant de 40 pieds pour débuter sa ronde. Un mathématicien amateur a calculé que Geiberger a calé des coups roulés pour des oiselets pour un total de 166 pieds.

Je me souviens que Johnny Miller avait mentionné par la suite qu'il n'avait jamais cru qu'on pouvait *putter* si bien sur ces verts. « Ils sont faits de gazon Bermuda, ce qui signifie qu'il faut toujours frapper la balle fermement et franchement, dit-il. De plus, Al avait commencé sa ronde tard en journée, ce qui signifie que les verts étaient hérissés de marques de crampons. Réussir douze roulés de plus de 10 pieds semble impossible! »

Ce jour-là, la marque qui se rapprochait le plus de 59 était un 65.

Pourtant, il y a une réserve. Les allées étaient tellement endommagées, après le rude hiver, que les joueurs avaient le droit de ramasser et de nettoyer leur balle. Personne ne sait vraiment combien de fois Geiberger a amélioré sa position. Son partenaire de jeu, Dave Stockton, se souvient que Geiberger n'a pas eu besoin de toucher à sa balle à plusieurs occasions. Geiberger se rappelle qu'il a peut-être été favorisé sur un coup, le *wedge* qu'il a logé dans la coupe.

Le point tournant a été une histoire de collation.

Les concurrents avaient été divisés en deux groupes et Geiberger avait débuté sa ronde au 10e trou. Au quatorzième, les choses se sont échauffées, littéralement. Une automobile avait pris feu sur le stationnement voisin et les camions de pompiers arrivaient, toutes sirènes hurlantes. Par la suite, un ami de Geiberger, qui habitait le long de l'allée du 14e trou, lui a apporté des biscottes avec des montagnes de beurre d'arachide. Le grand Geiberger souffre d'hypoglycémie et doit prendre de fréquentes doses de protéines. Le beurre d'arachide est sa source préférée.

« La chaleur m'avait affaibli, dit-il. J'avais besoin d'un remontant et le beurre d'arachide a fait l'affaire. J'ai joué les sept trous suivants en huit sous la normale. »

Après avoir réussi des oiselets sur les quatre derniers trous de son premier neuf, Geiberger a commencé à penser au record du circuit pour le plus grand nombre d'oiselets consécutifs, huit. Il n'a pas pensé jouer un 59 avant de réussir un oiselet à son quinzième trou et que ses partisans se soient mis à scander « 59! 59! 59! »

Il lui fallait deux oiselets sur les trois derniers trous.

Il en a réussi un au septième trou, une normale 5, avec un coup d'approche *lobé* et un coup roulé de neuf pieds, mais il a fait une normale au huitième, avec deux coups roulés sur 20 pieds. Tout reposait sur le dernier trou, un trou coudé à gauche de 403 verges, avec une fosse de sable située dans le coude. Geiberger frappait ses coups de départ à peu de distance, avec une trajectoire de gauche à droite. La foule l'incitait à mettre de côté son conservatisme habituel. Il a visé directement la fosse et sa balle a volé par-dessus, ce qu'il n'avait jamais réussi. Il lui restait un coup de fer 9 qui s'est arrêté à huit pieds de la coupe.

Geiberger s'est dit que quoi qu'il arrive, il devait rendre la balle jusqu'au trou. La trajectoire du roulé allait vers la droite en montant – le genre de coup roulé qui est facile à mal interpréter ou qui sème le doute dans votre esprit.

Geiberger a envoyé sa balle fermement au centre du trou.

Stockton, ami intime de Geiberger et son partenaire ce jour-là dans ce qui était l'ancienne Classique CBS, a plus tard déclaré : « Je n'avais jamais vu Berger aussi près de s'exciter. Il a fermé son poing à demi. »

Depuis ce 59, la vie de Geiberger a été semée de revirements inattendus, certains favorables, d'autres pas. Il a divorcé et s'est remarié, il a perdu un enfant par noyade, il a régulièrement subi des opérations sérieuses et a éprouvé des difficultés financières. Il est toujours en train de se remettre d'une débâcle ou d'une autre. Pourtant, il a remporté dix victoires en dix ans sur le circuit senior.

Aujourd'hui, jouer un 59 équivaudrait à son âge. Malgré une vie qui peut paraître à l'observateur de l'extérieur dominée par les épreuves, Geiberger se considère un homme chanceux. Cela vous fait-il penser à Lou Gehrig? Monsieur 59 est fait de la même étoffe.

Nick Seitz

3

MOMENTS PRIVILÉGIÉS

*Le jeu procure des plaisirs sensuels
quand l'élan est parfait et
que la balle atteint la cible,
exactement comme vous l'aviez planifié.*

Peter Alliss

Toutes les qualités souhaitables chez un homme

Le golf met le caractère d'un homme sur l'enclume et soumet aux flammes ses plus grandes qualités – patience, équilibre et modération.

Billy Casper

Je dois vous avouer honnêtement que je n'ai jamais cru que Squeek ne reviendrait plus porter mon sac. Je n'y ai pas cru une seconde, jusqu'à la toute fin, quand il était si malade qu'il ne pouvait même plus ouvrir les yeux pour dire adieu. C'est peut-être égoïste, mais c'est comme ça quand on perd un ami.

Il était diligent, consciencieux, humble, simple et honnête, et avait toutes les qualités souhaitables chez un homme.

Je me souviens que je l'invitais souvent à partager notre succès. Je lui disais de mettre les bâtons de côté un moment pour boire la bière de la victoire dans le vestiaire. Quand il hésitait, je lui disais : « Ne t'inquiète pas, Squeek, viens. S'il y a une amende à payer, je la paierai. »

Nous mangions souvent ensemble, mais parfois je l'invitais et il refusait poliment, disant qu'il avait d'autres projets. Mais je savais qu'il n'en était rien. C'était sa façon à lui de rester dans l'ombre, sans jamais prendre trop de place.

Sur la route, je crois qu'il était plus heureux de prendre soin de mes enfants et de commander une pizza. Il adorait s'asseoir et jouer avec eux, et je sais que les enfants l'aimaient aussi. Ils ne comprennent pas – pas plus que moi – pourquoi il n'est plus là.

Pour lui, les récompenses étaient plus intimes. Il lui suffisait de rapporter le drapeau du dix-huitième trou après une victoire et de l'accrocher au mur dans sa maison.

Squeek attachait une importance primordiale à bien faire son travail, à le faire à la perfection. Pendant les six années que nous avons été ensemble, je crois que je n'ai douté qu'une fois de son évaluation d'une distance. Une fois. On n'a jamais vu ça.

Il n'était pas expert en élan de golf, mais il avait appris quoi rechercher dans le mien. « Surveille ton coude droit », disait-il quand je devenais impatient sur le terrain de pratique.

Pendant un tournoi, il avait le don de savoir quoi dire, même si cela signifiait ne rien dire du tout. Il comprenait les subtilités de la compétition mieux que tous ceux que je connais. Il vérifiait toujours le tableau des meneurs, et il pouvait s'apercevoir bien avant moi qu'un joueur était en difficulté.

« Il ressent la pression, Nick », disait-il pendant qu'on se dirigeait vers les quelques derniers trous, pour me convaincre que je pouvais encore gagner le tournoi.

Il ne me permettait jamais d'être négatif. À Turnberry, en 1994, j'ai eu deux très difficiles journées de pratique, mais il n'a jamais perdu confiance en moi. Quand je disais : « Ah! mon élan n'est pas très bon », il me reprenait immédiatement. « Comment peux-tu espérer une attitude positive quand tu commences à parler comme ça? » répliquait-il.

À la fin de 1990, quand je lui ai demandé de travailler pour moi, il m'a répondu que Tom Watson venait de lui demander la même chose. Quelques jours plus tard, il est venu me dire qu'il m'avait choisi. Je me demande parfois combien les choses auraient été différentes pour moi s'il avait choisi l'autre voie.

Nous avons eu beaucoup de bon temps ensemble, je le sais. J'aurais peut-être gagné sans lui, mais peut-être pas aussi souvent et le plaisir n'aurait pas été le même.

Le moment le plus inoubliable a été la victoire à l'Omnium, à Turnberry. Squeek m'a donné du courage à travers mes doutes tout au long de la ronde finale. Quand j'ai dû frapper le dernier coup pour la victoire, Squeek n'avait jamais été si positif, me donnant la distance exacte et me disant de viser le « D » sur la grosse affiche jaune derrière le dix-huitième vert. Quand j'ai frappé la balle et marché vers le vert, la marche d'un champion acclamé par une foule enthousiaste, Squeek traînait humblement derrière, à sa manière habituelle, ne voulant pas déranger. Je me suis arrêté un moment et je l'ai regardé.

« Viens, Squeek, ai-je dit. Profitons de ce moment ensemble. Je ne sais pas quand l'occasion se présentera à nouveau. » Si jamais je gagne un autre tournoi, j'aurai toujours en mémoire cette marche, avec un ami à mes côtés.

Nick Price
avec Mike Stachura

Ike, Mamie, Spiro et moi

Je ne suis jamais allé au ciel et si je regarde
ma vie, il est probable que je n'irai pas. Je
crois que le plus près du ciel où j'irai, ce sont
les tournois des Maîtres.

Fuzzy Zoeller

Comme chaque joueur le sait, toutes les rondes de golf sont sujettes à de petits miracles, à des moments où les lois de la probabilité vont à l'encontre de la normalité de manière glorieuse, et quelque chose arrive qui déjoue toutes les prévisions.

J'ai certainement eu ma part de miracles au golf – des bons et des moins bons. Une fois, j'ai fait un trou d'un coup sur un parcours que je ne connaissais pas, chaussé de bottes de cow-boy et jouant avec des bâtons empruntés et une balle de terrain de pratique. Une autre fois, ma balle s'est arrêtée à quelques pouces d'un trou, en position d'albatros (trois coups sous la normale) après avoir frappé un tuyau d'égouttement en béton dans un obstacle d'eau. À au moins trois reprises, j'ai envoyé mon coup roulé hors du vert et deux fois, je l'ai envoyé dans des obstacles d'eau. Il m'est même arrivé de perdre ma balle sur un vert, ce que je considère encore comme du jamais vu en matière de probabilité.

Mais tout cela est une bien pâle image des probabilités astronomiques de mon expérience la plus improbable de golfeur, et qui n'a rien à voir avec le hasard ou l'habilité d'un coup. Quand j'avais dix-neuf ans, j'ai été le bénéficiaire d'une chaîne d'événements heureux, qui impliquaient la chirurgie arboricole, la Guerre Civile et les Services secrets américains, tous culminant, assez bizarrement, vers deux rondes de golf que j'ai jouées au Augusta National Golf Club pendant la semaine du tournoi des « Maîtres » de 1971.

Ce n'est qu'au printemps, à ma troisième année de secondaire, que j'ai pu convertir ma vaste expérience d'emplois dans de menus travaux en un poste plus responsable : je suis devenu élagueur sur la route de l'Impériale, sur un autobus à deux étages de Gettysburg, Pennsylvanie, ce bastion du tourisme de la Guerre civile. Mon travail consistait à voyager sur le pont supérieur du car qui parcourait une route de vingt-cinq kilomètres, et à couper toutes les branches qui pourraient blesser à l'œil un touriste.

Quelques semaines plus tard, un meilleur emploi s'est offert : les Services secrets avaient eu la permission d'engager un jardinier pour tondre le gazon et s'occuper des lits de fleurs sur la ferme Eisenhower – et aussi pour prendre soin du vert qui était dans la cour du général.

Le général Dwight D. Eisenhower s'était retiré à Gettysburg après avoir quitté la présidence, parce que l'endroit était reconnu comme un sanctuaire de l'histoire militaire, mais aussi pour des raisons sentimentales – il avait été cantonné là, à Camp Colt, au début de sa carrière.

À cette époque, lorsque quelqu'un se retrouvait debout près du général dans la boutique du pro, ou s'il faisait la conversation au premier départ, il était toujours génial et accessible, et aimait parler golf avec des golfeurs. Deux de ses agents des Services secrets avaient été choisis parce qu'ils partageaient son amour du golf.

Il m'a donc semblé que mes responsabilités sur le pont supérieur du car pouvaient se traduire par expérience en jardinage, et je savais sans l'ombre d'un doute ce à quoi devait ressembler un vert. J'ai pensé que j'étais fait pour cet emploi. J'en ai donc parlé aux agents des Services secrets et Herb Dixon, l'agent spécial responsable, m'a engagé immédiatement. Il était vraiment impressionné par mon expérience en taillage de grands arbres.

Bien sûr, le fait que mon père fût aussi agent pour Eisenhower, et son partenaire de golf de prédilection, a sûrement plaidé en ma faveur. Mais de toute façon, j'ai obtenu l'emploi. Mon salaire était de deux dollars l'heure. J'étais au ciel.

Chaque jour, il y avait des périodes libres; j'en profitais pour prendre mes bâtons de golf et pratiquer des approches au vert. Les Eisenhower ne semblaient pas s'en offusquer. Pendant les après-midi très chauds, ils m'envoyaient même porter de la limonade.

Le général est mort tôt au printemps, et j'ai conservé mon poste de jardinier jusqu'à la fin de l'été. En septembre, face à d'autres priorités, j'ai dû quitter la ferme pour me concentrer sur mes études. J'avais choisi le journalisme, bien que tout compte fait mon choix de carrière n'ait pas été déterminant pour le choix d'une université. J'ai soumis ma demande à l'Université Wake Forest parce que c'était l'école de golf la plus renommée que je connaissais.

Je me suis vite rendu compte qu'il ne manquait pas de golfeurs sur le campus. On ne pouvait pas faire un pas sans en croiser un qui jouait la normale. Lanny Wadkins était là, et aussi Jim Simons, et plus tard Jay Haas, Scott Hoch, Curtis Strange et une douzaine d'autres qui pouvaient jouer au golf comme je n'avais jamais vu auparavant. Chacun d'eux semblait avoir une chance infiniment plus grande que la mienne d'être invité à jouer à Augusta.

Mais voilà.

Mon père m'a téléphoné la fin de semaine avant le tournoi des Maîtres. Même si le général n'était plus, Mme Eisenhower gardait toujours les mêmes habitudes de voyage. Au printemps, il y avait toujours un séjour au Augusta National Golf Club, dans une maison près du dix-huitième vert.

Mme Eisenhower ne s'intéressait pas au golf, mais elle s'était souvenue que j'aimais ce sport, probablement quand elle voyait toutes les mottes de terre que je laissais sur son terrain. Elle pensait, m'a dit mon père, que j'aimerais peut-être lui rendre visite pendant quelques jours avant le tournoi. Elle avait remarqué que le terrain était presque toujours désert et ne voyait aucune raison pour laquelle je ne pourrais pas simplement y aller et jouer quelques rondes. Elle disait que je pourrais loger dans son sous-sol avec les agents des Services secrets.

Il y avait, bien sûr, d'autres facteurs à considérer. Le temps ne pouvait pas être plus mal choisi. Nous étions en mi-session et j'avais des examens à passer et des comptes rendus de recherches à taper. Je n'avais pas d'autre choix que de refuser l'invitation.

Oui, c'est certain.

Dix minutes après avoir raccroché le téléphone, j'étais dans ma voiture, direction sud. J'ai conduit tout d'un trait jusqu'à Augusta.

Je suis arrivé le dimanche après-midi et un gardien, après avoir vérifié mon nom sur sa liste, m'a fait entrer par l'avant. Il n'y avait que quelques autos dans l'aire de stationnement près du *clubhouse*, mais c'étaient des Jaguars, des Mercedes et des BMW bien astiquées, en plus de quelques autres marques si rarissimes que je ne savais même pas leur nom. La seule Bentley que j'aie jamais vue était dans le stationnement, de même que la seule Aston-Martin, en dehors des films de James Bond. Moi, je conduisais une Ford Maverick.

Après avoir salué mon père et Mme Eisenhower, j'ai demandé s'il était possible de faire une ronde avant le crépuscule. Mais il y avait un hic : n'avais-je donc pas remarqué qu'il pleuvait à boire debout? Le terrain était fermé pour l'après-midi.

Mais pluie ou non, je savais qu'il devait y avoir une aire de pratique quelque part. Le sac de golf sur l'épaule et mon sac de balles à la main, je suis parti à sa recherche.

Il n'y avait qu'un seul autre golfeur assez fou de pratique pour être sur place ce jour-là – un gaillard robuste, virtuellement enveloppé dans des vêtements de pluie – et je l'ai rejoint près d'une des fosses de sable. Pendant vingt minutes, nous visions le drapeau tour à tour, faisant exploser le sable balle après balle, jusqu'à ce que le côté du vert où nous pratiquions soit devenu blanc par les traces de sable mouillé.

Il a fini avant moi mais suivant l'étiquette, j'ai cessé de frapper et je suis allé sur le vert pour trier les balles avec lui. Ce fut finalement une tâche facile, car la plupart de ses balles étaient tout près du drapeau.

« Vous êtes très habile avec ce *wedge* de sable », lui ai-je dit. Il m'a regardé et a souri.

« Merci », a-t-il répondu.

C'était Jack Nicklaus.

J'ai essayé, bien sûr, de me contenir, mais c'était inutile. Je ne pouvais absolument pas frapper simplement des balles de pratique avec lui sans risquer l'humiliation totale.

J'ai donc choisi une forme plus simple d'humiliation, en l'importunant de propos vides de sens causés par la vive impression qu'il me faisait, jusqu'à ce que je réussisse à le chasser du vert de pratique. Eh oui! j'ai réussi seul là où le tonnerre et les éclairs avaient échoué.

J'ai dormi d'un sommeil agité cette nuit-là, mais dès l'aube, je me suis levé – et le soleil, Dieu merci, était au rendez-vous. Seuls deux groupes devaient prendre le départ ce même matin : Steve Melnyk, le champion amateur américain, avait un départ à dix heures; je le suivais à 10 h 15, avec mon père et un autre agent des Services secrets.

À 9 h 45, j'ai vécu l'un des épisodes les plus bizarres de ma vie.

Au moment où je sortais par la porte arrière du sous-sol, un des plus jeunes agents, qui ne jouait pas au golf, m'a accosté pour me dire que Mme Eisenhower voulait me voir là-haut. Mon horaire était soudainement en danger. Mais quel autre choix avais-je? J'ai enlevé mes souliers de golf et j'ai monté l'escalier du sous-sol jusqu'au salon, où une fenêtre donnait sur le vert du dix-huitième, et plus loin, le premier départ.

Mme Eisenhower se tenait debout près de la fenêtre; elle portait une ample robe fleurie. Un homme en costume se tenait près d'elle, fixant le luxuriant terrain vide. J'ai hésité au pas de la porte, mais elle m'a vu et m'a interpellé immédiatement : « Viens, viens. Il faut que tu rencontres quelqu'un. »

L'homme en costume s'est retourné en souriant, et il m'a donné une solide poignée de main, comme le font les professionnels.

« Voici M. Spiro Agnew, a-t-elle dit. Il est le vice-président. »

Je ne me souviens pas beaucoup de la conversation qui a suivi. Je me rappelle m'être excusé de ne pas avoir de souliers. Je me souviens aussi qu'il a parlé du besoin de plus de jeunes Républicains comme moi au pays. Cela m'a paru bizarre, puisque je n'étais pas un Républicain. Je veux dire que je n'étais rien. Je n'étais qu'un golfeur.

Je sais qu'il en avait long à dire sur l'état grave de la jeunesse américaine, et sur le moyen de corriger la situation – le travail en faisait partie, a-t-il dit, si ma mémoire est bonne, et du respect pour les aînés, moins de chansons des Beatles, une presse moins libérale – mais j'ai oublié la plupart des détails de la conversation, car plus il parlait, plus je me demandais pourquoi il n'avait aucun commentaire à faire sur le golf. Ne savait-il pas où il était?

Le moment est venu où je devrais faire faux bond à ma génération.

« Quelle est votre opinion sur tout cela? » m'a-t-il demandé.

Si seulement j'avais pu lui raconter un fait inspirant, une vision brillante de la psyché américaine qui l'aurait mis sur la piste d'une route plus optimiste. Tout au moins, j'aurais pu lui suggérer de jeter un coup d'œil à la Constitution une fois encore avant de lancer de nouveaux projets. Après tout, Watergate était une histoire qui remontait à plus d'un an, il était encore temps de parer au désastre; personne encore ne devait aller en prison ou démissionner en disgrâce. Mais au même moment, à travers la lumière éclatante l'autre côté de la fenêtre, je ne pensais qu'à Steve Melnyk qui faisait son coup de départ avec un crochet dans les arbres, du côté gauche de la première allée.

« Je suis vraiment désolé, M. le vice-président, ai-je répondu, mais je suis le suivant au tertre de départ. » Par le temps que Melnyk trouve sa balle et fasse son coup d'approche, j'avais remis mes souliers de golf et serré la main de George, mon caddie.

Il fallait être accompagné d'un caddie à Augusta, et ceux-ci portaient des uniformes à bandoulière ornés de variétés de ceintures et de sacs qui contenaient des semences de gazon, des fertilisants et de la terre. À Augusta, on ne replace pas les mottes de gazon; plutôt, votre caddie refait le paysage après chaque coup. C'était intimidant – je calottais sans cesse la balle afin que George n'ait pas à nettoyer après mon passage. George m'a aidé à passer cette crise et de nombreuses autres. Il ne m'a pas tenu hors du danger – personne n'aurait pu le faire – mais pendant dix-huit trous, il m'a toujours fait prendre le bon bâton. Si tous les gens dans le monde du travail était aussi compétent et conscien-cieux que les caddies d'Augusta, nous connaîtrions l'âge d'or dans le monde entier.

Bien sûr, j'étais sceptique au début. Après avoir frappé mon coup de départ au premier trou, George m'a tendu un fer 6 avant que je quitte le tertre de départ.

« Comment sais-tu que j'aurai besoin d'un fer 6? » lui ai-je demandé.

Il a haussé les épaules en remettant mon *driver* dans le sac. « Je peux le voir à votre élan », a-t-il répondu laconiquement.

« Mais tu ne m'as vu frapper qu'une seule fois », lui ai-je répliqué.

De nouveau, il a haussé les épaules et s'est dirigé dans l'allée. Je l'ai suivi jusqu'à ma balle et j'ai vu qu'il avait raison : le fer 6 était le bâton à jouer.

J'étais impressionné au point de poser des ques-tions – pas sur mes coups, mais sur George. Je ne pou-vais pas taire ma curiosité. J'étais en face de quelqu'un qui savait.

Il était à Augusta depuis quinze ans, m'a-t-il dit, et a été caddie dans quatorze tournois des Maîtres.

« Qui est le meilleur golfeur pour qui tu as été caddie? » lui ai-je demandé, espérant entendre quelques anecdotes piquantes.

« Il est difficile de dire qui était le meilleur, a-t-il répondu. Les meilleurs vont et viennent. Présentement, l'homme sur qui je gagerais est M. Charles Coody. »

Charles Coody? Voilà qui était une réponse très décevante. Charles Coody n'était en somme qu'un simple pro.

« M. Coody était mon choix l'an dernier, a ajouté George. Nous étions sur la bonne voie. Il aurait pu gagner s'il avait fait ce que je lui disais. » George a secoué la tête et a souri. « Mais cette année, regardez bien. Moi et M. Coody, nous sommes l'équipe gagnante. »

J'ai décidé de ne pas le contredire, bien que j'aurais pu assez facilement lui débiter une longue liste de candidats plus probables pour le veston vert de cette année. Plutôt, j'ai demandé à George ses prévisions pour un joueur comme moi sur ce terrain.

« Bas 90 », a-t-il répondu sans hésitation. « C'est le mieux que *je* peux faire. »

« Mais mon handicap est de 2 », ai-je protesté.

George a incliné la tête, comme s'il avait déjà fait le calcul.

« Je dois jouer en bas de 90 », ai-je insisté.

« La deuxième ronde peut-être, mais pas aujour-d'hui, fut sa réponse. Pas sur les départs du championnat. Il y aura quelques bons trous, par contre. Peut-être quelques oiselets. »

Je dois avouer à regret qu'une bonne partie de cette ronde s'est effacée de ma mémoire. Mais certains moments sont restés. Les verts étaient rapides comme du linoléum et j'ai dépassé tous les trous. Sur le quatrième trou de 205 verges, j'ai atteint le vert en coups réglementaires, puis j'ai fait trois coups au-dessus de la normale avec cinq coups roulés. Sur d'autres trous, j'ai trouvé la voie de la destruction : j'ai frappé dans le ravin au douzième et j'ai perdu deux balles dans les azalées au treizième. Mais je me suis repris avec deux oiselets au quinzième et au seizième, ce qui, même sans caméras de télévision, représentait le pinacle de ma carrière de golfeur.

J'ai joué 92.

Le jour suivant, j'ai joué à nouveau et mon score était 88.

Peu importe les scores élevés, ce furent des journées idylliques. Je rodais autour du *clubhouse* avec Phil Walil, le gérant du club. J'ai fait à pied le terrain Normale 3, le préféré du général Eisenhower. J'ai rencontré Cliff Roberts, l'homme au visage sévère, fondateur du Augusta National avec Bobby Jones. Tout le monde le craignait. (« N'importune pas cet homme, m'a prévenu mon père. Il nous chasserait tous du terrain avec son petit doigt. »)

Puis, tout s'est terminé aussi soudainement que commencé : un seul jour encore avant le tournoi d'ouverture des Maîtres de cette année, je devais faire mes valises et partir. Mme Eisenhower, comme je l'ai dit, n'aimait pas particulièrement le golf. Ce sport représentait pour elle une interruption mal venue de sa routine, une période où son gazon serait piétiné par des touristes, des golfeurs et des équipes de télévision. Elle a donc demandé aux agents des Services secrets de faire les bagages et tous se sont dirigés vers Palm Springs.

Je n'avais pas d'autre choix que d'acheter quelques souvenirs et de reprendre la route. Toute cette expérience avait été merveilleuse. Debout près de mon auto, jetant un dernier regard sur ce majestueux *clubhouse*, je savais pertinemment bien que je ne jouerais jamais plus ici, même si je vivais jusqu'à deux cents ans.

Pendant un quart de siècle, cette prédiction s'est avérée exacte. Mais étrangement, je ne suis pas aussi pessimiste quant à mes chances de retour. Il s'est produit quelque chose pendant cette fin de semaine des Maîtres qui m'a fait comprendre que presque tout pouvait arriver. Cette révélation m'est apparue alors que je regardais, seul dans ma chambre de dortoir, la ronde finale sur un écran noir et blanc de douze pouces. Le monde du golf a été ébranlé cette année-là, et je l'ai été aussi, par un autre miracle à Augusta : un pro moyen, qui jouait les rondes de sa vie, a réussi à remporter le titre.

Le champion des Maîtres, cette année-là, comme certains s'en souviendront, c'était M. Charles Coody.

Clint McCown

Le jour où j'ai rencontré
Le King

Je n'oublierai jamais comment j'ai fait sa connaissance. J'étais nouveau sur le circuit en 1977. Par coïncidence, le tournoi était le Bing Crosby Pro-Am qui, au long des années, avait acquis une signification très particulière dans ma vie. À cette époque, nous avions le système de qualification du lundi, et je ne m'étais pas qualifié pour les tournois à Phoenix et à Tucson. J'ai finalement réussi mon premier tournoi officiel de la PGA au Crosby et je jouais une ronde de pratique au Monterey Peninsula Country Club, un des parcours alors utilisés par rotation.

Nous étions vers la fin de l'après-midi le mardi avant le tournoi. J'avais joué le premier neuf et j'étais au fond du terrain quand j'ai remarqué un gros nuage de poussière qui tournoyait au loin. C'était comme dans les vieux films de cow-boys, quand passe un troupeau de bétail ou quand les bons poursuivent les méchants. Je savais qu'il se passait quelque chose d'important. Mais j'ai continué à jouer et, pressentant que je ne pourrais pas compléter tous les dix-huit trous, j'ai coupé pour me rendre au seizième départ.

Comme c'était la première fois que je jouais ce parcours, je ne connaissais pas le tracé des trous. Je savais seulement qu'il me restait à peu près une demi-heure avant la tombée du jour. J'ai donc pris mon bois 1 et j'ai frappé à quelques reprises dans l'allée quand tout à coup, de nulle part, un nombre incroyable de spectateurs sont apparus derrière moi et ont entouré l'arrière du départ.

C'était comme si les soldats de l'armée bolivienne au complet avaient encerclé *Butch Cassidy* et le *Sundance Kid*, et avaient pointé leurs armes sur eux. Ces gens n'étaient ni armés ni dangereux, mais ils me regardaient sans équivoque, l'air de dire :

Qui est ce garçon, et que fait-il là?

Puis, la Mer Rouge a ouvert un passage et la personne qui y entrait n'était nulle autre que Arnold Palmer lui-même, *Le King*. Il n'aurait pas eu l'air plus majestueux s'il avait porté une robe et avait été accompagné de sa suite.

J'ai senti un frisson me parcourir. J'étais saisi et embarrassé. Pensez-y, l'idole de ma jeunesse était là et je venais de couper juste devant lui; j'avais frappé au moins deux balles. Je voulais ramper dans le lave-balles et disparaître. Mais, fidèle à son tempérament, Palmer est venu vers moi, m'a serré la main, s'est présenté en disant : « Comment allez-vous? »

J'ai réussi à lui répondre que j'allais bien, même si ce n'était pas vrai. Et il a dit : « Pouvons-nous nous joindre à vous? »

Voilà que c'était la première chose qu'il me disait et ça m'a fait tout drôle, parce que je pensais : « Pouvez-*vous* vous joindre à *moi?* Ce que je voulais dire, c'était : « Me donnez-vous la permission de ramper sous une roche et d'y rester un jour en guise de pénitence pour m'être mis en travers de votre chemin? »

Mais, bien sûr, d'un air nonchalant, j'ai étudié sa demande pendant une longue seconde avant de répondre : « Avec plaisir, j'en serais très heureux », comme si c'était tout naturel.

C'était le moment d'avoir du cran, même s'il n'y avait pas d'argent en jeu, car en plus de rencontrer mon idole pour la première fois, j'étais aussi en présence de Mark McCormack, un amateur qui était aussi le partenaire de Palmer. McCormack était à la tête du IMG, et c'était devant lui que j'avais signé, il y avait à peine quelques semaines, mais je n'étais pas certain qu'il se souvenait de moi.

Néanmoins, j'étais décidé à ne pas me laisser intimider par la situation, ni à craindre l'humiliation. J'ai toujours aimé les défis au golf, quels qu'ils soient, et j'entrevoyais cette opportunité comme un autre défi, tout simplement, et aussi comme une bonne préparation pour la semaine qui venait.

Après tout, ce n'était qu'une ronde de pratique et je n'avais donc pas à m'inquiéter de commandites futures ou d'impressionner ces gens. Mon but, à ce point dans ma carrière, c'était de survivre, juste survivre. Tout ce que je voulais, c'était faire la coupe, faire de l'argent et conserver mes privilèges. Je venais de me marier et je voulais jouer jusqu'à Noël afin d'avoir assez d'argent pour acheter un beau cadeau à ma femme.

Mais revenons au seizième trou. Arnold a frappé un beau coup de départ, et je me souviens avoir été heureux que mes deux coups aient dépassé le sien. J'ai ressenti de l'impudence pendant un moment, mais rapidement, je suis revenu sur terre quand j'ai fait un crochet prononcé à gauche avec un fer 7, pour me retrouver dans la fosse de sable. Heureusement, je m'en suis bien sorti et cela m'a calmé.

Au départ suivant, Arnold m'a demandé quelle sorte de balle je jouais, et je lui ai dit que c'était une Titleist.

Il m'a dit : « Tu devrais essayer une de ces bonnes balles », et il m'a donné une balle Palmer. J'ai frappé et j'ai aimé la sensation. Il m'a alors donné trois boîtes en disant : « Comme tu es une recrue sur le circuit, tu as besoin d'un bon équipement, et ces balles pourraient t'aider. » Il essayait sincèrement de m'être utile, et ce n'était pas comme s'il avait eu besoin de l'approbation d'un inconnu de l'Oregon pour jouer ses balles.

Ces quelques trous en compagnie de Arnold Palmer ont pris fin aussi rapidement qu'ils ont commencé. Après avoir terminé le dix-huitième trou, Palmer m'a remercié, m'a souhaité bonne chance dans ma carrière et a disparu dans la foule enthousiaste.

Quand j'ai levé les yeux quelques secondes après lui avoir serré la main, il n'y avait plus personne. Vraiment plus personne. Toute sa suite était partie, sauf son esprit. J'ai dû me secouer pour m'assurer que tout cela avait été bien réel.

Peter Jacobsen
avec Jack Sheehan

Ne soyez pas trop orgueilleux pour prendre des leçons. Je ne le suis pas.

Jack Nicklaus

Le prix du succès

Le succès est arrivé sur le tard pour le professionnel de golf Harvey Penick. Son premier livre sur le golf, *Harvey Penick's Little Red Book*, a été vendu à plus d'un million d'exemplaires, ce qui en fait l'un des plus grands succès d'édition de l'histoire des livres sportifs. Quant à son deuxième livre, *And If You Play Golf, You're My Friend*, il s'en est déjà vendu plus de trois quarts de million d'exemplaires. Mais ceux qui pensent que Penick a écrit ces livres pour faire de l'argent ne connaissent pas l'homme.

Dans les années 1920, Penick a acheté un cahier rouge relié avec une spirale et il a commencé à y noter ses observations sur le golf. Jusqu'en 1991, alors qu'il l'a fait lire à un écrivain de l'endroit, Bud Shrake, pour lui demander s'il valait la peine de le publier, il n'avait jamais montré le cahier à quiconque, sauf à son fils.

Shrake l'a lu et lui a dit oui. Il a écrit à la femme de Penick le soir suivant pour lui dire que Simon & Schuster était d'accord pour une avance de fonds de quatre-vingt-dix mille dollars.

Quand Shrake a revu Penick plus tard, le vieil homme semblait troublé. Finalement, Penick a avoué son problème. Avec tous les frais médicaux, a-t-il dit, il ne pouvait absolument pas trouver une si grosse avance de fonds pour Simon & Schuster.

L'écrivain a dû expliquer à Penick que c'était lui qui recevrait les quatre-vingt-dix mille dollars.

Terry Todd

Mon meilleur ami

L'angoisse de la ronde finale s'est installée au premier départ. Ce n'était pas un dimanche. Il n'y avait pas de tournoi. Il n'y avait que moi et Matt, mon partenaire de golf depuis trois ans et mon meilleur ami depuis la troisième année du secondaire.

Nous étions entrés dans le monde du golf, nous, deux jeunes avec des bâtons de mauvaise qualité, inspirés par les histoires de nos pères qui parlaient d'oiselets, de coups de départ de trois cents verges et de trous d'un coup manqués de justesse.

Pour une raison ou une autre, ces histoires ne se sont pas avérées exactes quand nous avons joué avec eux.

Matt et moi nous attendions à jouer et à conquérir le monde du golf, mais notre surprise a été de taille (sans mentionner la colère) quand nous nous sommes retrouvés humiliés par une petite balle blanche.

Mais avec le temps, nous avons appris à mieux contrôler nos élans, nos bons coups étaient plus réguliers, nos pointages étaient plus bas et notre amitié plus forte.

Cet été-là, nous nous sommes inscrits dans un circuit de golfeurs juniors. Nous avons eu tôt fait de constater à quel point il nous fallait apprendre et combien notre désir de gagner était grand. Nous jouions au golf depuis déjà deux ans et nous avons pensé que tout ce qu'il nous fallait, c'étaient quelques détails pour peaufiner davantage notre jeu.

Pendant toute l'année, nous avons joué presque tous les jours après l'école, en espérant que nos efforts se traduiraient par la victoire sur le circuit l'été suivant. Puis, la nouvelle est arrivée.

« Andrew, mon père est muté à Charlotte immédiatement après la fin des cours », m'a annoncé Matt.

Il déménageait après notre deuxième année de golf et juste avant le début de la saison. Il ne nous restait qu'un mois à passer ensemble; nous avons donc décidé d'en tirer le maximum. Le golf était la seule façon que nous connaissions de nous amuser sans penser à la tristesse de la séparation.

Peu importe ce qui arrive, le golf nous aide en nous obligeant à nous concentrer sur l'immédiat – battre son partenaire – et cela nous suffisait.

Nous avons joué et le temps a passé. Bientôt, nous avons constaté que nous allions faire notre dernière ronde ensemble. Nous avions essayé de l'oublier pendant longtemps, mais nous n'avons pu y échapper. La seule façon de passer au travers était de finir le dix-huitième.

Nous avons donc terminé la partie. Nos pointages étaient moyens. Il m'avait battu par trois coups.

Matt devait retourner à la maison, car il devait se lever tôt le lendemain pour s'en aller. Nous attendions près du vert de pratique que sa mère vienne le chercher. Elle est finalement arrivée.

« Ce fut un plaisir de jouer avec toi. » J'ai tendu la main. Il l'a serrée et ensuite je l'ai étreint à moitié, comme le font les garçons quand ils veulent agir

comme des hommes. Je suis allé lui dire adieu le lendemain matin.

Il a joué sur le circuit dans son nouvel environnement, et j'ai fait de même. Un jour, j'ai reçu une lettre.
C'était une carte de pointage et une photo du tableau
des meneurs. Matt était le premier. Il a finalement
gagné.

Au fil des ans, j'ai reçu de nombreuses cartes de
pointage de Matt (malheureusement plus que je ne lui
en ai envoyé). Je les gardais dans mon sac de golf pour
la chance.

Je crois que la magie du golf n'est pas sur le terrain,
ou dans l'élan, ou dans le son d'une balle frappée soli-
dement avec un fer 3. C'est ce que l'on ressent quand
on joue mieux que son meilleur ami, ou même quand il
nous bat.

Tôt ou tard, vous comprenez que vous ne jouiez
pas chaque semaine parce que vous étiez des golfeurs;
vous jouiez parce que vous étiez des amis.

Andrew Galanopulos

Butterscotch

L'important, ce ne sont pas les grandes joies ;
c'est de vivre pleinement les petites.

Jean Webster

Mon père n'a pas commencé à jouer au golf avant la soixantaine. Il avait l'habitude de pratiquer ses coups roulés dans des gobelets en plastique et dans des tasses à café sur le tapis de la salle familiale, pendant qu'il regardait les tournois le dimanche à la télévision. Il aimait se vanter de réussir quinze de ces coups roulés de suite.

J'avais pris l'habitude de le regarder pratiquer ses coups roulés et de surveiller comment ses yeux étaient concentrés en fixant la tasse à l'autre bout de la pièce, en faisant deux ou trois coups de pratique, puis en suivant la ligne imaginaire avec une précision mécanique, en n'apportant que quelques changements mineurs à son élan quand les balles frôlaient les bords de la tasse. Je l'ai vu en faire quatre ou cinq de suite à quelques reprises, mais malheureusement pas quinze.

Le jeu de mon père n'était pas particulièrement bon, mais il avait de la précision pour ses coups roulés. S'il avait commencé à jouer plus jeune, il aurait pu s'améliorer et devenir un joueur plus complet. Son bonheur d'être dehors au soleil et les longues marches pour l'exercice et la compétition que nous faisions ensemble sur le parcours, voilà ce qui lui faisait vraiment aimer ce jeu.

Malgré tout, il se récompensait lui-même pour de petites victoires sur le parcours en mangeant un bonbon au butterscotch. Il ne se récompensait pas seulement lui-même avec les bonbons, il me gratifiait aussi, de même que toute autre personne qui avait bien joué sur un trou. Si quelqu'un roulait sa balle dans le trou à partir de l'herbe longue, ou s'il n'avait qu'un coup roulé de deux pieds à faire pour gagner la partie, le bonbon au butterscotch était sa façon de dire : « Bien joué. » Tout ce qui l'impressionnait sur le parcours méritait ce bonbon au butterscotch en guise de gâterie.

À soixante-dix ans passés, mon père souffrait d'Alzheimer. Son monde et celui de ma famille en ont été bouleversés. Il n'avait plus la notion du temps, sa mémoire était défaillante et il était sur le point de perdre son autonomie.

Au début de sa maladie, il allait occasionnellement sur le terrain de golf. Je ne savais pas exactement à quoi m'attendre alors, et j'attribuais à l'âge ses pertes de mémoire et son déséquilibre. La matinée a été très difficile, en raison des frustrations causées par la maladie de mon père, jointes aux difficultés du jeu.

« Papa, par ici, papa! » Il me semble que c'est tout ce que je criais en observant mon père, tout à fait désorienté, qui allait dans le sens opposé des trous et se préparait à frapper son coup de départ. Sur certains trous, je devais lui saisir le corps et le réorienter. Quand j'ai mis mes mains sur sa taille et que je l'ai tourné dans la bonne direction, je pouvais voir à quel point cet homme avait perdu le sens de l'orientation et combien il dépendait de moi. Parfois, j'avais l'impression de jouer avec un petit enfant qui n'avait jamais vu un terrain de golf de sa vie.

Je me souviens l'avoir regardé marcher, ou plutôt traîner les pieds dans l'allée, pour tenter sans grande conviction de trouver sa balle, la vérité étant qu'il n'avait aucune idée où elle était. « Papa, elle est ici! » Je criais et je pointais l'endroit, en même temps que je faisais signe au quatuor derrière nous de passer.

L'après-midi s'annonçait long. Nous devions jouer le quinzième trou, j'avais réussi à atteindre le vert en six coups et je me préparais à faire un coup roulé. J'avais laissé tomber une balle pour mon père devant le vert afin d'accélérer le jeu et le laisser viser le vert. J'étais derrière ma balle, attendant qu'il fasse son coup d'approche. Après trois faibles coups ratés, il a finalement frappé la balle sur le vert, directement six pouces devant la mienne. Il avait un petit sourire en se traînant maladroitement sur le vert pour attendre que je fasse mon coup roulé.

Nous nous sommes regardés pendant quelques secondes et c'en était presque comique. Puis, j'ai perdu patience. « Papa, marque ta balle! » Il avait encore le regard vague et désorienté en tâtant docilement dans ses poches pour trouver un marqueur. Il en a retiré des *tees* et des balles, mais pas de marqueur. Il a senti que ma colère grandissait et je lui ai jeté un regard d'impatience.

Il a fini par sortir quelque chose de sa poche. Je l'ai regardé pendant qu'il se penchait pour ramasser sa balle et la remplacer par un de ses bonbons au butterscotch. Il l'a déposé sur le vert sans jamais avoir la

143

moindre idée de ce qu'il venait de faire. Le bonbon était dans ma ligne. Ce bonbon rond, tout juste plus petit que la balle elle-même, avec son enveloppe de cellophane jaune qui brillait sous le soleil, se trouvait là, bêtement, sur le vert.

Je l'ai regardé et il ne regardait même pas dans ma direction. Son regard errait vers les arbres, vers d'autres golfeurs, n'importe où. Je l'ai regardé et je me suis mis à rire. Je riais fort. Il m'a regardé, puis il a vu le bonbon sur le vert. Il s'est mis à rire à son tour.

Les trois derniers trous que nous avons joués ce jour-là ont été les plus mémorables de ma vie. Nous avons mal joué tous les deux le reste de la journée, mais nous avions du plaisir, et mon père et moi avons tous deux eu de petits moments de lucidité sur le vert. Il a été libéré des affres de la désorientation et du délire de l'Alzheimer pendant quelques heures, et j'ai été libéré de l'obsession de prendre ce jeu beaucoup trop au sérieux.

Ce fut ma dernière partie de golf avec mon père, mais la plus agréable. Le jeu est redevenu simple et amusant, et c'est grâce à lui. Aujourd'hui, je n'ai plus envie de lancer mes bâtons ou de crier des injures, ni de revenir à la maison après un week-end de golf en colère parce que « j'ai perdu mon élan ».

Depuis ce jour, je prends mon temps et je m'amuse, dans tous les domaines de ma vie. J'apporte avec moi un bonbon au butterscotch chaque fois que je joue au golf, et quand je me rends compte que je deviens terriblement frustré par ce jeu, je mets la main dans ma poche pour toucher le bonbon : je me souviens alors de ce jour sur le terrain avec mon père, et je ris.

Je m'amuse maintenant au golf et je joue mieux. De plus, je suis devenu passablement bon sur les coups roulés. J'en ai calé quinze d'affilée dans la tasse à café, il y a à peine quelques jours. Vraiment, je l'ai fait.

A.J. Daulerio

Babe dans le bois

Si je ne profite pas de la beauté de chaque jour,
je perds quelque chose que je ne retrouverai
jamais.

Sally P. Karioth

Une grande foule était rassemblée autour du premier départ au moment où Babe Ruth est sorti lentement de la boutique du pro du centre de villégiature de Poland Springs, Maine, un jour de l'été de 1940. Il était de corpulence moyenne, bien bronzé, avait des yeux noirs et vifs, et des épaules tombantes. Il était vêtu de façon impeccable; une mèche sur son front était retenue par une pince à cheveux de fantaisie pour femme.

Adolescent, j'étais au camp des caddies du centre, et mes compagnons étaient pour la plupart des garçons de la banlieue sud de Boston. Babe venait de terminer une partie dans un tournoi de charité près de Boston et était venu dans le Maine pour y trouver un peu de tranquillité. J'avais été choisi pour être son caddie.

Il m'a salué et m'a remis une petite bouteille carrée sans étiquette, remplie d'un liquide brun. « Ce sont mes médicaments, dit-il. Prends-en soin. » J'ai coincé la bouteille entre des bas blancs propres dans le sac, et nous avons marché jusqu'au premier départ.

La foule et les photographes se sont écartés, et Babe a fouetté la balle avec une telle force qu'elle a presque atteint le vert, plus de trois cents verges plus loin. Pendant tout l'après-midi, la balle de Babe, un gaucher, a décrit des arcs imposants. Presque à chaque coup, il prononçait un chapelet de blasphèmes dans un ordre des plus inattendu. Il était violent. Dangereusement violent. Nous avons passé beaucoup de temps dans le bois et dans l'herbe longue à rechercher ses boulets. Malgré tout, j'ai perdu trois balles.

Au quatrième trou, nous étions seuls dans les broussailles quand il a demandé ses médicaments. Je lui ai tendu la bouteille et il en a pris une bonne gorgée. Je l'ai sentie et cela ressemblait étrangement à l'odeur du rhum.

Au onzième trou, au comptoir des rafraîchissements, des gens nous attendaient, y compris Claire, la femme de Ruth. Elle se pavanait, arborant un long fume-cigarette, et a fait la bise et une accolade spectaculaire à Ruth. Ce dernier a apporté des sodas à tout le monde, y compris aux quatre caddies. Il m'a encore demandé ses médicaments pour mélanger avec son Coca-Cola.

Au douzième trou, je me tenais près de son coup de départ dans l'herbe longue, attendant les autres membres du quatuor. Ruth a regardé les montagnes au loin, le lac tout près et le drapeau qui flottait au-dessus du vieil hôtel. Son gros visage s'est adouci et il s'est penché près de moi, à moins de six pouces, et il a murmuré avec sa voix basse : « Oh là là ! que c'est beau ! Si paisible et si calme. N'est-ce pas merveilleux ? »

Ce fut le dernier répit. Au treizième trou, la foule est réapparue et nous étions de nouveau le centre d'attraction. Je ne sais pas exactement quel a été le pointage final de Babe, mais je crois qu'il a terminé autour de 85, avec quelques *putts* donnés.

Je ne me souviens pas non plus précisément de ce qu'il m'a payé pour avoir été son caddie. En ce temps-là, le taux normal était de soixante-quinze cents. Il me semble que, en dépit des trois balles perdues, Babe m'a donné un pourboire de cinq dollars, une somme astronomique. Il m'a fait ensuite un petit signe d'adieu et il est entré dans le *clubhouse*.

Une heure plus tard, je l'ai vu sur le terrain de base-ball près de l'hôtel, posant pour les photographes avec d'autres joueurs. La foule était debout à l'arrière, applaudissant, et les flashs des appareils photo clignotaient.

Il y avait un petit sourire emprunté sur sa figure ronde; le tout-puissant Bambino était revenu sur la scène, jouant pour son public.

Les moments tranquilles que nous avons partagés au douzième trou semblaient très loin et oubliés. Puis, il m'a aperçu dans la foule et m'a fait un clin d'œil.

Tom Turley

Le coup de golf
sur la Lune

Avez-vous déjà pensé frapper 1 500 verges avec un bois 1, ou 900 verges avec un fer 6? Ou avez-vous déjà regardé une balle blanche, dans un ciel sombre, restant suspendue en l'air pendant vingt-cinq à trente secondes? Quel est le golfeur qui oserait même rêver de pareilles histoires?

J'ai pensé à cela pendant *Apollo 14* en 1971. Voyez-vous, la gravité de la Terre est un sixième de celle de la Lune. Cela signifie qu'avec la même vitesse dans la tête du bâton, la balle ira six fois plus loin et restera dans les airs (ou, dans ce cas-ci, dans le vide) six fois plus longtemps!

C'est Bob Hope qui m'a donné l'idée de jouer au golf sur la Lune, bien qu'il n'en ait rien su plusieurs mois après le vol. Il visitait la NASA un jour – Deke Slayton et moi étions ses guides – et il avait un vieux bois 1 qu'il pratiquait tout en marchant sur le campus.

Nous avons attaché Bob Hope dans un simulateur de marche sur la Lune et alors qu'il bondissait de haut en bas sur ses orteils, il a utilisé son bois 1 pour se tenir en équilibre. C'est alors que je me suis dit qu'il fallait trouver une façon de frapper une balle sur la Lune.

Les gens sur la Terre qui m'ont vu à la télévision ont peut-être pensé que c'était un geste spontané et non autorisé, mais il avait été souvent répété et tous ont donné leur approbation avant le décollage.

J'avais prévu me servir d'un manche pliant en aluminium, utilisé normalement pour pelleter des échantillons de poussière, puisque nous ne pouvions pas vraiment nous pencher dans un uniforme pressurisé.

J'ai ensuite demandé à un professionnel de golf de me dessiner une tête de bâton qui s'ajusterait au manche, afin de remplacer la petite pelle. C'était un fer 6 puisque la longueur du manche était semblable à celle d'un fer 6 normal. J'avais prévu apporter le bâton et deux balles de golf ordinaires dans la poche de mon uniforme – sans qu'il en coûte un sou aux contribuables!

J'ai pratiqué plusieurs fois avant le vol dans la pièce où était le simulateur de marche afin de m'assurer que je pourrais faire mon élan sans danger. L'uniforme pressurisé est encombrant et je ne pouvais pas mettre mes deux mains sur le bâton; par contre, je pouvais faire un demi-élan avec une main.

Finalement, j'ai vérifié auprès du « patron » et je lui ai parlé de mon projet de frapper deux balles de golf à la toute fin du séjour lunaire, mais seulement si tout se déroulait à la perfection jusque-là. Il a accepté.

Heureusement, bien que nous ayons eu des problèmes plus tôt, tout s'est déroulé comme prévu pendant que nous étions sur la surface. Conséquemment, juste avant de monter l'escalier pour revenir sur Terre, je me suis préparé à frapper mon coup de départ! Quand j'ai laissé tomber la première balle, il lui a fallu environ trois secondes avant d'alunir, et elle a rebondi quelques fois dans la poussière grise.

Puis, j'ai corrigé la position de ma balle (règlements d'hiver, on était en février) et j'ai fait mon meilleur élan au ralenti, un demi-élan d'une main. Il est impossible de faire un élan complet dans un vêtement spatial. J'ai eu un bon contact avec la balle, qui aurait été projetée à trente ou quarante verges sur la Terre, mais elle a franchi plus de 200 verges. La balle est restée dans le ciel sombre près de trente secondes.

J'étais tellement excité que j'ai frappé la deuxième plus fort : j'ai fait un "shank" à une quarantaine de verges dans le cratère le plus près! J'ai décidé que c'était un trou d'un coup, même si le trou avait plusieurs kilomètres de diamètre.

J'ai ensuite replié le bâton de golf et j'ai remonté par l'échelle pour le départ. Les deux balles de golf sont toujours là, attendant d'être réclamées et réutilisées – elles étaient neuves, après tout. Le bâton occupe une place d'honneur à l'Association américaine de golf à Far Hills, New Jersey, où tous ceux qui le voient peuvent imaginer, comme je l'ai fait, ce à quoi ressemblerait vraiment un coup de départ de 1 500 verges.

Alan Shepard*
Tel que raconté à Carol Mann

---

*   [NOTE DE L'ÉDITEUR : Alan Shepard a été le premier américain à aller dans l'espace en 1961. Dix ans plus tard, il était aux commandes de *Apollo 14*, et est devenu le cinquième homme à marcher sur la Lune – et le premier à y jouer au golf.]

Le cadeau spécial

Sean n'était qu'un petit garçon d'environ huit ans. Quand je l'ai rencontré pour la première fois un jour d'été, il portait une casquette des Chicago Bulls et des shorts trop grands qu'il devait retenir avec une ceinture. Il transportait un sac équipé de quatre bâtons et de plusieurs balles. Une fois, quand il a enlevé sa casquette, j'ai remarqué qu'il n'avait pas de cheveux.

Il était beaucoup plus petit que les autres enfants de son âge. Pourtant, il semblait toujours sourire chaque fois que je le voyais avec ses amis, faisant de son mieux pour frapper aussi fort qu'eux.

De temps en temps, j'ai joué avec Sean. Il m'a dit qu'il préférait toujours les normales 3 parce qu'il pouvait généralement se rendre sur le vert.

Près d'une année s'était écoulée et je n'avais pas revu Sean près du terrain. J'avais entendu dire que le cancer avait pris le dessus. Pourtant, ses amis disaient qu'il essaierait de sortir et de jouer quelques fois avant l'automne.

Effectivement, il était là la semaine suivante. Mon groupe était juste devant lui. J'ai remarqué qu'un de ses copains transportait le sac de Sean.

« Attention ! » ai-je entendu Sean dire à ses amis. « Je sens que la chance est avec moi aujourd'hui ! »

Malgré ses paroles, Sean avaient de terribles difficultés à essayer de frapper la balle. Lui et ses amis sont arrivés au dernier *par* 3. Ses amis l'avaient tous atteint, et Sean était au départ. Il a fait son élan arrière et a frappé la balle aussi fort que son corps fragile le lui permettait. Elle a atterri sur le vert, puis a disparu.

Un de ses amis a aidé Sean à marcher vers le vert. C'était difficile parce que le vert était plus élevé que le tertre de départ. Je pouvais voir Sean chercher sa balle tout en s'arrêtant pour reprendre son souffle.

Les amis de Sean cherchaient leurs balles derrière le vert. Du coin de l'œil, j'ai vu un de ses amis prendre la balle de Sean et la mettre dans le trou. Puis, il a couru en prétendant chercher sa propre balle. Il a vu que je le regardais et m'a fait un clin d'œil.

Quand Sean est finalement arrivé sur le vert, il était déçu parce qu'il croyait l'avoir atteint. Puis, il a regardé dans le trou. Quel sourire a illuminé son visage !

Les garçons se sont regardés et ont dit : « Est-ce que ça pourrait être un trou d'un coup ? » « C'est impossible, Sean, que tu aies fait cela ! »

« Non, vraiment ! Regardez ! » dit-il. Ils ont tous eu l'air surpris et pendant que je les regardais, je pensais que Sean avait l'air du garçon le plus heureux que je connaisse. Je n'ai jamais revu Sean ou ses amis après ce jour. Mais c'est à ce moment-là que j'ai compris exactement ce que devrait être le golf.

Cela n'a rien à voir avec le pointage ou la longueur du coup de départ. C'est un sport où on a de la considération pour ses compagnons de jeu, et où on profite du temps passé en leur compagnie.

Adel Guzzo

Le meilleur ami du golfeur

Les animaux sont des amis tellement agréables – ils ne posent pas de questions, ils ne critiquent pas.

George Eliot

Jouer une ronde de golf avec un ami est beaucoup plus agréable que jouer seul. Je l'ai appris quand j'étais adolescent alors que j'ai joué des parties de golf mémorables avec mon frère Don et mon père dans ma ville natale de WaKeeney, Kansas. Mais dans ce temps-là, comme membre de l'équipe de golf de l'université de l'État du Kansas, à Fort Hays (Hays, Kansas), j'ai rapidement appris que pour bien jouer, je devais pratiquer pendant de longues heures – seul. C'est pourquoi j'aimais les tournois de notre équipe et les compétitions à l'extérieur – parce que je me retrouvais avec des amis.

Quand j'ai obtenu mon diplôme de l'université d'État, j'ai déménagé à Russell, Kansas, la ville natale de Bob Dole, pour y enseigner la biologie et être entraîneur au Russell High School. Une des raisons pour lesquelles j'ai choisi l'enseignement comme carrière, c'était pour avoir mes étés libres afin de participer à des tournois de golf amateur. Encore une fois, je me suis retrouvé à passer des heures et des heures à pratiquer et à jouer des parties de golf en solitaire. Donc, pour rompre la monotonie, j'ai décidé d'inviter un ami, Mike, mon chien boxer, pour quelques rondes de pratique.

Mike était un boxer pure race qui avait atteint sa pleine croissance. Il était costaud et pesait 35 kilos, tout en muscles. Il était énergique, imprévisible, et son jeu était agressif. Il aimait les gens et quêtait l'attention de purs étrangers. Il ne faisait jamais rien avec calme et simplicité.

Il était si impatient et exubérant quand il était chiot que je lui ai enseigné à s'asseoir jusqu'à ce que ma femme ou moi le nourrissions, car il nous sautait dessus pour essayer d'engloutir sa nourriture. Ce fut une bataille dès le départ. Finalement, il a appris. Contre son gré, il s'assoyait pendant cinq minutes, bavant devant son bol de nourriture, en attendant que je lui dise « OK, Mike! » Puis, il attaquait sa nourriture comme un animal sauvage.

En vieillissant, je l'ai discipliné en allongeant la période d'attente à dix minutes ou plus, et j'oubliais parfois qu'il attendait. Il ne touchait jamais à la nourriture, mais après quelque dix minutes, il émettait un hurlement plaintif qui m'amenait rapidement à dire : « OK, Mike! »

C'est fou ce qu'il aimait courir, sauter et jouer à l'extérieur! Quand il était petit et tenu en laisse, il s'assoyait pendant de longues périodes en attendant impatiemment que quelqu'un le remarque. Puis, quand on le regardait, il sautait tout droit dans les airs une dizaine de fois, le corps entier frémissant d'excitation. C'est à ce moment-là que j'ai pensé au « jeu ».

J'ai ordonné à Mike de s'asseoir; puis, j'ai fait environ dix pas en avant, j'ai frappé sur mes genoux en criant : « OK, Mike! » Il se ruait vers moi à pleine vitesse et sautait haut dans les airs. Je me mettais de côté, tendais mes bras et l'attrapais, et sa langue me léchait le visage de plaisir. Quand il a grandi, j'ai dû user de toute ma force pour l'attraper et le retenir.

J'ai ensuite eu une idée géniale : pourquoi ne pas l'emmener avec moi au golf ? Il prendrait de l'exercice, je n'aurais pas besoin de le promener plus tard et je pourrais profiter d'une partie de golf en même temps. Cette méthode a très bien fonctionné pendant environ six parties. Un bon jour, un homme plus âgé, il avait à peu près soixante-dix ans, m'a demandé s'il pouvait se joindre à moi pour neuf trous. J'ai failli refuser à cause de Mike, mais d'un autre côté je savais qu'il m'obéirait et qu'il resterait assis patiemment pendant que nous frapperions nos balles. J'ai accepté.

Au premier départ, j'ai fait asseoir Mike derrière le tertre et je lui ai dit sévèrement : « Assis ! » Il a obéi immédiatement, raide comme un piquet, sur ses gardes, la tension montant pendant qu'il attendait impatiemment. Le vieux monsieur a frappé le premier et ce fut mon tour. J'ai décidé de laisser Mike là pendant encore quelques minutes afin qu'il puisse foncer en courant pour nous rattraper, un rituel que nous avions pratiqué de nombreuses fois.

Après que mon partenaire de jeu eut frappé son deuxième coup, nous sommes arrivés à ma balle, à près de 250 verges dans l'allée. Au moment où je me préparais à frapper, le vieux monsieur a dit : « Bud, où est ton chien ? » Oh là là ! J'étais tellement concentré sur mon jeu que j'ai oublié Mike. Je me suis retourné vers le départ et j'ai crié : « Oookkkaaayyy, Miiikkkee ! »

Il a émis un jappement et s'est précipité vers nous au bas de la colline. Je m'émerveillais de sa grâce, de sa puissance, de sa rapidité et de la vitesse de son galop. Quand il fut à près de soixante-quinze verges de moi, je me suis éloigné de mon chariot pour qu'il ne se blesse pas en tombant sur mes bâtons. Je savais qu'il s'attendait à ce que je l'attrape, comme d'habitude. J'avais cessé ce manège il y avait longtemps. Il courait si vite sur le terrain maintenant que, lorsqu'il a sauté, je me suis tourné de côté, j'ai tendu les bras, puis je les ai retirés à la dernière seconde, alors qu'il passait tout droit, l'air confus. Il n'a jamais bien compris pourquoi je changeais ainsi les règles du jeu.

Mike était maintenant à vingt verges, courant à pleine vitesse vers moi. C'est alors que l'imprévisible s'est produit. Le vieil homme, dans l'excitation du moment, a frappé sur ses genoux et a crié : « Viens ici, garçon ! »

J'ai crié « Nooooon ! » en même temps que Mike changeait de direction et s'amenait en rafale, à environ quinze pieds de l'homme, s'attendant à être attrapé. Il a sauté sur sa poitrine, le renversant cul par-dessus tête. Mike léchait joyeusement la figure du vieil homme quand je suis arrivé près de lui. Il ne bougeait pas. Je le pensais mort.

J'ai ordonné à Mike de s'asseoir pendant que j'examinais nerveusement mon compagnon de jeu ahuri. Quelques minutes plus tard, il a ouvert les yeux. « Est-ce que ça va ? » lui ai-je demandé, craignant le pire.

« Oui, ça va », répondit-il. Puis, regardant Mike, il m'a fait un clin d'œil. C'est tout un compagnon fougueux, non? »

« Ouais, ai-je répondu. C'est mon exubérant compagnon de golf. »

« Avec lui à vos côtés, ajouta-t-il en souriant, vous ne perdrez jamais dans les parties au trou par trou. »

Heureusement, mon partenaire échevelé n'a pas subi de blessure permanente. Je le sais parce que mon vieil ami et moi avons joué ensemble quelques parties de golf cet été-là, mais toujours sans Mike.

Bud Gardner

Le tout nouveau golfeur

Cela semble être un bon exercice, mais pour-
quoi y a-t-il une petite balle blanche?

Ulysses S. Grant

Il y a plusieurs mois, par un beau jour de printemps, le premier trou au golf municipal de Mobile,
Alabama, était quelque chose à voir. Le tertre de départ
était situé sur une colline qui surplombait une allée
étroite, et le trou se terminait par un vert de la taille d'un
timbre-poste, avec de l'eau derrière. Ce trou n'épar-
gnait pas les golfeurs qui manquaient d'attention ou qui
n'avaient pas d'expérience.

Le parcours était très achalandé ce samedi matin et
mon quatuor attendait pour prendre le départ, avec plusieurs autres. En regardant les golfeurs devant nous
monter sur le vert, j'ai remarqué un homme en particulier. Il était au milieu de la trentaine, un peu rondelet; il
portait une chemise, des pantalons et des souliers
impeccables, avec tous les autres accessoires possibles.
Même ses bâtons de golf, son sac et son chariot sen-
taient le neuf.

Les trois autres hommes ont fait d'assez bons
coups de départ, et c'était maintenant le tour du quatrième, le nouveau golfeur.

Il s'est avancé et a mis sa balle sur le *tee*. L'homme
a regardé dans l'allée, puis il s'est installé, a pris son
élan et a frappé avec puissance, n'atteignant jamais la
balle.

Il a rougi, mais il n'a pas levé la tête et s'est installé de nouveau. Son deuxième essai s'est soldé par un bruit sonore de bâton qui fend l'air, mais il était encore plus éloigné de sa balle qu'à l'essai précédent. Personne n'a dit un mot, et ses trois amis embarrassés ont regardé ailleurs et se sont raclé la gorge.

Pour la troisième fois, le nouveau golfeur a tenté de frapper sa balle, en prenant bien soin de placer ses pieds, de bien ajuster ses mains et de balancer son bâton à plusieurs reprises. Finalement, il a pris soin de faire très lentement son élan arrière, mais il a descendu violemment son bâton qui a à peine touché le dessus de la balle, laquelle est tombée du *tee* et a roulé quatre pouces plus loin.

Pendant quelques instants, il n'a absolument pas bougé, son visage rouge fixant le sol. Il a finalement relevé la tête face au groupe de golfeurs qui le regardaient et, d'une voix parfaitement normale, il a dit : « C'est le trou le plus difficile que j'aie jamais joué. »

Je n'ai jamais tant ri, ni entendu de tels éclats sur un terrain de golf, ni avant ni depuis ce jour.

Stan Reynolds

Mottes de terre

Il y a bien des années, les caddies sur les circuits étaient loin d'être aussi professionnels qu'ils le sont aujourd'hui. Souvent, ils n'étaient que des enfants de la région sans trop d'expérience ou de connaissance du jeu.

Julius Boros a eu affaire à l'un d'eux.

Après avoir fait son coup d'approche au premier trou, Boros a pointé sa motte de terre en disant au caddie de la ramasser.

Au fur et à mesure que la partie avançait, le garçon se tenait de plus en plus loin derrière. Boros, pensant que le caddie était malade, lui a demandé s'il allait bien.

« Oui, monsieur, mais je me demandais seulement ce que vous vouliez que je fasse de tout cela? » dit-il, en ouvrant la pochette latérale du sac de Boros, qui était remplie de mottes de terre.

Don Wade

Devenez ami avec votre caddie
et le jeu vous rendra cette amitié.

Stephen Potter

Les aléas du golf

Se faire voler par le vert. Cet idiome, dans le langage du golf, conjure le karma des allées, la chance sur les parcours. Un coup manqué qui dévie sur un arbre. Sur le vert. Vers le drapeau. Dans le trou. Ploc! Ou un coup de départ sans faille qui dévie dans l'herbe longue. En bas d'une pente. Vers un étang, dans l'eau. Plouf! Les aléas du golf.

Je connais très bien les caprices des dieux du golf, les confrontations soudaines avec les miracles et les mortifications. Mes souvenirs les plus vifs ne concernent pas mes exploits comme joueur, mais plutôt comme caddie, et comment cette vie a pris fin de façon étonnante.

L'endroit : l'Acacia Country Club près de Cleveland, Ohio. La date : été 1965. Le protagoniste : moi, un étudiant au secondaire.

Acacia divisait ses caddies en deux listes, A et B. Le rang des caddies était déterminé par un rituel aussi compliqué que le menuet : l'ancienneté avait son importance, et aussi la constance dans les présences avant l'aube dans la cabane des caddies. On considérait aussi les observations que les joueurs notaient sur des cartes à la fin d'une partie. Mais le sort d'un caddie était aussi inexorablement lié aux caprices du Maître caddie.

Notre Maître caddie était un petit malin, un rouquin au début de la vingtaine. Je lui avais toujours manifesté des égards, du respect, sans pour autant être servile. Durant l'été de 1965, ma cinquième année au Acacia, j'avais grimpé les échelons, presque jusqu'au sommet de la liste A – à A-5. Commence tôt et souvent, tel était mon mantra. Les bonnes journées, j'accompagnais des joueurs jusqu'à trois fois. J'étais populaire auprès des joueurs et je leur donnais de bons conseils de golf. J'étais récompensé par de généreux pourboires.

Puis, je me suis fait voler par le vert. Un matin, remontant péniblement une colline escarpée vers la cabane des caddies, la tête dans les nuages, j'ai entendu un bris de verre, suivi d'un juron; j'ai couru voir ce qui se passait et je n'ai trouvé que des morceaux de verre d'une bouteille de whisky à l'extérieur de la cabane. Sans réfléchir une seconde, j'ai ramassé les tessons et je me suis retrouvé face à face avec le Maître caddie. Il semblait que des traînées de fumée sortaient de ses oreilles. Bien que je n'aie pas brisé la bouteille, je parlais avec incohérence. Un procès d'une minute a eu lieu. Coupable, on m'a rétrogradé : du haut de la liste des A à la fin des B. Tout comme une balle de golf qui descend une pente, je coulais inéluctablement vers le fond.

J'ai eu beaucoup de temps libre cet été-là, espérant pouvoir avoir la chance d'accompagner un golfeur en début de soirée. J'ai lu avidement. Vu mes dispositions au nihilisme, je me suis intéressé aux existentialistes français, Camus, Sartre. À l'Acacia Country Club, j'étais un étranger n'ayant aucune porte de sortie.

Au début de septembre, au moment des championnats du club, on m'a relevé du purgatoire des caddies. Mme Silverman insistait pour que je transporte ses bâtons. Le Maître caddie pouvait difficilement refuser, car elle était outrageusement riche.

Mme Silverman, qui ressemblait à s'y méprendre à Eleanor Roosevelt, était toujours attifée des vêtements de golf les plus criards : chemisiers en paisley, chaussures orthopédiques noires. D'un autre côté, elle était très enthousiaste et ne jouait pas si mal, bien qu'elle fût loin d'être la favorite pour gagner.

Le tournoi au trou par trou, qui réunissait soixante-quatre personnes, a commencé. Quelle équipe nous faisions : Eleanor Roosevelt et le caddie le moins considéré du club. Mais voilà que Mme Silverman était sur le point de jouer la meilleure partie de golf de sa vie. Elle incarnait la confiance : beaux coups de départ, précision avec ses fers, coups roulés précis. Nous nous sommes qualifiés dans les quatre premières équipes; nous nous sommes retrouvés en finale.

Le match était *ex æquo* après dix-huit trous; nous sommes allés en éliminatoire. Sur la première allée, un vent frisquet soufflait et j'ai dit à Mme Silverman : « Vous pouvez atteindre le vert avec un fer 6. Frappez-le à pleine force. » Elle a réussi le coup parfaitement, mais la balle s'est arrêtée dans la fosse de sable. J'ai maudit mon manque de jugement; la malchance qui me poursuivait tout l'été semblait toujours durer.

Puis, Mme Silverman a frappé avec son *wedge* de sable. La balle a levé, a frappé le drapeau avec fracas et est tombée miraculeusement dans le trou. Ploc! La championne du club.

Après les célébrations, Mme Silverman m'a remis mon pourboire : une épaisse liasse de billets de cent dollars. « Pour l'université », a-t-elle dit.

J'ai quitté Acacia pour toujours, après cet été de 1965, renonçant à l'existentialisme et à ma carrière de caddie. L'avenir s'annonçait heureux, alors que je tâtais la pile de billets neufs – un des plus délicieux aléas du golf.

Tommy Ehrbar

Slicker Sam

Il y a vingt ans, un accident de voiture a tué Phil Wahl, qui avait été pendant longtemps le gérant du Club de golf Augusta National. Janice, sa veuve, était restée seule avec neuf enfants. Les amis de Phil voulaient lui venir en aide.

J'étais photographe au club et j'en étais venu à connaître assez bien Phil. Il me semblait que c'était une bonne idée de faire un tournoi de golf afin de recueillir des fonds pour sa famille. J'ai donc fait quelques appels téléphoniques et j'ai été ému par la réponse enthousiaste.

Le tournoi bénéfice d'un jour aurait lieu à West Lake, un club de golf populaire d'Augusta, qui avait offert le parcours gratuitement. Le coût d'inscription a été fixé à mille dollars par joueur. Le premier obstacle rencontré, c'était que des amis de Phil ne pouvaient pas se permettre cette dépense; pourtant, ils voulaient démontrer leur appui. Alors que je me torturais pour trouver une solution à ce dilemme, j'ai reçu un appel d'un membre du National qui voulait rester anonyme. Il offrait de payer le coût d'inscription à ceux qui ne pouvaient pas se le permettre. Tout baignait dans l'huile!

Cinquante-cinq joueurs se sont inscrits, dont des gens aussi importants que Jack Nicklaus, Ken Venturi, David Graham, Chris Schenkel et Ed Sneed. Un des premiers à s'inscrire a été Slicker Sam, de Chicago, un golfeur connu mondialement qui jouait régulièrement pour de gros montants d'argent, et qui gagnait généralement. Tous ceux qui connaissaient Slicker convenaient qu'il devrait être consacré trésor national. Je dis cela à cause de sa réputation d'homme charitable.

À la fin du tournoi, nous nous sommes réunis dans la salle à manger pour la remise des prix du tournoi. Un prix substantiel – une Cadillac luxueuse offerte par un détaillant local – attendait les habituels gagnants du concours du "plus près du drapeau" et du "plus long coup de départ". Tous les yeux étaient rivés sur le jeu de clés que Ken Venturi, le maître de cérémonie, tenait dans les airs. Après une pause longue et dramatique, Ken a finalement souri et il a dit : « Viens ici, Slicker, pour réclamer ton prix ! »

Le silence s'est abattu dans la salle pendant que Slicker Sam avançait vers le podium. C'était tout un champion. Ken lui a tendu les clés.

Slicker Sam avait joué en bas de 70 pour mériter la victoire, mais c'est juste à ce moment-là que nous avons su pourquoi il avait joué avec tant de détermination.

« J'ai déjà une auto ! » a dit Sam à Venturi, en retournant les clés. « S'il te plaît, donne cette Cadillac à la famille de Phil Wahl ! »

La foule l'a acclamé debout. Ça, c'était de la classe, à la manière Slicker.

Le jour suivant, Slicker et Doug Sanders avaient pris rendez-vous pour jouer pour une grosse mise. Le partenaire de golf de Doug était le chanteur Andy Williams. J'étais le quatrième. Nous avons joué le tournoi à Aiken, en Caroline du Sud, à environ 22 kilomètres à l'est d'Augusta, au Club de golf Houndslake.

En nous rendant au premier départ, je me suis souvenu qu'on m'avait donné des billets de tirage à vendre au nom de mes voisins, la Synagogue Adas Yeshurun d'Augusta. Les billets, qui se vendaient cent dollars, donnaient droit à une chance de gagner une Cadillac. Tout en faisant nos coups roulés au premier trou, j'ai sorti les billets. Doug et Andy ont acheté les deux premiers. Au moment où Sam s'est approché de nous, nous échangions l'argent contre les billets. Quand il a su le prix à gagner, les yeux de Slicker se sont illuminés et il a sorti un rouleau de billets de banque de sa poche.

Quelques semaines plus tard, j'assistais à un dîner où aurait lieu le tirage, par élimination des concurrents. La soirée avançait et tous les noms avaient été éliminés, sauf deux, dont celui de Slicker Sam. Quand le nom d'un autre concurrent a été nommé, mon cœur s'est arrêté. Je pensais qu'ils déclaraient le nom du gagnant. J'avais tort. Slicker Sam était le gagnant!

Je lui ai téléphoné pour lui annoncer la bonne nouvelle. « Je savais que je gagnerais cette auto », a-t-il répondu.

Je crois que l'ordre de certaines choses est établi par une puissance supérieure. Mais il y a une chose que je sais absolument : Sam a été récompensé pour sa générosité sans borne. En allant me coucher cette nuit-là, j'ai eu une vision de Phil Wahl. À sa façon unique d'être attachant, ce qui lui avait attiré l'estime de tant de gens, Phil a tourné la tête pour parler à Slicker Sam.

« Merci, Partenaire », dit-il.

Je me suis endormi heureux.

Frank Christian

4

L'ART DU GOLF

*Les golfeurs devraient comprendre
qu'il s'agit d'un jeu où les traditions
sont reines ; l'idéal sportif, très élevé ;
un jeu où le respect intégral des règles
est essentiel.*

Francis Ouimet

En plein centre de l'allée

Ce jeu a une telle emprise sur les golfeurs parce que ceux-ci ne luttent pas seulement contre un adversaire, mais aussi contre le parcours, contre la normale et, assurément, contre eux-mêmes.

Arnold Palmer

En 1940, le Jasper Park Lodge, en Alberta, était un endroit réservé aux riches. À mon premier jour comme caddie, j'accompagnais un drôle d'oiseau en casquette qui fumait la pipe, un assez bon golfeur qui, de plus, m'a payé 2,50 $ pour dix-huit trous. Quand je lui ai demandé si je pouvais être son caddie régulier, il a accepté. J'ai demandé à Vic, le professionnel adjoint, combien de temps mon drôle d'oiseau resterait à l'hôtel.

Vic a répondu : « Tout l'été. Il s'appelle William D. Mitchell. Il vient passer l'été chaque année et il joue sept jours par semaine. Il a fait partie du cabinet de Herbert Hoover, je crois qu'il était procureur général. »

Oh là là! Deux dollars cinquante par jour, assurés, chaque jour de la semaine, pendant 10 semaines, cela faisait – mon cerveau fonctionnait à plein régime – 175 $ moins, disons, 25 $ pour les jours de pluie ou ceux où mon vieux serait malade. Mais il n'a jamais été malade et il fallait un ouragan pour l'empêcher de jouer.

Je travaillais rarement pour quelqu'un d'autre que M. Mitchell. Il jouait avec détermination et ne parlait presque jamais. Il connaissait mon prénom, mais il ne m'encourageait pas à lui donner plus d'informations. Un jour, alors que nous étions seuls sur le parcours, j'ai posé timidement une question à propos des sénateurs du Vermont (ma ville natale, au Québec, est à proximité de cet État). « Passe-moi mon fer 5, s'il te plaît, David », dit-il sans rien ajouter.

M. Mitchell avait consacré son été à jouer sous la barre des 80, et j'ai été embrigadé dans sa campagne silencieuse. Il était facile de travailler pour lui. Il ne frappait pas la balle bien loin, se retrouvait rarement dans l'herbe longue et *puttait* bien.

À l'occasion, il calottait son coup de départ et la balle roulait en bas du tertre. Il ne se plaignait pas et il ne m'a jamais demandé de récupérer sa balle pour reprendre son coup de départ, même lorsqu'il jouait seul. Il s'avançait de quelques pas vers sa balle qui était devant le tertre et me disait : « Fer 2, s'il te plaît, David. »

L'été avançait et le pointage de mon homme baissait doucement. Il jouait rarement au-dessus de 85 ou 86 et à la mi-août, il a joué un 81 et deux 80.

Un jour, il a réussi un long coup roulé pour un oiselet sur le seizième trou, une normale 4, et j'ai compris que s'il faisait une normale sur les deux derniers trous, il jouerait un 79.

« Vous avez une bonne chance, monsieur », dis-je.

« Ne le dis pas. Ça porte malchance, comme de parler d'une partie sans coup sûr à la huitième manche. » J'ai pourtant vu une lueur dans ses yeux.

Il jouait en compagnie d'une autre vieille barbe qui ne parlait pas beaucoup lui non plus. Le coup de départ de mon homme sur le dix-septième, une normale 4, a fendu l'allée. La balle a franchi une petite crête et a disparu. Son compagnon a également frappé un bon coup de départ qui a aussi franchi la même crête.

M. Mitchell a fait une pause pour rallumer sa pipe et je suis parti devant, j'ai vu la balle quand j'ai atteint le sommet de la crête et j'ai déposé le sac près d'elle en attendant qu'il choisisse son bâton. Il a pris un fer 6 et envoyé la balle sur le vert. Normale facile, me dis-je, pensant au gros pourboire qui allait suivre.

Son partenaire de jeu a lui aussi atteint le vert en deux, mais il était plus loin de la coupe. Il a frappé son coup roulé près de la coupe, pour une normale facile. M. Mitchell a frappé un peu fort, mais a effectué un joli retour de cinq pieds pour sa normale 4. Je me suis avancé pour récupérer la balle de la coupe et remettre le drapeau en place.

J'ai bientôt compris que ce n'était pas sa balle. C'était celle de l'autre joueur. Je n'avais pas vérifié lorsque j'avais descendu de la crête et simplement tenu pour acquis que la première balle que j'avais vue était la sienne. J'aurais souhaité que la coupe soit profonde de cent pieds pour m'y jeter.

« Je vais laver votre balle », dis-je en me dirigeant vers le lave-balles du dix-huitième trou, en espérant pouvoir échanger les balles. J'ai fait signe à l'autre cad-die de venir rapidement.

« Non, David, ne la lave pas, a dit M. Mitchell. Cela pourrait briser mon rythme. »

Je lui ai donné la balle le plus nonchalamment pos-sible, sans le regarder. J'ai prié. Mais lorsqu'il s'est penché pour mettre la balle sur le *tee*, il a vu.

« Je crains que ce ne soit pas ma balle », dit-il à l'autre golfeur, d'un air affligé.

Son compagnon a regardé la sienne. « Vous avez raison. »

« Il y a une pénalité de deux coups pour cette faute, a dit M. Mitchell. Cela me fait un 6. »

« Ne soyez pas idiot, a rétorqué son compagnon. Nous jouons pour notre plaisir. »

« Ce ne serait pas correct. Les règles sont les règles. » Je savais que c'est ce qu'il aurait dit, même s'il n'avait pas été procureur général des États-Unis.

Il lui faudrait jouer un aigle 2 sur le dernier trou pour jouer sous les 80. J'ai prié fort pour qu'il fasse un *bogey* de sorte que, même sans le désastre du dix-sep-tième, il n'ait pu jouer 79. Il avait l'air las et avait les traits tirés. Il a tout de même joué une normale 4.

« Je m'excuse monsieur, dis-je au bord des larmes. C'était de ma faute. »

« Non, David. J'aurais dû regarder moi-même. À demain. »

Il a joué cinq autres rondes, mais il n'a pu faire mieux que 82. Il n'a jamais parlé de la substitution des balles.

« Peut-être l'été prochain », a-t-il dit quand nous nous sommes quittés pour la dernière fois.

« Je l'espère, monsieur. »

Dave McIntosh

Une leçon
que je n'oublierai jamais

La vie quotidienne forme le caractère. C'est au cours d'une heure sans histoire et banale que la bataille se gagne ou se perd.

Mattie D. Babcock

Peu de temps avant que nous déménagions à St. Simons, je crois que j'ai reçu de papa la leçon la plus importante qu'il m'ait enseignée. Elle m'a appris combien le golf était important pour mon père et comment il faut jouer au golf. Elle a ouvert la voie à tout ce que papa et moi avons fait ensemble par la suite.

J'avais douze ans, presque treize. La famille était réunie pour le souper à la maison, comme toujours. Mon père m'a demandé combien j'avais joué ce jour-là après l'école.

« Euh! j'ai joué 36 aujourd'hui », ai-je répondu.

Mon père m'a regardé attentivement et il a dit : « Trente-six? La normale? C'est tout un pointage. Je ne crois pas que tu aies jamais joué la normale pour neuf trous avant aujourd'hui. »

J'avais joué 36 sur huit trous. Notre maison était près du huitième vert du Country Club d'Atlanta et j'avais été trop paresseux pour jouer le neuvième. Je ne voulais pas revenir du neuvième vert à pied vers la maison pour le souper. J'avais abandonné après huit trous et 36 coups.

« N'est-ce pas, Davis ? »

Je n'ai rien dit.

Le lendemain, en ma présence, il a entrepris de dire aux copains de la boutique du professionnel ce que j'avais fait la veille et comment j'avais réussi pour la première fois de ma vie à jouer la normale pour neuf trous.

Je me sentais mal. Je n'ai plus jamais menti sur mon pointage. Je n'ai plus jamais menti à mon père depuis ce jour. Je ne savais pas à l'époque ce dont je suis convaincu aujourd'hui : évidemment, papa savait que je n'avais pas joué 36 pour neuf trous.

Dans un tel cas, il savait que j'aurais couru du neuvième vert jusqu'à la maison pour lui raconter mon exploit. Un autre père que le mien aurait peut-être dit : « Tu me dis bien la vérité à propos de ton pointage ? » C'est aussi valable. Par contre, l'approche de mon père était différente. La leçon a été apprise rapidement et je m'en souviendrai toujours.

Davis Love III

Le vrai caractère d'un homme se mesure à ce qu'il ferait s'il savait que personne ne le découvrirait jamais.

Thomas Macaulay

La jouer là où elle repose

Comme la grande majorité des golfeurs, j'appliquais le concept de l'équité. Mon estime de moi ressemblait à mon score au golf. Lorsque j'ai commencé à jouer, je déplaçais ma balle pour améliorer ma position ou pour enlever un obstacle de son chemin.

À mesure que je m'améliorais, je ressentais moins souvent le besoin de déplacer ma balle, sauf lorsque le concept de l'équité était en jeu. Quand la balle est bien frappée et qu'elle se dirige vers l'objectif choisi, nous devrions être récompensés. Cette balle, en plein centre de l'allée, mérite une bonne position, pas de se retrouver dans un trou de motte de gazon ou autre endroit inapproprié.

Les bons coups DEVRAIENT être récompensés. Nous déplaçons donc la balle. Ce n'est qu'équitable. Comme la plupart des autres golfeurs, ceux qui jouent selon les règles d'hiver, j'ai déplacé ma balle.

Avec le temps et les sages conseils de Harvey Penick, une profonde transformation s'est opérée en moi.

Il n'est pas question d'équité au golf. La balle doit être jouée là où elle repose. « Il y a des avantages à cette approche, disait M. Penick, et tu devrais chercher à les découvrir. » Au golf, comme dans la vie, des obstacles sont mis sur notre chemin. Nos plus grands triomphes consistent à surmonter ces obstacles. En améliorant la position de notre balle, nous nous privons de l'occasion de réussir.

Il n'y a pas de bonnes ou de mauvaises positions, il n'y a que des positions. Lorsque nous regardons les choses comme elles sont, sans juger, nous nous donnons l'occasion de donner le meilleur de nous-mêmes. Cette manière de penser ne garantit pas le succès, seulement que nous ferons de notre mieux. Chez moi, le changement de point de vue s'est fait graduellement. Au début, lorsque des situations se produisaient où le concept de l'équité aurait dû s'appliquer, je ne pensais qu'à la mauvaise position de ma balle. J'avais tendance à mal jouer le coup suivant. Avec le temps, j'en suis venu à ne plus juger et j'ai obtenu de meilleurs résultats. J'ai commencé à étudier les situations et à chercher le meilleur moyen d'augmenter mes chances de succès.

Une anecdote me revient souvent à l'esprit. Je jouais avec un étranger et nous en étions à une normale 5 particulièrement difficile. J'ai frappé deux coups parfaits pour me retrouver à 100 verges du drapeau, la distance idéale pour MOI, mais ma balle reposait dans un trou de deux pouces. Je me suis immédiatement souvenu d'une situation semblable plus tôt cette semaine-là. La tête de mon bâton avait dévié sur le trou et j'avais expédié ma balle dans le bois. Je me suis rappelé que, malgré le piètre résultat, j'avais été très fier d'avoir joué selon les règles. En me concentrant sur la situation présente pour décider d'une action, je me souviens m'être dit : « Je vais la coller au trou et réussir un oiselet. » Avant de frapper, j'ai jeté un coup d'œil à mon partenaire de jeu. Son regard semblait me dire : « Que fais-tu là ? Déplace ta balle hors de ce trou. »

J'ai frappé ma balle à deux pieds de la coupe et j'ai réussi mon oiselet. J'ai souri. En quittant le vert, il m'a demandé pourquoi je n'avais pas déplacé ma balle. Après tout, elle ÉTAIT dans un trou dans l'allée.

« Parce que ça n'aurait pas été du golf », ai-je répondu.

Leonard Finkel

Nous les jouons tous

Par une belle journée typique du début du printemps en Caroline du Sud, notre groupe régulier de 12 joueurs se préparait à son match habituel du mardi matin. Comme toujours, l'humour un peu osé de Henry commençait à faire sortir Bob de ses gonds pendant qu'il tirait les balles du chapeau pour former les équipes qui lutteraient pour le très convoité "nassau" à deux dollars...

Nassau? Peut-être! Le droit de se vanter? Certainement!

Pendant que le dernier groupe prenait son départ, une douce brise de dos portait nos coups un peu plus loin que de coutume dans l'allée du premier trou. C'était le début d'une bonne partie pour chacun d'entre nous.

Le petit jeu de Dick était au point. Rich frappait la balle avec autorité. Henry maîtrisait parfaitement son long crochet de droite. Quant à moi, je *puttais* assez bien pour jouer mieux que mon handicap de 24.

Au quatrième trou, nous avons remarqué qu'un duo s'approchait lentement de nous. Avant que nous ayons pu les inviter à passer, ils ont disparu. Ils sont réapparus au huitième et au neuvième.

Nous avons cru qu'ils passeraient devant pendant notre goûter entre les deux neuf, mais ce ne fut pas le cas. Au douzième, ils se sont rapprochés de nouveau. Ardent défenseur de l'étiquette du golf, j'ai profité du fait que Henry avait frappé un long crochet de droite dans la forêt pour aller vers eux et les inviter à passer.

« Désolé de vous retarder… aimeriez-vous passer ? »

« Merci de nous l'offrir, mais tout va bien. Nous ne nous pressons plus. Le seul fait d'être ici et de profiter de notre amitié, de ce merveilleux jeu et du magnifique univers de Dieu nous suffit. »

« Vous savez, Joël a quatre-vingt-onze ans et j'en ai quatre-vingt-neuf. Nous avons assez de douleurs et de petits bobos que nous ne jouons que les trous en pente descendante. »

William M. Bowen

On ne peut être heureux si les choses
auxquelles on croit sont différentes
de celles qu'on fait.

Freya Stark

Le golf ressemble au jeu de patience.
Lorsqu'on triche, on se triche soi-même.

Tony Lema

Le jour où j'ai triché

J'ai toujours aimé le golf. Le défi physique. Le défi mental. La capacité de trouver au fond de soi le bon coup alors qu'on fait face à un double *bogey*. Le golf est pur et c'est ainsi que je le joue. Sauf une fois, il y a quelques années.

Pour la première et seule fois, j'ai triché au cours d'un match de golf. Cela me hante depuis. Je jouais contre mon meilleur compagnon de golf, Frank. Ce geste m'a changé, comme personne et comme golfeur. Pour toujours.

Jusqu'à ce match chaudement disputé un dimanche après-midi, je n'avais jamais intentionnellement violé ou même contourné un règlement de golf. Jamais.

Comme plusieurs de nos duels, ce jour-là notre match était à égalité en arrivant au dix-huitième trou, une normale 5, où tout score plus élevé que la normale signifiait qu'on perdait. Nous jouions pour notre enjeu habituel, un énorme trois dollars. Mon coup de départ a fait un violent crochet de gauche dans le bois. Frank, monsieur Régularité, a placé son coup de départ au centre de l'allée, comme toujours.

Seul dans les arbres après une courte recherche, j'ai trouvé ma balle logée entre deux racines. Elle était injouable.

À travers les feuilles, je pouvais voir Frank se diriger vers son coup de départ. J'ai *dropé* ma balle à deux longueurs de bâton et frappé un coup de fer 3 au travers une ouverture dans les arbres. Frank a applaudi quand je suis sorti du bois, et avec raison. Ma balle avait parcouru 175 verges et reposait dans l'allée, en position parfaite pour mon approche.

Quelques minutes plus tard, Frank a calé son coup pour égaler ma « normale ».

« Beau match », dit-il en me tendant la main. « Pas de dommages. »

Je lui ai serré la main sans dire un mot. Je ne sais pourquoi. J'y ai pensé souvent depuis, et je n'ai pas trouvé la réponse.

Je me souviens m'être aspergé d'eau froide dans le vestiaire du chalet après ma ronde. Je me suis regardé dans le miroir et j'ai laissé l'eau dégouliner dans l'évier.

De toute évidence, Frank ne m'avait pas vu *droper* ma balle dans le bois. Il a conclu que mon dernier coup roulé me donnait la normale, alors que je savais très bien qu'il s'agissait d'un *bogey*. Ce jour-là, j'ai donc conservé mes trois dollars.

Le lendemain matin, je me suis longuement interrogé. Je me demandais qui était ce tricheur et combien de temps il resterait autour de moi. J'étais chagriné d'avoir triché, d'avoir déshonoré un jeu que je tenais en si haute estime.

Je ne peux m'empêcher de repenser à cet après-midi à chaque début de saison. Je me souviens combien je me sentais mal. Surtout, je me rappelle comment on se sent bien en quittant un vert après avoir réalisé une normale, une vraie, ou peut-être un *bogey* durement arraché à une situation qui semblait mener à un double assuré. Je me dis que les coups qui laissent le meilleur souvenir – ceux dont on parle au dix-neuvième trou et dans la voiture en rentrant à la maison – sont ceux qu'on réussit dans une position horrible avec une motte de boue sur la balle. Je me rappelle que mes partenaires de jeu ne devraient jamais, jamais, mettre en doute mon intégrité sur le terrain, peu importe la nature miraculeuse de mon coup de récupération.

Un voyage en Irlande, l'an dernier, m'a de nouveau démontré l'importance du lien entre le golf et l'intégrité. « Garçon », a dit un Irlandais avec qui j'ai joué une ronde, « par ici, nous ne touchons à la balle que deux fois par trou : quand nous la mettons sur le *tee* et quand nous la ramassons dans la coupe. »

Plus que toute autre chose, c'est précisément le souvenir de ces hommes et de ces femmes avec qui j'ai eu l'honneur de jouer une ronde en Irlande et en Écosse qui me force à être fidèle à moi-même sur le parcours. Il semble que dans ces contrées chaque joueur a été imprégné de l'esprit du vieux Tom Morris. Ils ne comprennent pas non plus comment les Américains peuvent choisir de jouer en « voiturette », alors qu'il est très clair que le golf est fait pour marcher. Ils ne comprennent pas non plus que quelqu'un puisse faire quelque chose d'aussi dégradant que de tricher sur le terrain.

Dans les îles Britanniques, on joue au golf selon les règles et jamais selon les « règles d'hiver ».

Chaque fin de semaine, la plupart des joueurs de chez nous violent les règlements – ou choisissent de les ignorer – sans comprendre qu'ils s'abaissent chaque fois qu'ils déplacent la balle dans l'allée. Y a-t-il un adage plus vrai que celui qui veut que pour connaître la vraie nature de quelqu'un, il suffit de jouer une ronde de golf en sa compagnie. Lorsque vos partenaires de jeu vous voient déplacer votre balle dans l'allée, ne croyez-vous pas que ce geste change leur opinion sur vous?

Je me demande seulement ce que Frank pense de moi.

John Meyers

Un vrai gentleman

Vous pensez qu'il est difficile de vous faire des amis? Essayez donc de ramasser une balle de golf qui ne vous appartient pas.

Jack Lemmon

Il y a plusieurs années, le golfeur William Reynders a reçu en cadeau de Noël de sa famille une douzaine de balles Titleist avec son nom « Billy Reynders » imprimé dessus.

Quelque temps après, en jouant sur un parcours municipal de Sacramento, un de ses coups de départ se retrouva dans l'allée adjacente à la sienne.

En arrivant dans l'allée adjacente, il a vu une femme qui se préparait à frapper. Il lui a expliqué qu'elle s'apprêtait peut-être à frapper *sa* balle.

Elle a ramassé la balle, l'a regardée et a dit calmement : « Non. C'est la mienne. Je joue toujours des balles Billy Reynders. »

En vrai gentleman qu'il était, Reynders n'a pas insisté.

Hugh Baldwin

Le coup roulé décisif

La pression fait partie du golf. Elle se manifeste lorsqu'un joueur rate un coup, qu'il réussirait en temps normal, parce qu'il essaie trop. Les non-golfeurs ne peuvent pas comprendre lorsqu'ils voient Freddie Couples caler avec nonchalance un coup roulé de 15 pieds.

Tous les golfeurs ont subi la pression. Ce qui est plus difficile à comprendre, c'est la pression addition- nelle qui se manifeste lorsqu'on joue en équipe plutôt que seul. La crainte de laisser tomber les coéquipiers est sans doute un facteur important.

Que les golfeurs participent à la coupe Ryder ou à la Ligue de la Frontière, ils doivent s'accommoder de cette pression additionnelle. Dans notre patelin, la Ligue de la Frontière est un groupe de clubs de golf, le long de la frontière entre l'État de New York et l'est de l'Ontario, qui organise une compétition annuelle par équipe : chaque club envoie huit joueurs dans une par- tie au trou par trou, au total des points.

Un de ces tournois était disputé au club Prescott, en Ontario, un joli parcours longeant le Saint-Laurent. J'étais membre de l'équipe de Cornwall, en Ontario. Tous les observateurs s'entendaient pour dire que si l'équipe locale devait être battue, ce serait par nous. Au cours de l'après-midi, cette analyse s'est avérée cor- recte, Prescott et Cornwall devançaient les autres équi- pes. Sept de nos huit joueurs avaient terminé leur ronde et attendaient en se reposant au dix-neuvième trou, comme les golfeurs ont l'habitude de le faire.

Notre huitième joueur arrivait au dix-huitième trou. Il s'appelait Reggie Evans, handicap 8, principal d'une école de métier et un bon golfeur qui avait parfois tendance à devenir erratique. Nous étions assurément fatigués mais avions hâte de connaître les résultats. Quelqu'un m'a dit : « Kenny, c'est à ton tour. Va voir au tableau et dis-nous où nous nous situons. »

Une visite rapide au tableau m'a appris que les sept premiers joueurs de chaque équipe avaient maintenant terminé et les points étaient totalisés par équipe. Le préposé, que je ne connaissais pas, n'avait pas fait les totaux partiels. Je les ai donc fait en calcul mental et suis retourné m'asseoir avec mes collègues.

« Les copains, c'est dans la poche pour nous. Nous avons onze coups d'avance sur Prescott et Reggie avait un coup d'avance sur son adversaire après neuf trous. Il est certain qu'il ne peut gaspiller une avance de 12 coups sur le neuf de retour. »

L'allégresse et l'excitation montaient. Quelqu'un a suggéré : « Allons à côté du vert pour encourager Reggie. »

« Bonne idée. »

Au moment où nous sommes arrivés, Reggie avait déjà frappé son deuxième coup et avait atteint le vert, à hauteur du drapeau, 20 pieds à la droite.

J'ai suggéré : « Amusons-nous et disons à Reggie qu'il doit absolument caler ce roulé. »

« Attention, dit Alex. Avant de faire cela, mieux vaut s'assurer de son avance; tu ne veux pas nous faire perdre la première place. »

« D'accord. »

Nous nous sommes joints à la petite foule de spectateurs autour du vert au moment où les joueurs y parvenaient. Le joueur de Prescott a fait une petite approche si près du trou qu'il semblait qu'il ne pouvait rater la normale. Les deux autres joueurs avaient déjà frappé leurs balles sur le vert au moment où Reg est passé près de l'endroit où je m'étais stratégiquement placé.

« Comment ça se passe, Reg? » ai-je demandé.

« Assez bien, Kenny, deux roulés et je jouerai en bas de 80. »

« Et le joueur de Prescott? »

« Attends que je réfléchisse… il fera sa normale ici, ce qui le laissera un coup devant moi. Comment va l'équipe? »

La table était mise, bien mise.

« Écoute-moi bien, Reg. Nous avons une avance d'un coup sur Prescott – tu dois caler ce roulé. »

« Une avance d'un coup? » a murmuré Reg en évaluant la situation. Les muscles de son visage se sont tendus. « Ce n'est pas un roulé facile. »

« Essaie, Reg. Tu le réussis et nous gagnons. Mais, de grâce, ne fais pas trois roulés. »

Reg était maintenant sur le vert avec son *putter*, accroupi derrière sa balle pour étudier la pente du vert.

« Ne la laisse pas à court, Reggie », a lancé Joe de l'extérieur du vert.

« Chut, Joe! Ne lui fais pas perdre sa concentration », a murmuré Alex. Mais pas question que Reggie se laisse distraire. Il était totalement concentré, comme je ne l'avais jamais vu auparavant. Les choses allaient bien. Il a étudié la ligne des deux directions, a regardé la surface du vert pour s'assurer qu'il n'y avait aucun détritus et est revenu se placer derrière sa balle.

Mes coéquipiers regardaient tous avec intensité, quelques-uns avec le sourire aux lèvres. Nous nous attendions à tout, mais nous espérions secrètement qu'il allait caler ce roulé.

Reggie a pris quelques élans de pratique avec son *putter* pour s'assurer d'un élan en douceur et il s'est placé au-dessus de la balle – pause – voilà – la balle a quitté la surface du *putter* – elle sautille un peu – bonne vitesse – un peu à droite du trou – elle ralentit et courbe vers la coupe.

« Dans la coupe! Bravo Reggie ! Tu l'as eu! »

Notre groupe a poussé de grands cris, puis le silence s'est fait soudainement pour permettre aux autres de terminer le trou. Des poignées de mains ont été échangées et nous sommes retournés au bar pour fêter notre victoire.

Quand Reg s'est assis, on voyait autant de soulagement que d'excitation dans sa figure à la suite de son exploit. C'est à ce moment que Joe a décidé de sortir le chat du sac. « Reggie, tu n'avais pas vraiment à réussir ce roulé, nous avons gagné par 11 coups. Nous ne voulions que te taquiner. »

Reg a grogné : « Vous, alors… vous n'avez pas idée de la pression que vous m'avez mise sur le dos. »

J'ai ajouté : « Nous voulions seulement voir si tu étais si bon que ça. » Les bavardages ont repris pour être interrompus par la sonorisation : « Mesdames et messieurs, voici les résultats du tournoi d'aujourd'hui.

« En première place, Cornwall, avec un total de … »

« Bravooooo ! »

« En deuxième place, un coup derrière, Prescott avec un total de … »

« Un coup derrière ? »

« Un coup derrière ? Kenny, où as-tu appris à compter ? » s'est exclamé Alex.

« Ben, les gars, je n'ai dit que la vérité à Reggie. Vous ne vous attendiez pas à ce que je lui mente ? »

Ken Robertson

Le golf repose sur un ensemble de vertus qui reflètent toutes les qualités souhaitables en société : l'intégrité, l'honneur, le respect, des règles et de la discipline, pour n'en nommer que quelques-unes.

Larry Miller

La différence entre les Écossais et les Américains

J'arrêterais bien de jouer au golf si je n'avais pas autant de pull-overs.

Bob Hope

Les Écossais ont une approche du golf plus simple, presque révérencielle, contrairement aux Américains qui compliquent le jeu en imitant les professionnels qu'ils ont vu faire à la télé – des gestes qui ne leur apportent rien et qui ne servent qu'à ralentir le jeu.

Prenez l'histoire de cet Américain qui s'est présenté à St. Andrews avec son énorme sac, très lourd, ses bâtons dernier cri et vêtu à la dernière mode.

Au premier tertre de départ, il s'est penché, a arraché un peu d'herbe, l'a lancée en l'air pour mesurer la vitesse du vent.

« Qu'en pensez-vous ? » a-t-il demandé à son caddie.

Le caddie a répondu en imitant le joueur et en lançant quelques brins d'herbe en l'air.

« Je pense que le vent se lève, m'sieur », a répondu le caddie. « Vous devriez mettre votre pull. »

Don Wade

La douce arnaqueuse

En juin 1952, Hal Bruce a été muté à Boise, Idaho. Il a pu facilement trouver un appartement abordable, mais difficilement un terrain de golf. Lorsqu'il a consulté l'annuaire téléphonique, il n'a trouvé que deux inscriptions. Comme l'une était un club privé, il a appelé au terrain municipal pour réserver un départ pour le dimanche matin.

« Venez n'importe quand avant neuf heures, a répondu une voix amicale, avant que les églises ne se vident. »

Il s'est présenté à 8 h 30 et, tel que promis, l'endroit était désert. La seule âme en vue était une frêle petite femme qui devait bien avoir dans les soixante-dix ans; elle frappait des coups d'approche en direction du vert de pratique.

Après avoir payé ses droits de jeu, Hal s'est dirigé vers le premier départ et a regardé en direction de la femme. Elle lui a fait un signe de la main et a commencé à marcher, plutôt à boiter, en sa direction.

« Bien, mon garçon, il n'y a pas de raison que nous jouions seuls en cette superbe matinée », dit-elle avec un curieux accent, plutôt mélodieux. « Que diriez-vous si nous jouions ensemble? Je m'appelle Mary O'Leary. »

« Bonjour, je suis Hal Bruce. » Ils ont échangé une poignée de main.

« Hal, dit-elle, avec mon lumbago, je ne peux jouer que neuf trous. Incidemment, quel est votre handicap? »

« Comme c'est ma première fois sur ce parcours, je n'en ai pas encore un ici, mais je me maintiens habituellement autour de 10. »

« Bien. Comme vous êtes nouveau, je vous donne deux coups pour rendre le match plus intéressant. »

Hal a protesté qu'il ne pouvait accepter une telle offre. « Je ne peux accepter. Après tout, ne sommes-nous pas ici pour profiter du bon air? Il n'y a pas de gros enjeu. »

Mary a semblé déçue. « D'accord, mais je joue toujours mieux sous pression. »

Son élan arrière avait une petite faille et elle ne frappait pas loin, mais elle frappait franc et toujours dans le milieu de l'allée. Ses coups roulés semblaient son point faible, mais elle a calé quelques coups d'approche de la frange du vert, ce qui a compensé. En arrivant au neuvième, une normale 4, ils étaient tous deux à 38 coups.

Lorsque Mary a demandé une pause, ils se sont assis sur le banc. Elle lui a posé quelques questions à propos de son travail et de sa vie de famille, puis elle a dit : « Vous savez, Hal, je n'ai pas l'habitude de jouer au golf pour de l'argent, mais je me sens en forme ce matin. J'ai laissé mon sac à main sur la table de la cuisine en partant, mais Mike m'a fait crédit pour ma ronde. Juste pour le plaisir, jouons le dernier trou pour la somme de mon compte. Si je perds, je paierai pour nous deux une prochaine fois. »

Hal n'aimait pas profiter de cette vieille femme charmante, et fatiguée, mais il a accepté. Sur le neuvième, il y avait un étang plein de grenouilles à environ

180 verges du départ. Le trou était en ligne droite. Pourtant, Mary a choisi un fer 3 et frappé en sûreté à gauche, dans l'allée du huitième. Hal a choisi son bois 3, a frappé gras et sa balle s'est retrouvée dans l'étang. Mary a frappé son deuxième coup près du vert, son coup d'approche s'est arrêté près de la coupe et elle a réussi sa normale, ce qui était suffisant pour battre le *bogey* de Hal.

Avant de partir, elle lui a tendu la main. « Hal, j'ai bien aimé notre match. Pourquoi ne pas recommencer dimanche prochain? »

« Avec plaisir, a-t-il répondu. À la semaine prochaine. » Elle s'est ensuite dirigée vers le stationnement et Hal est entré dans la modeste boutique.

Mike était derrière le comptoir quand Hal lui a dit qu'il payait l'ardoise de Mary O'Leary. Avec un petit sourire en coin, Mike a ouvert un dossier et dit : « Bien, Mary nous doit deux droits de jeu… des balles… et un sac de *tees*. Au total, 15,10 $. Mais 15 $ tout rond feront l'affaire. »

En retournant chez lui, Hal était déterminé à ne pas se faire avoir deux fois par une femme, particulièrement si elle était en âge d'être sa grand-mère. Au cours de la semaine, il a frappé des balles chaque jour après son travail, a peaufiné son jeu court et a même pris une leçon.

Tel qu'il s'y attendait, le dimanche, Mary lui a offert sa revanche. « Pourquoi ne pas jouer pour le prix de mon ardoise de dimanche dernier? » lui a-t-elle demandé au premier départ. « Je vous donne toujours deux coups. »

« Je les accepte », a-t-il répondu.

Mary était en avance de deux coups au neuvième départ. Il n'y avait donc pas d'enjeu sur ce trou. Hal l'a remerciée pour la partie et, après son départ, il s'est rendu à la boutique. Après avoir payé 15 $ pour la deuxième semaine consécutive, Hal s'est rendu au bar pour prendre une bière et a pris place à côté d'un homme âgé, de toute évidence un régulier.

« Alors, mon ami, a dit l'étranger, je vois que vous avez joué avec la vieille Mary aujourd'hui. Combien vous a-t-elle arraché ? »

« À peine l'équivalent d'une journée de travail. Mais comment savez-vous ? »

Il a pris une gorgée de son cocktail, a rallumé son cigare et a expliqué : « Mary fait un peu partie des meubles ici. J'ai fait sa connaissance il y a quelques années lorsque je suis arrivé ici de la Californie. Mon expérience m'a incité à faire un peu de recherches. J'ai découvert qu'elle vient d'Irlande, qu'elle a été une golfeuse de renom en Europe avant de devenir professionnelle ici et qu'elle subsiste en travaillant comme serveuse au Country Club. »

« Une ou deux fois par semaine, elle vient ici et joue avec des nouveaux, avec quiconque elle ne connaît pas. En hiver, elle se rend en Arizona où elle fait la même chose. Remarquez qu'elle ne fait rien d'illégal et son ardoise est toujours payée. Donc, ils la tolèrent. »

Un mois plus tard, on a sonné à la porte alors que Hal s'apprêtait à mettre son souper au four. En ouvrant, il a vu une jeune femme dans le corridor. « Êtes-vous Hal Bruce ? » a-t-elle demandé.

« Oui, entrez donc. »

« Merci, mais je suis un peu pressée. Vous êtes le dernier sur ma liste. Vous étiez un ami de Mary O'Leary? »

« Bien, je l'ai rencontrée à une ou deux occasions. »

« Je m'appelle Megan O'Leary, a-t-elle expliqué. Mary était ma grand-mère. Elle est décédée il y a deux semaines à l'hôpital du comté et elle voulait que vous ayez ceci. » Elle a tendu une enveloppe à Hal.

Il ne pouvait comprendre pourquoi une femme qu'il n'avait rencontrée qu'à deux occasions voudrait lui donner quelque chose. Mais en ouvrant l'enveloppe, il a compris que c'était une facture du club de golf.

« Son compte commençait à être élevé, a dit Megan. Avant de mourir, elle a donc écrit les noms de tous ceux qui lui devaient une partie. »

C'est alors que tenant le papier, Hal a compris ce que Megan, ou plutôt Mary, disait. Il devait payer le résultat d'une partie qui n'avait jamais été jouée.

Megan le regardait attentivement. « Elle m'a dit que si quelqu'un se fâchait, je devais reprendre l'enveloppe. » Elle a tendu la main.

« Non… non », a insisté Hal. « Je m'en occuperai. » Puis, il s'est mis à rire. « Mary avait bien raison. Le résultat aurait sans doute été celui qu'elle avait prévu. »

Bob Brust

Le golfeur compatissant

Dans le sud, où on voit rarement les flocons de neige, vivait un vieux monsieur qui était un excellent golfeur. Même septuagénaire, il pouvait battre la plupart des jeunes golfeurs débordants de confiance. Il n'était pas rare qu'il joue son âge, et l'année où il a eu 72 ans, il a joué huit rondes en bas de son âge.

On lui a souvent demandé pourquoi il n'était pas devenu professionnel. Avec un sourire malin, il murmurait : « Je vais vous dire un petit secret. Mon travail me permet de jouer aussi souvent au golf que les professionnels et j'en retire probablement plus de plaisir qu'eux. »

Plusieurs golfeurs passionnés lui demandaient de jouer avec lui. Il acceptait avec plaisir. À l'occasion, il perdait contre un golfeur moins habile que lui. Pendant les quarante ans et plus qu'il fut membre du club, personne n'était arrivé à comprendre. Comment pouvait-il battre le professionnel du club une journée et perdre le lendemain contre un golfeur médiocre? On en était venu à conclure qu'il n'était pas assez compétitif. Mais sa femme connaissait la vraie raison.

Chaque fois que son mari revenait d'une journée sur le parcours, elle l'accueillait avec un baiser et lui demandait : « As-tu joué contre quelqu'un qui avait besoin de prendre confiance en lui? » S'il répondait « oui », sa question suivante était : « Par combien de coups l'as-tu laissé te battre? »

Carla Muir

La revanche
des prolétaires du golf

Il y a deux jeux qui portent le nom de golf. La seule chose qu'ils ont en commun, c'est la petite balle blanche. Un de ces jeux est le golf de club. L'autre, je l'appelle le jeu des « prolétaires du golf ».

Au golf de club, les joueurs arrivent quand ils le désirent et jouent à l'heure qu'ils désirent. Ils marchent ou roulent en voiturette et attendent rarement. Leur balle n'est jamais en mauvaise position dans les fosses parfaitement raclées et dans les allées tondues au triplex. Ils n'ont jamais soif ni faim, car il y a toujours quelque chose à boire ou à manger au tournant du coude suivant.

Après une ronde de quatre heures, leurs souliers de golf ont à peine touché le tapis du vestiaire qu'un préposé les ramasse pour les polir, les mettre dans un sac et les leur rendre. Une journée relaxante de golf de club se termine par une douche chaude, un bain vapeur et un verre au bar.

Au parcours des prolétaires du golf, les joueurs s'arrachent du lit avant l'aube, roulent jusqu'au terrain municipal local pour se mettre au bout d'une longue file, boire du mauvais café dans des tasses de plastique et prier qu'ils aient un départ dans les trois heures qui suivent. Lorsque enfin ils jouent, ils prient le ciel que le quatuor devant eux quittera le vert avant que le quatuor derrière eux ne les assomme avec leurs coups de départ. Ils se sortent des fosses de sable qui ressemblent à un paysage lunaire et frappent dans des allées marquées de trous de la grandeur de cratères. Ils mangent les sandwiches écrasés et les barres de chocolat fondues qu'ils avaient enfouis dans leur sac de golf en lambeaux. Mais surtout, ils attendent, attendent encore et toujours.

Après cinq heures et demie ou six heures, les prolétaires du golf titubent jusqu'à leur automobile, lancent leurs souliers de golf mouillés et maculés de boue dans le coffre et rentrent à la maison où leur famille commence à se demander s'ils n'ont pas été kidnappés.

La plupart des parcours de golf que nous voyons lors des tournois télévisés sont ceux du monde du golf de club, mais la foule qui accourt à ces tournois fait partie du monde des prolétaires du golf.

Lorsque nous nous sommes réunis à Bethpage pour annoncer que l'Omnium des États-Unis serait joué sur le Black Course en 2002, les prolétaires du golf étaient là. Ils étaient derrière la barrière au fond du premier départ, regardant et approuvant en silence de la tête et attendant le jour où les meilleurs golfeurs du monde viendraient jouer sur leur terrain.

Ils savaient que la décision d'octroyer pour la première fois l'Omnium des États-Unis à un vrai terrain public n'était pas seulement une victoire pour la région métropolitaine, pour Long Island, pour les politiciens ou pour les entreprises du voisinage. Ils savaient que cette décision était la plus grande victoire de l'histoire du jeu pour les golfeurs fréquentant les terrains publics – les prolétaires du golf.

C'est une victoire parce que c'est une façon de rendre hommage aux espaces publics qui offrent un rare et précieux abri contre la laideur urbaine à ceux qui n'ont pas assez d'argent pour s'acheter un abri privé dans les endroits que les gens fortunés connaissent.

C'est une victoire parce que cela nous rappelle que le golf a d'abord été pratiqué dans les champs non manucurés de fermiers, où il y avait des ornières et des vallons, des mauvaises herbes et, oui, même des bouses de vache. Il n'y aura probablement pas de bouses de vache dans les allées du Black Course au cours de l'Omnium, mais j'espère que l'atmosphère sera au moins un peu crue, un peu folle, un peu publique.

C'est surtout une victoire parce que, en 2002, il y aura un papa qui travaille fort et qui a peu de biens matériels à son nom, un homme comme mon papa, qui pourra dire à son fils ou à sa fille :

« Ah oui! L'Omnium des États-Unis se joue sur le Black Course cette année. J'ai déjà joué sur ce parcours.

Rabbin Marc Gellman, Ph.D

Une ronde de pratique
pour la vie

La balle s'est envolée, formant un arc à partir de son perchoir sur le départ des dames, sans crochet ni de gauche ni de droite, et elle a atterri avec un *ploc!* J'étais trop loin pour la voir à environ un pied de la coupe du dix-huitième vert. Avec un sourire fendu jusqu'aux oreilles, mon père a dit : « Tu reviendras la semaine prochaine. »

Quand on est jeune, il semble que nos parents répètent les mêmes choses sans arrêt, jour après jour – « lave tes mains, mange tes pois ». Jouer au golf avec moi était pour mon père l'occasion de me sortir un bagage de maximes tirées de son expérience de vie. Souvent, en arrivant au dix-huitième trou, j'avais entendu au moins quatre fois : « Faut que la balle se rende jusqu'au trou pour y tomber. » Je n'ai jamais su vraiment si cette phrase s'appliquait exclusivement au golf ou si elle avait un sens plus profond par rapport à la vie. De toute façon, je n'avais que trente-quatre ans et j'avais encore beaucoup à apprendre.

« Pas question, papa, lui ai-je dit. Je n'aime pas ce jeu. »

Il m'avait entendue dire ces paroles plusieurs fois aussi. Il a ignoré ma remarque même s'il savait que c'était peut-être la vérité.

C'était presque vrai. En tant que courtière en valeurs mobilières à l'avenir prometteur, très occupée, soucieuse de ma carrière en me débattant dans un milieu très exigeant, je croyais que le golf était une façon absurde et ennuyeuse de passer un après-midi. C'était devenu le passe-temps favori de mon père depuis qu'il était un peu trop vieux pour jouer au tennis, comme il le faisait quand il était professionnel enseignant. Depuis, il aimait jouer au golf avec sa bande de copains; mais il aimait jouer avec moi, seuls tous les deux, plus que tout au monde.

Évidemment, j'étais très occupée mais j'aimais mon père et je trouvais le moyen d'insérer une partie avec lui dans mon horaire chargé chaque fois que je le pouvais.

J'ai conduit la voiturette parmi les palmiers et les pins qui bordaient l'allée. Il faisait un superbe après-midi typique de la Floride et une légère brise, venue de l'océan, jouait en stéréo avec le chant des oiseaux. Mon père était au comble du bonheur. Son large sourire ne le quittait pas. C'était, je crois, avant qu'on ne commence à parler de « moments privilégiés », et c'est bien ce que nous passions ensemble. Depuis ma naissance, mon père m'avait consacré tout son temps libre en faisant des activités – le tennis, assurément, mais aussi le surf, le basketball, le patin, les châteaux de sable, le jardinage, ou seulement être ensemble. Même quand nous passions le temps, ce n'était pas du temps perdu, car les souvenirs qui me restent sont comme des éclaboussures d'or en fusion. Je lui devais bien ça.

Rendus près de ma balle, il m'a tapé dans le dos en disant : « Tu es vraiment bonne à ce jeu. »

« Ouais! Pense aux dix-sept premiers trous. » J'avais mal joué mais l'amour d'un père pour sa fille se moque de la raison et de la logique. Sans exception, il cherchait toujours ce qu'il y avait de bon chez les gens et dans la vie, et chaque ronde de golf était bonne.

« Ne t'inquiète pas du passé, disait-il. C'est le trou qui vient qui compte. » Une autre perle de gros bon sens que j'ai ignorée mais qui, par osmose, fait maintenant partie de ma vie.

J'ai raté mon coup roulé, même s'il n'était qu'à quelques pouces de la coupe. Je pensais à la bière que j'allais prendre au chalet au lieu de me concentrer sur le moment présent. J'ai frappé le vert avec mon *putter*, sachant très bien que les manifestations d'impatience l'irritaient, lui, le sportif par excellence, qui ne montrait jamais ses émotions pendant la partie.

Il a ignoré ma colère comme si elle n'avait pas eu lieu. Son coup frappé de la bordure du vert a roulé doucement dans la coupe avec le bruit sourd et satisfaisant de la balle qui trouve son but. Nous avons additionné nos cartes et il m'avait battu par à peine quinze coups.

Je n'avais jamais gagné contre mon père dans quelque activité que ce soit, encore moins au golf. C'était un athlète naturel avec une capacité de concentration hors du commun. C'était peut-être parce que j'étais une femme, jamais assez bonne. Lorsque j'étais frustrée, il me disait avec patience : « Le fait d'être une femme n'est pas une excuse, jamais. » Quand il voyait que cette phrase ne prenait pas, il se rabattait sur le vieux classique : « Les choses iront mieux demain. » Celle-là, je l'aimais. Peu importe qu'il ait raison.

Quand mon père est tombé malade du cancer et que le médecin a dit de façon irrévocable qu'il ne s'en remettrait pas, j'ai pris un congé sans solde de mon emploi. Cela se passait plusieurs années avant que l'adoption de la loi sur les congés médicaux rende cette décision acceptable et légale. Je ne savais pas combien de temps il vivrait et il m'était égal de perdre mon emploi malgré tous les efforts que j'y avais consacrés.

Soudain, toutes ces perles de sagesse que j'avais refoulées au tréfonds de moi sont devenues limpides. Je voulais m'imprégner de sa sagesse, de sa bienveillance, de sa patience et de toutes les autres qualités qu'il avait, mais j'avais été trop occupée pour les apprécier avant qu'elles ne disparaissent à jamais. Les autres ont cru que je me sacrifiais pour lui. En vérité, j'avais besoin de lui maintenant, même s'il avait été présent pour moi tous les jours de ma vie. Nous avons joué au golf aussi souvent que nous l'avons pu, jusqu'à ce qu'il ne puisse plus jouer et j'ai bu ses paroles comme une femme perdue, sans eau, dans le désert de la vie.

À son décès, tous ses copains de golf, dont la plupart m'étaient inconnus, sont venus aux funérailles. J'ai constaté avec tristesse que je connaissais peu sa vie en dehors des moments que nous avions passés ensemble. Il m'est aussi apparu, quand ils m'ont offert leurs condoléances, qu'il s'était vanté auprès d'eux du fait que j'étais une grande golfeuse. C'était une ruse que j'ai tenté d'étouffer; mais je savais que même mort, il avait utilisé son amour du golf d'une nouvelle manière pour affirmer son amour et sa confiance en moi.

Je ne voudrais pas laisser entendre que mon papa était parfait. Il manquait parfois de constance. Peu importe, aujourd'hui, dix ans plus tard, je donnerais chaque voiture, chaque maison, chaque chose que j'ai jamais possédée pour une ronde de golf avec lui, pour le simple plaisir de m'imprégner de chacun des maillons de sa chaîne d'expressions piquantes : « Relaxe, ce n'est qu'un jeu ! » qu'il faisait suivre, selon les circonstances de : « Le golf est plus qu'un jeu, chérie. C'est une ronde de pratique pour la vie ! »

Debra Moss

5

LE GOLF RENFORCE
LES LIENS FAMILIAUX

*La famille est l'un des chefs-d'œuvre
de la nature.*

George Santayana

Le panier de la collecte

Ma mère était la grande passion de mon père dans la vie. Un de mes souvenirs d'enfance les plus chers était de regarder mon père ouvrir la radio chaque matin avant d'aller travailler, puis de valser joyeusement avec ma mère dans la cuisine.

Mais tout de suite après son amour pour ma mère, venait l'adoration de mon père pour le golf. Papa, Cy Collins, un dentiste du Michigan, était fou de ce jeu. Il était un joueur adroit, jouant régulièrement dans les bas soixante-dix pour dix-huit trous. Il jouait chaque fois qu'il le pouvait, à la maison et en vacances à Hawaï, en Écosse et ailleurs. Le golf était vraiment son nectar des dieux.

Au début des années quatre-vingts, nous avons commencé à remarquer des signes précurseurs de la maladie d'Alzheimer, qui a fini par prendre le dessus. Papa devenait confus et oubliait. Bien qu'il ait assumé le paiement des factures de la famille pendant des décennies, aujourd'hui, les chiffres le mystifiaient. Une fois, il a pris la voiture familiale pour se balader et s'est perdu, pour ne s'arrêter que lorsqu'il a manqué d'essence à plusieurs kilomètres de la maison.

Mais l'amour de papa pour le golf a survécu. Il ne pouvait pas se souvenir de grand-chose, mais il savait parfaitement comment jouer le jeu. Ses coups de départ et ses coups roulés étaient aussi bons qu'avant.

Voici la partie de l'histoire où l'amour de papa pour le golf et son esprit de générosité ont convergé de la façon la plus touchante.

❖　❖　❖

Quelques années avant sa mort, dans un petit village du nord du Michigan où ils avaient une maison d'été, maman et papa sont allés à la messe du dimanche, comme d'habitude. Papa a souri et serré la main d'amis et de voisins, puis il a écouté attentivement le sermon. Au moment de la collecte, délibérément, papa a fouillé dans sa poche et a mis dans le panier le cadeau le plus précieux qu'il pût imaginer : trois balles de golf.

Jan K. Collins

Être là suffit

Considérez important ce qui est petit ;
attardez-vous aux détails.

Lao-Tseu

Le neuvième trou au Club de golf Caledonia est une normale 3, niché dans les montagnes du centre-sud de la Pennsylvanie. Le départ est perché à environ soixante-quinze pieds au-dessus d'un petit vert entouré d'une élévation, avec des arbres qui ne donnent qu'une ouverture très étroite au drapeau plus bas : un beigne au milieu d'une clairière, à 140 verges, défiant les visiteurs de s'y aventurer. Je m'en souviens bien.

La dernière fois que j'ai vu ce trou, c'était la première fois que je jouais au golf avec mon père. J'avais quatorze ans. Il a pris son fer 9, faisant voler la balle au fond du vert. La balle a stoppé et reculé d'elle-même pour s'arrêter à quelques pouces de la coupe.

Je regardais, étonné du talent et des pouvoirs de mon père, espérant contre toute attente lui ressembler.

Il m'a tendu un bois 5 et m'a dit : « À ton tour, Don, fais pareil. Garde bien ta tête penchée vers le sol et prend un élan tout en douceur. »

J'ai obéi à ses ordres, mais la balle ne m'a pas obéi. Elle est partie avec un violent crochet à gauche pour se perdre dans les bois. Papa n'a pas dit un mot et m'a donné une autre balle, puis une autre, et encore une autre. Six Wilson plus tard, j'ai finalement réussi de peine et de misère à frapper faiblement la balle en bas du promontoire et la faire rebondir près d'une élévation qui protégeait le vert.

Nous sommes descendus de la montagne ensemble et tout ce que je pouvais faire, c'était de regarder cet homme qui venait de me donner une autre raison de le vénérer. C'était le meilleur golfeur que j'aie jamais vu. Il était meilleur que Palmer ou même que ce nouveau sur le circuit, Jack quelque chose.

Je ne peux pas vous dire combien il m'a fallu de coups pour finalement caler mon *putt* sur le trou n° 9 au Caledonia. Je me souviens, par contre, de ce que mon père a dit quand nous avons terminé : « Tu fais des progrès, mon garçon, continue de t'appliquer. » Il m'a donné de l'assurance au lieu de me ridiculiser, et je l'aimais encore plus.

Il y a trente ans de cela. Papa est mort six ans plus tard. Nous avons joué plusieurs parties de golf ensemble pendant ces six années, mais je n'ai jamais pu être aussi bon que lui. Mon esprit vagabondait vers les filles, les protestations contre la guerre, les drames à l'école et encore les filles. Je me disais que papa était patient et disposé à m'enseigner. Il me permettait d'être moi-même et me dirigeait tant sur les parcours de golf qu'à travers le difficile passage de l'adolescence.

Par contre, c'est ce trou, au Caledonia, qui m'a permis d'entrevoir mon âme. J'ai souvent décrit cette normale 3 à d'autres, sans me soucier s'ils étaient intéressés ou non. Ce n'était pas seulement le souvenir d'un trou de golf parfait que je décrivais, mais celui d'un jour parfait, d'un coup parfait et d'un père parfait.

Aujourd'hui, pour la première fois en trente ans, j'étais là, au même tertre de départ sur la même montagne. Le décor avait peu changé. Il y avait les mêmes arbres, la même colline, le même vert en bas, mais moi, j'étais différent. Je ne pensais plus à des personnes, à la politique ou au travail. Je pensais seulement à papa et à combien un trou d'un coup sanctifierait et honorerait sa mémoire. J'ai pris mon fer 9 dans mon sac.

Ses conseils me sont revenus en tête après des années. La tête bien penchée vers le sol... les pieds écartés de la largeur des épaules... un mouvement arrière lent... les yeux sur la balle... finir le mouvement...!

Avec tout cela en mémoire, j'ai placé la balle sur le *tee* et j'ai prié pour ma rédemption. Ma vie ne s'était pas déroulée selon mes, ou plutôt, selon ses attentes. Les arbres, les obstacles, les fosses le long du chemin ont eu le dessus sur moi à de nombreuses reprises. J'ai survécu, cependant, et je suis heureux de dire que ma vie avait de nouveau retrouvé l'allée. Mais avec ce coup, avec cette balle, avec ce souvenir, je pourrais expier mes péchés.

J'ai lentement fait un élan arrière et j'ai regardé le ciel, en priant pour mon salut et des conseils. La tête bien basse, les yeux sur la balle, l'élan bien complet. Le bâton a fait un bon contact avec la balle et elle a volé dans l'air sec des montagnes. J'aurais juré qu'il y avait une auréole autour.

« Oh là! » s'est écrié mon partenaire en voyant la balle se diriger vers le drapeau qui se balançait plus bas.

J'ai souri et j'ai gardé les yeux sur le petit point blanc qui s'éloignait.

Le vent dans la montagne et la brume du matin sont trompeurs. Ils n'affectent pas seulement la direction des balles, mais trompent aussi l'œil. Ce qui semblait être un coup parfait s'est soudainement gâché. J'ai crié : « Vas-y! Vas-y! Tourne! Rends-toi! » La balle, qui était trop loin, est restée sourde à mes prières. Elle s'est arrêtée à court du vert et s'est enfouie dans l'élévation de droite. Elle n'a jamais eu la chance de se rendre au vert.

Au lieu de me morfondre à propos d'un coup impossible, j'ai ri de moi-même en pensant à la plus grande leçon que papa m'ait enseignée.

« Dans la vie, ce sont les petites choses qui importent le plus, mon fils. »

D'avoir été là, tout simplement, m'a suffi. Je n'avais pas besoin d'un trou d'un coup, ou même d'atteindre le *plancher de danse* pour obtenir la paix et le pardon que je cherchais. Il m'avait déjà donné cette tranquillité. Il m'a donné la détermination, la persévérance et la force de surmonter les difficultés, il y a plusieurs années de cela. Quand j'avais le plus besoin de lui, il était toujours là. Il l'est encore.

Merci, papa.

Don Didio

Très au-dessus
de la normale

Un après-midi, j'ai eu la chance de rencontrer des amis sur le terrain de golf pour un rapide neuf trous. Nous avions été jumelés pour un tournoi de notre paroisse la fin de semaine suivante, et nous admettions volontiers avoir besoin de pratique. Tout en allant les rejoindre, je me suis mis à penser à mon mariage. Après sept ans, nous étions enlisés dans la routine. Rien de grave. Par contre, un surcroît d'irritation causée par les enfants, la famille, l'hypothèque, les factures et, bien sûr, le travail pour payer tout cela, avait fait que nous étions enlisés dans une fosse de sable.

À l'université, il me semblait que tout ce qui était agréable dans la vie était centré sur les moments passés ensemble. Les gens disaient de nous que nous pétions le feu, mais il semblait que nous ayons oublié les allumettes.

Nous nous évadions au golf. Je courais après cette stupide petite balle sur la pelouse d'un terrain de golf, mais je ne m'améliorais jamais. Ma femme conduisait la voiturette électrique, toujours vêtue d'un short et d'un débardeur, portant des lunettes de soleil et une visière blanche. À dix verges, on pouvait sentir l'odeur marquée du beurre de noix de coco. Elle ne m'accompagnait que pour prendre du soleil.

Pour dire vrai, la seule raison pour laquelle j'y allais était pour *la* surveiller.

Un après-midi, elle a analysé mon élan de golf plus attentivement que jamais. Finalement, au dix-septième trou, elle m'a exposé sa théorie.

« Laisse-moi essayer de frapper un coup. »

Au début, je pensais que c'était *une bonne idée*. Puis, j'ai changé d'avis. Le golf était un sport d'hommes, c'est du moins ce que je pensais. « Toi ? Tu ne peux pas frapper une balle, tu es une fille. »

« Merci de le remarquer. Tout de même, je crois que je peux perdre des balles de golf aussi bien que toi. »

Touché !

Je lui ai donné mon bois 3 et j'ai planté le *tee* dans le sol argileux sur le tertre de départ. Sans même faire un élan de pratique, elle a rapidement frappé la balle tout droit dans l'allée. Quand nous avons repéré nos balles, son coup de départ avait dépassé le mien de cinq verges. À compter de ce jour, elle s'est mise au golf.

Certains des meilleurs moments que nous avons vécus ensemble au début de notre mariage étaient sur un terrain de golf. Nous y allions au milieu de la matinée, avant que le soleil ne soit trop chaud. Le temps que nous y avons passé ensemble en riant et en nous taquinant sous le soleil a cimenté notre relation. En me dirigeant vers le stationnement près du pavillon, j'ai constaté à quel point je manquais de la voir sur un terrain de golf.

Tous les hommes de la paroisse avaient hâte de participer à notre tournoi annuel. Mike et Danny, deux paroissiens, joueraient dans mon équipe, en plus d'un partenaire mystère. Nous espérions que la personne qui se joindrait à nous serait habile dans les coups de départ et les coups roulés, notre faiblesse à tous les trois.

Chaque équipe avait invité un joueur qui n'était pas membre de notre paroisse. C'était comme un engagement communautaire. Ce qui m'étonnait toujours, c'était la façon dont tous ces étrangers pouvaient frapper la balle avec force et toujours au milieu de l'allée! Soyons honnêtes, il y a plus de requins dans un tournoi de golf de paroisse que d'enfants dans la chorale.

Quand je suis arrivé sur le vert de pratique, j'ai vu Danny et sa femme, Beth, qui tenait son sac. Il y avait un deuxième sac de golf tout près.

« À qui sont ces bâtons, Danny? » lui ai-je demandé, espérant qu'il me dirait que le golfeur mystère de la semaine prochaine était déjà dans le chalet en train de payer nos billets.

« Ils sont à moi », dit Beth, tout en mettant le sac sur son épaule.

« Eh bien, oui! C'est mon arme secrète de la journée. Comme tu sais, elle partira du départ des femmes. Avec ses coups de départ, nous sommes assurés d'en réussir au moins un. »

J'ai ricané tout bas à l'idée d'une femme jouant au golf, puis j'ai humé l'odeur du beurre de noix de coco.

Tous trois, nous avons passé l'après-midi à chercher nos balles, à frapper des coups de fer terribles et à manquer presque tous nos coups roulés. Danny et Beth ne s'en formalisaient pas. Ils aimaient jouer au golf ensemble, et je me suis soudainement rappelé notre cas.

Ce n'est pas l'idée de gagner, mais de perdre ensemble qui importe le plus.

Comme nous nous préparions à partir, le tournoi est venu sur le sujet. Danny a demandé : « Crois-tu que tu pourras trouver un quatrième joueur pour samedi? »

« Ouais! En jouant cet après-midi, je me suis souvenu du partenaire idéal. »

Quand je suis rentré à la maison, ma femme était dans la cuisine. Elle a souri et m'a demandé : « As-tu bien joué? »

« Non. Très mal, comme d'habitude. »

« Et les autres, comment ont-ils joué? »

« Tout aussi mal. Nous avons besoin d'un quatrième joueur pour le tournoi et je crois que je l'ai trouvé. »

Elle m'a regardé avec ses yeux clairs et a demandé : « Ah oui! Qui? »

« Toi.»

La surprise se lisait sur son visage. « Moi? Je n'ai pas joué au golf depuis des années. Je ne peux pas vous aider à gagner. »

« Tu ne peux pas non plus nous aider à perdre. Mais j'aimerais tellement que tu joues au golf de nouveau. »

Le samedi suivant, notre quatuor a joué au golf par le plus beau jour de printemps que je me souvienne. Nous avons ri et nous nous sommes taquinés chaque fois que nous manquions un coup, les uns après les autres. Nous avons terminé avec un pointage net de 79, sept coups au-dessus de la normale, très loin en dernière place.

Après, les récompenses ont été distribuées et nous avons gagné le prix de la journée la plus difficile, une façon de dire que nous avions perdu. Nous avons chacun reçu des balles rose vif pour notre dure journée de travail. De retour à notre table, j'ai mis mon bras sur son épaule et j'ai murmuré : « Ils n'ont pas compris qui étaient les vrais gagnants ! »

Harrison Kelly

Le divorce, un coup parfait

Nous avons pris un "mulligan".

Cheryl Kratzert

Sur la plupart des terrains de golf publics, comme les golfeurs le savent, il n'est pas rare de prendre cinq ou six heures pour jouer une partie pendant le week-end, à condition que vous puissiez obtenir une heure de départ sur votre terrain favori. Le nombre de personnes qui ne peuvent jouer pendant la semaine, et ceux qui cherchent à s'évader des corvées du jardinage ou de leur femme, font qu'il y a une foule de joueurs qui se disputent toutes les heures de départ. Le jeu lent est inévitable parce qu'il y a différentes catégories de joueurs de fin de semaine. Comme résultat, les gens se plaignent, on entend crier « *Fore!* » plus souvent que de coutume et les joueurs sont frustrés sur chaque tertre.

J'étais dans cette situation une fin de semaine quand je me suis joint à trois personnes qui suivaient un groupe de femmes assez âgées. Mes compagnons de jeu étaient des hommes plus vieux que moi, et ils semblaient plus désireux que la normale de jouer derrière les femmes. Ils grommelaient pendant les coups de départ des femmes, ils grommelaient pendant qu'ils attendaient que l'allée se libère et ils grommelaient sans cesse jusqu'au vert. Je ne pouvais saisir que quelques mots ici et là ayant surtout trait à la lenteur du jeu.

Après plusieurs trous, qui semblaient avoir pris une éternité, un des hommes m'a demandé si j'étais

marié (je le suis) et si ma femme jouait au golf (non).
J'ai relancé la conversation en posant les mêmes questions.

Le premier homme a fait de la main un geste de
dégoût en disant : « Plus maintenant, Dieu merci! » Je
ne savais pas au juste à quelle question il répondait.

Le deuxième a souri et a dit : « Divorcé, eh oui! »
J'ai souri à mon tour.

Le troisième a regardé attentivement en direction
des femmes devant nous et il s'est tourné pour dire :
« J'étais marié à la femme en pantalons bleus, là-bas
dans l'allée. George était marié à la femme en jaune, et
Dave, à celle en blanc. Ma femme frappe la balle plus
loin que moi, et ses coups roulés sont meilleurs. Je lui
ai demandé le divorce l'an dernier, après trente-sept ans
de mariage. »

« Est-ce un hasard qu'elles jouent juste devant
vous? » ai-je demandé.

« Non », a répondu le troisième homme (dont j'ai
oublié le nom), « nous faisons cela toutes les fins de
semaine depuis deux ans. »

« Vous voulez dire que vous organisez ces départs,
même si vous avez divorcé à cause du golf? Enfin,
pourquoi, si ça vous contrarie? »

« Nous contrarie? Que voulez-vous dire? » a
demandé George.

« Vous maugréez à chaque trou, en vous plaignant
de la lenteur du jeu. Pourquoi voulez-vous jouer derrière elles? »

Ils ont échangé un sourire, puis m'ont regardé. « Jeune homme, a commencé George, nous ne sommes pas contrariés. Nous avons de nouveaux bâtons, une bonne santé à notre âge et nous jouons au golf tous les samedis. »

« Vous voyez, a poursuivi le troisième homme, nous les avons laissées seules à la maison pendant que nous jouions au golf. Donc, après que la femme de George a obtenu le divorce il y a trois ans, et ensuite celle de Dave, les femmes se sont mises à jouer au golf avec mon ex-femme. Elles ont tellement aimé ce sport que leur attitude a changé. En réalité, elles sont devenues comme des jeunes filles, et George et Dave les courtisent depuis ce temps. »

« Pourtant, vous avez dit que vous avez divorcé l'an dernier. »

« En effet. Puisque cette liberté a amélioré la vie sexuelle de George et de Dave, j'ai convaincu ma femme de divorcer afin de connaître le même enthousiasme. Cette méthode a fonctionné. Nous ne pourrions pas être plus heureux. »

« Alors, ces plaintes que j'entends, c'est pourquoi? »

George et Dave ont souri de nouveau. « La lenteur du jeu! a dit Dave. Plus vite nous terminerons la partie, plus vite nous sortirons avec nos amies ce soir. »

Gordon W. Youngs

L'élan silencieux

Si c'est en vous, le golf peut le guérir. Sans lui, je n'aurais pu endurer les épreuves qui ont envahi ma vie. C'est Dieu qui a voulu que ma petite fille vive dans un monde de quasi-silence. J'aimerais mieux qu'elle vive avec moi.

Bien que douée d'une intelligence normale, à l'âge de sept ans, Angela ne pouvait lire qu'un mot : son nom. Le pensionnat était la meilleure chose à envisager pour son avenir, peut-être même la seule solution.

C'est ainsi que quelques semaines après le septième anniversaire d'Angela, je me suis retrouvée en train d'imprimer ses initiales sur ses chaussettes, sur une douzaine de petites culottes Pocahontas et sur les derrières de ses poupées Barbie. Avec sa bicyclette sur le toit de la familiale, nous sommes partis en direction d'une école pour enfants sourds, un endroit où je m'étais jurée de ne jamais l'envoyer.

Angela est une enfant adoptée. Peu importe l'amour que j'ai pour elle, elle se demandera sans doute un jour pourquoi sa mère l'a abandonnée. Lorsqu'elle est arrivée chez nous, je m'étais promis que jamais plus elle ne serait abandonnée. Pourtant, j'avais l'impression de poser exactement le même geste en l'envoyant à cette école.

Je savais que c'était la meilleure, sinon la seule façon de préparer son avenir. Au moment où j'ai compris qu'elle était partie, j'ai voulu fuir. En combattant le cancer, j'avais appris que, lorsqu'on fait tout ce qu'il faut faire et que le reste ne nous appartient pas, le déni peut être une bonne chose. Je ne connaissais qu'un endroit où je pourrais échapper à ma peine : le parcours de golf. Le golf est une partie intégrante de moi-même à tel point que j'ai peine à savoir où je commence et où il finit. C'est un cadeau de mon père. C'est au golf que j'ai rencontré mon mari. Le golf s'est avéré le refuge pour la partie de moi qui a besoin de lutter, et de gagner.

Lorsque j'ai dû envisager ma propre mort, j'ai pratiqué mes coups d'approche avec des tubes de plastique qui dépassaient de mon aisselle gauche (une violation flagrante du code vestimentaire). Naturellement, lorsque j'ai cru perdre ma fille, je me suis retrouvée sur le parcours de golf qui enveloppe notre vieille résidence du Kansas comme les bras d'une mère.

De façon primale, le golf est ma mère nourricière. Il m'a soutenue plusieurs fois cet été-là, souvent jusqu'après le coucher du soleil.

Il a aussi soutenu Angela. Je ne m'attendais pas à ce que mon bébé me ressemble. Pourtant, un jour, elle devait avoir deux ans, je suis entrée dans la salle de jeu et je l'ai trouvée en train d'aligner un coup roulé avec le *putter* de plastique qu'on m'avait donné en blague. Mon cœur s'est réjoui. L'été avant son départ, nous avons passé bien des heures sur le terrain et le vert de pratique. Sans aide, Angela a appris à apporter son petit sac sur le parterre avant et frapper des balles à soixante-quinze verges dans le bois. Dans son monde de silence, le golf lui parlait.

Toute cette assiduité m'a apporté des progrès. En juillet, avec une amie, nous avons remporté le tournoi membres et invités de mon club. J'ai même gagné le concours du plus long coup de départ. Puis, par une journée torride d'août, j'ai accompli l'impossible.

J'ai joué sous la barre de 90.

C'était le golf tel que j'en avais rêvé. À coup sûr, il me soutiendrait au cours des heures difficiles qui s'annonçaient. Trois semaines plus tard, Angela est partie pour son école et mon jeu l'a suivie. Une débandade en règle. Je ne pouvais plus frapper mes coups de départ ni mes coups roulés. Je ne pouvais rien faire. J'ai recommencé à jouer comme je le faisais dix ans plus tôt.

J'aurais peut-être mieux enduré le long hiver, le froid sibérien du Kansas et l'absence de ma fille si j'avais pu espérer la venue de la saison de golf. Même cette perspective n'annonçait qu'une faillite majeure en me dénonçant comme la nouille que j'étais devenue. J'ai maudit Dieu des épreuves sans fin qu'il m'envoyait. Je ne savais plus que faire. Puis un jour, j'ai trouvé la solution : une école de golf. Un séjour dans une école de golf me permettrait de retrouver mon jeu. En retour, mon moral reviendrait. Puis, sans avertissement, la nouvelle saison arriverait en avril. Peu après, Angela reviendrait à la maison pour l'été.

Souvent, au cours de cet horrible hiver, je me suis demandé si Angela, si brave depuis sa naissance, s'adapterait à son nouveau statut en s'éloignant de moi. Lors d'une visite à la maison, elle est sortie jouer, emmitouflée des pieds à la tête. Lorsque j'ai regardé par la fenêtre, je n'en ai pas cru mes yeux. Elle frappait des balles de neige avec son bois 8 raccourci.

Alors, j'ai eu une révélation : Angela était animée du même amour indéfectible. Le lien spirituel. J'ai eu l'impression de me voir et j'ai su que nous nous en tirerions indemnes.

Betty Cuniberti

Monsieur As

Je me considère comme un homme incroyablement chanceux. J'ai une vie magnifique, intéressante et variée. Je suis marié à une femme remarquable, Ewa, partenaire de ma vie; j'ai une belle-fille fantastique et unique, Nikki, un jumeau et une mère superbe; et, à la suite d'une aventure de golf vraiment mystique, un chien magique qui ensoleille notre vie.

Le Charlotte Golf Links est un parcours superbement sculpté dans les collines agricoles environnant la ville de Charlotte, Caroline du Nord. Il a souvent été le site de marches tranquilles tard en après-midi, un des rares terrains où vous pouvez encore marcher un neuf trous en fin de journée. Tout cela, et des liens évidents avec les origines du jeu, en ont fait un endroit où nous pouvons ressentir l'union avec la dimension plus profonde, plus spirituelle des choses. Pourtant, nous n'étions pas préparés à ce qui nous est arrivé un certain matin mouvementé.

Par un superbe jeudi, Ewa – qui partage tout dans ma vie, incluant une passion pour le golf – et moi avions pris un départ tôt. Je me sentais bien en me réchauffant et j'avais, à ma surprise, découvert une image mentale dont je pouvais me souvenir, et qui faisait que je frappais la balle mieux que je ne l'avais fait depuis longtemps. J'espérais que cette image ne me quitterait pas.

Le parcours était agréablement peu achalandé, fait rare de nos jours, particulièrement par une si belle journée pour le golf. Nous avons débuté notre ronde dans une atmosphère détendue, reconnaissants tous deux, comme cela nous arrive souvent, d'avoir une vie qui nous permet de nous retrouver ensemble sur le parcours.

J'étais un coup au-dessus de la normale après six trous (pas mauvais pour un joueur qui a un handicap de 10). Ewa et moi riions en nous dirigeant vers le septième trou, une longue normale 3, en pente ascendante, dont le tertre de départ est entouré d'herbe longue, semblable à de la bruyère qui se balance au vent. En tournant pour accéder au tertre, nous avons dépassé l'herbe longue et avons aperçu, debout sur le tertre, un petit chien qui regardait vers nous.

Nous nous sommes arrêtés pendant quelques secondes, puis Ewa et moi, amis indéfectibles des chiens, avons salué ce petit chiot à la robe rougeâtre qui avait un air drôle et enjoué. C'était un mélange de teckel à poil long et d'une sorte de renard (queue en moins). Il s'est roulé sur le tertre, nous a léchés à quelques reprises et nous a regardés frapper.

Nous lui avons dit « À plus tard! » et nous nous sommes dirigés en direction du vert. Avant que nous y arrivions, notre petit ami avait couru vers le vert et pris ma balle dans sa gueule, d'un air enfantin et espiègle. Quand nous avons enfin cessé de rire, Ewa et moi avons terminé ce trou avec un *bogey*. Avant que nous ayons pu quitter le vert, il en a remis, cette fois la tête complètement enfouie dans la coupe, cherchant sans doute le sens profond de ce jeu.

Nous sommes partis vers le départ suivant, suivis bien sûr par vous-savez-qui, qui a sauté dans notre voiturette (malheureusement, il est interdit de jouer à pied à cette heure de la journée) et s'est couché sur les genoux d'Ewa. Le huitième est un trou coudé vers la gauche (évidemment), une normale 5.

J'ai frappé un violent crochet à gauche dans les arbres qui bordaient l'allée et j'ai senti mon pointage monter en flèche. N'ayant pas entendu de bruit de contact avec un arbre, j'ai donc conclu que ma balle était hors-limites. J'ai frappé une balle provisoire, en tentant de ne pas trop penser à ma ronde gâchée. En retournant à la voiturette, j'ai trouvé notre nouvel ami endormi sur les genoux de ma femme, et j'ai souri de voir ce nouveau et étrange partenaire de golf.

Après le coup de départ d'Ewa, nous nous sommes dirigés dans l'allée et ne voilà-t-il pas que ma première balle se trouve en plein centre de l'allée à deux cents verges du départ. *Incroyable,* ai-je pensé et me tournant vers Ewa, je lui ai dit : « Il faut que ce soit le chien. Il porte chance. Cette balle n'a touché à aucun arbre. » J'ai frappé un bois 3 bien d'aplomb, puis un beau fer 8 qui s'est arrêté à trois pieds de la coupe. J'ai réussi mon coup roulé pour un oiselet. De retour à +1, je riais franchement.

Le neuvième est une normale 3 en pente ascendante et la coupe était à 167 verges du départ, ce jour-là. J'ai jeté un regard sur la face douce et endormie de mon porte-bonheur et me suis soudainement souvenu de l'image mentale que j'avais utilisée plus tôt dans la ronde. J'ai frappé un pur coup de fer 5 directement vers le drapeau, dont la base était cachée par le vert surélevé.

J'ai regardé la trajectoire de la balle et, comme il nous arrive à tous de faire après un bon coup sur une normale 3, j'ai crié « dans la coupe! » ou quelque chose d'aussi brillant.

Comme je revenais vers la voiturette, Ewa m'a dit que j'avais joué en douceur toute la journée, et nous avons tous deux porté notre regard vers le chien. J'ai alors dit à ma femme : « Si la balle est dans la coupe, nous gardons le chien. »

Ewa a frappé son coup de départ et en approchant du vert, nous n'avons vu qu'une balle. D'un air taquin, j'ai demandé à Ewa d'aller chercher ma balle dans la coupe et je suis demeuré assis à côté du chien à la face poilue qui, maintenant réveillé, me regardait. J'ai levé les yeux juste à temps pour voir Ewa qui sautait, tout excitée, en criant « oui, oui, oui… » J'ai couru sur le vert, suivi par vous-savez-qui, et, en état de choc, j'ai sorti ma balle du trou. C'était la première fois que j'avais ce privilège en dix-huit ans de golf.

Nous n'avons pas vraiment eu le choix et l'avons naturellement baptisé As. En compagnie de nos deux autres chiens, Stella et Raquette, il fait partie intégrante de notre maisonnée et de notre vie.

Je crois que As représente toutes les raisons qui font du golf le meilleur des jeux – il nous procure de la joie et des surprises sans fin. Même si As est parfois frustrant et difficile, lorsque nous lui accordons notre attention et que nous lui permettons de nous apprendre quelque chose, il nous récompense par des cadeaux innombrables.

Mitch Laurance

La retraite anticipée

Ma fiancée, Lauren, et moi étions dans sa ville natale de Philadelphie, où sa tante organisait une réception à l'occasion de notre mariage. Les plans de la journée prévoyaient que je resterais à l'écart jusqu'à la fin de la réception pour être ensuite présenté à plusieurs amis de ses parents et à la famille.

Mon futur beau-père, Milt, qui s'était mis au golf récemment, a naturellement cru que la meilleure façon de faire connaissance serait d'organiser un match en compagnie d'un ami de la famille dont la femme assistait à la réception.

Je n'avais pas joué depuis des mois, mais je ne voulais pas décevoir Milt (ni jouer un rôle plus important qu'il ne fallait à la réception). J'ai donc accepté.

Nous étions un peu en retard pour notre départ et je n'ai pu frapper un panier de balles pour me délier les muscles, comme je l'avais espéré. Il y avait aussi foule au premier tertre de départ. Pour faire place aux golfeurs, Milt avait arrêté la voiturette un peu plus en avant que les règles de sécurité ne le recommandent. J'ai pensé lui en toucher un mot, mais comme il était à la gauche du tertre et que je frappe normalement tellement à droite que les golfeurs dans l'autre allée doivent parfois se protéger, je me suis dit qu'il n'y avait pas de danger. J'avais tort.

J'ai talonné ma balle et je l'ai expédiée directement sur la main droite de mon futur beau-père. J'avais toujours eu des relations amicales avec Milt, mais assez cérémonieuses. À ce moment, j'étais non seulement certain que tout allait changer, mais je n'aurais pas été surpris que Milt me refuse la main de sa fille cadette.

J'étais également certain que, d'un seul coup, j'avais envoyé mon futur beau-père vers une retraite anticipée. Milt est un oto-rhino-laryngologiste et, dans sa pratique, il est appelé à faire certaines opérations.

Horrifié par mon geste, je me suis mis à trembler si fort que je ne pouvais même pas penser à finir le trou. J'ai donc ramassé ma balle et je suis allé chercher de la glace pour la main de Milt. Je me suis mis au volant de la voiturette pendant que Milt essayait vaillamment de continuer à jouer. Rendus au deuxième trou, Milt avait trouvé le moyen de me faire rire de l'incident.

« Todd, tu ne m'as pas frappé assez fort », m'a-t-il dit. Il m'a expliqué que s'il avait subi une blessure plus sérieuse, il aurait pu prendre sa retraite – il y pensait depuis quelque temps. Il aurait aussi encaissé une jolie prime d'assurance sur la police qu'il avait souscrite au cas où de futurs gendres lui causeraient un accident de golf.

J'ai ri, puis j'ai ajouté : « Bien, il nous reste dix-sept trous. Je vais voir ce que je peux faire. »

C'était la première fois que je me sentais parfaitement à l'aise avec mon futur beau-père depuis mes fiançailles avec Lauren. Probablement plus que toute autre chose, son doux caractère et son bon naturel après cet incident m'ont donné l'impression de faire partie de la famille. Après tout, qui d'autre qu'un membre de la famille aurait été excusé après un tel geste?

Milt a terminé sa ronde et s'est rendu à la réception avant d'aller à l'urgence. On l'a informé qu'il avait un os de la main fracturé, ce qu'il ne m'a dit que bien après le mariage, car il ne voulait pas que je me sente mal à l'aise.

Maintenant que je sais, je me sens encore mieux.

Todd Behrendt

Maman s'en va-t-au golf

L'âge n'a pas d'importance, sauf si vous êtes un fromage.

Helen Hayes

J'ai parlé à ma mère au téléphone un soir. Elle rentrait de son premier séjour à l'école de golf où elle avait disputé sa première partie.

« J'adore ce jeu », s'est-elle extasiée.

Mon frère, ma sœur, mon amie et moi avons offert un ensemble de golf de débutant à ma mère pour Noël. Elle a sa propre affaire, une compagnie d'assurances et d'avantages sociaux dans le domaine sportif. Au cours des années, elle s'est rendue pour des réunions d'affaires à des endroits comme Doral et Pebble Beach. Elle était la seule dans la famille à ne pas jouer au golf. Nous devions donc l'écouter nous dire :

« J'aurais pu jouer une ronde si j'avais su jouer au golf. Enfin, j'ai bien aimé me promener sur le parcours en voiturette. Vous savez à quel point j'adore le bruit de la mer. »

Il y avait tout de même une limite à ce que nous, golfeurs du dimanche, pouvions entendre. Nous avons donc pris une chance et lui avons fait la surprise des bâtons de golf. Nous pensions qu'elle se débrouillerait assez bien, car nous l'avions vu prendre quelques élans au terrain de pratique. Gauchère, elle semblait à l'aise de frapper de la droite et canonnait la balle à des distances incroyables. Enfin, nous pensions que ce serait un sain exercice pour elle alors qu'elle entrait dans une nouvelle phase de sa vie.

Elle a beaucoup apprécié le cadeau, mais elle connaissait si peu le jeu qu'elle craignait de se mettre dans l'embarras.

« Va simplement au terrain de pratique pour le moment. Ensuite, tu pourras t'essayer à jouer quelques trous en augmentant jusqu'à une ronde complète », lui ai-je conseillé.

Au cours des premiers mois, elle est allée seulement quelques fois au terrain de pratique. Par contre, elle adorait acheter des vêtements.

« J'ai acheté un nouvel ensemble de golf aujourd'hui. Et des souliers de golf. »

« Et ton élan? Tu as frappé des balles récemment? »

« Non, mais je serai prête pour mon camp de golf! »

Nous nous sommes consultés et lui avons conseillé, chacun de notre côté, de faire des exercices d'étirement quelques semaines avant de se rendre à Pine Needles. Puis, nous avons attendu.

Je n'ai pas eu de ses nouvelles de la semaine. Je l'ai rejointe au téléphone le jour où se terminait son cours, quelque temps après son arrivée à la maison.

« Nous avons eu tellement de plaisir », a-t-elle dit. « Et tu sais quoi? Hier, j'ai joué ma première ronde. »

« Eh bien! Un dix-huit trous? »

« Non, c'était une ronde de neuf trous. Et mon équipe a gagné! On jouait selon ce qu'ils appellent le format "meilleure balle". Sur un trou, j'ai frappé mon coup de départ directement sur le vert et nous avons joué ma balle. »

« Que veux-tu dire? Était-ce une normale 3 ou une normale 4? »

« Je ne sais pas. »

« Maman, j'aime ton attitude! » et c'était vrai.

« Tout ce que je sais faire, c'est d'essayer d'envoyer ma balle dans le trou en prenant le moins de coups possible », a-t-elle poursuivi en résumant.

« Les coups des autres filles étaient beaucoup moins longs et l'une d'elles a dit : "Mon Dieu, la balle de Sally est sur le vert". »

Je savais que nous avions là une de ces conversations qui marquent un point tournant, du genre qu'on n'a qu'une fois.

« J'ai joué un autre neuf plus tard et devine? J'ai joué 46. »

« Eh ben… dis-je étonné. Tu as même dû réussir une normale quelque part. »

« Oh oui! Une ou deux, et j'ai aussi réussi un des trous sous la normale. »

« Un oiselet, dis-je en m'assoyant. Incroyable! Sur une normale 5? »

« Je ne me souviens pas. Lorsque j'ai dit au barman combien j'avais joué, il a eu l'air surpris et m'a dit : "Sally, comprends-tu qu'en doublant cette marque pour un dix-huit trous, tu aurais joué sous la barre de 100? Fantastique." Je n'ai pas cru que c'était si bien que ça, puisque j'ai joué au-dessus de la normale. »

J'ai pris le temps de digérer ce qu'elle venait de dire.

« Merci encore pour les bâtons, Adam. Mais, tu sais, il faudra me dire où tu les as achetés, car j'ai besoin d'un *wedge* de sable et d'un *wedge* d'allée. »

« Ouais! dis-je d'un air gêné. Nous t'avons acheté un ensemble de débutant. J'imagine que tu voudras des bâtons de meilleure qualité. »

« Pas besoin. Pas encore. Par contre, je sais quelle distance je peux atteindre avec chacun de mes bâtons. Bien sûr, je connaîtrai des jours moins bons, mais c'est certain, j'aime ce jeu! »

C'était un curieux coup du sort qui a fait que moi, son fils, je réfléchisse à l'innocence qui a présidé à la rapide initiation de ma mère au golf. Voilà qu'elle découvrait les plaisirs du jeu, frappant toujours la balle de toutes ses forces et s'en amusant ferme. L'expérience était couronnée de succès et la voilà qui était partie pour une carrière tardive au golf. Peut-être ne s'arrêtera-t-elle jamais au pointage, du moins pas avant qu'elle ne joue la normale.

Désapprendre les techniques et la visualisation, et réapprendre simplement à frapper la foutue balle seront pour moi et pour toute personne une redécouverte. Les chances sont certainement bonnes que, tous, nous aimions à nouveau ce jeu.

Pour la millième et non la dernière fois, j'ai l'occasion de dire « merci, maman ».

Adam Bruns

Une chose à la fois

J'ai été initié au golf alors que, adolescent, je travaillais dans un club privé près de chez moi. Les 3,50 $ ou 5,75 $ qu'on me donnait pour porter un ou deux sacs représentaient un revenu adéquat pour mon premier travail hors de la maison.

Je viens d'une famille ouvrière qui n'avait pas les moyens d'être membre d'un tel club. Mon travail m'a donc permis de franchir les barrières devant lesquelles nous passions si souvent. Les lundis étaient « jour des caddies ». Cela signifiait que nous pouvions jouer gratuitement.

J'avais toujours été un athlète plus doué que la moyenne. Je m'attendais donc à des résultats semblables au golf. N'ayant jamais pris de leçons, la transition entre un bâton de baseball et un fer 5 n'a pas été très réussie. Mon incapacité à accepter cette situation a produit des résultats peu reluisants.

Chaque fois, et cela arrivait souvent, que ma balle se retrouvait hors-limites, que je la ratais ou qu'elle se retrouvait à trente verges à peine dans l'allée, j'explosais littéralement. J'ai laissé plus d'un bâton accroché aux branches d'un orme, tel un ornement, après l'avoir lancé et qu'il se soit retrouvé trop haut pour être récupéré.

À dix-huit ans, j'avais assez de maturité pour savoir que j'avais le choix entre devenir sérieux au golf ou cesser de jouer. Peu après, mes études à l'université m'ont laissé peu de temps pour jouer et mon nouveau travail signifiait que je devrais payer pour jouer. Le « plaisir » que j'éprouvais à jouer a facilité ma décision de ne pas jouer.

À trente-cinq ans, je me suis retrouvé père de deux garçons de huit et dix ans. Leurs amis dans notre coin de l'Iowa jouaient tous au golf. Ainsi, un été, nos garçons ont pris des leçons de groupe à un terrain public près de la maison. Ils ont été rapidement séduits par le jeu. Ils ont passé un bel été grâce aux leçons et au programme (les jeunes jouent toute la journée pour cinq dollars) d'un petit terrain de notre ville.

Au même moment, mon nouveau travail me demandait de longues heures et ma femme m'a suggéré de jouer au golf pour passer du temps avec nos fils. Je lui ai rapidement confessé mon « sombre passé » au golf et lui ai dit que je ne croyais pas avoir plus de plaisir à jouer aujourd'hui qu'à l'époque. À la fin, son instinct maternel et sa persuasion d'épouse ont eu gain de cause. Quand j'ai vu l'affiche qui disait : « Leçons gratuites avec l'achat d'un ensemble de bâtons », j'ai pris ma carte de crédit et je me suis rendu à la boutique de golf.

À ma grande surprise, cette fois, les choses ont été différentes. Les mêmes conseils de base... la prise... la position... l'élan arrière et le suivi... m'ont aidé à me concentrer plus sur la manière que sur les seuls résultats. Après plusieurs heures sur le terrain de pratique, je ne jouais toujours pas en bas de 100, mais j'aimais la sensation d'apprendre quelque chose de nouveau. Cela m'a permis de sortir du bureau et d'aller dans le bon air frais de la campagne de l'Iowa. De plus, j'ai pu passer plus de temps avec mes garçons.

Il était intéressant de constater que leur propre impatience et manque de maturité leur créaient des problèmes sur le terrain. L'alternance de leur bonne et mauvaise humeur déterminait la qualité de nos sorties. Les deux garçons avaient hérité de mon esprit de compétition. Après chaque trou, ils se disputaient sur l'exactitude du score que l'autre annonçait. Bien que plus vieux et plus patient que lorsque j'ai commencé à jouer au golf, il m'arrivait encore de pester contre les balles perdues et leur jeu lent qui faisait que les quatuors qui nous suivaient devaient attendre. Lorsque nous revenions à la maison, ma femme nous accueillait par un « Comment ça s'est passé cette fois ? » très perspicace.

J'étais inquiet parce que le temps passé ensemble sur le terrain n'avait pas créé les liens père-fils que ma femme et moi avions espérés. Plus jeune, je me serais probablement découragé et j'aurais juré de ne plus emmener les garçons jouer. Cependant, l'abandon n'est pas la bonne solution. Parmi mes meilleurs souvenirs, il y a ceux où mon père, qui adorait les sports, prenait le temps de m'y initier en jouant avec moi. Dans de tels moments, si nous réussissons à éviter le découragement et à chercher de nouvelles possibilités, nous pouvons souvent redonner vie à un vieux rêve.

J'ai donc décidé d'inviter les garçons à jouer un à la fois. J'ai aussi décidé de relaxer et de les laisser jouer à leur façon, sans me soucier des résultats. S'ils perdent une balle, nous en achèterons d'autres. Quand ils me donnaient leur score, je me contentais de le noter. Après tout, c'était leur score et non le mien. J'ai aussi décidé de prendre des demi-journées de congé du bureau pour que nous puissions jouer les jours où le parcours était moins occupé et jouer à notre rythme. Surtout, je me suis souvenu d'encourager, de ne pas être pointilleux et de ne pas critiquer. Le temps passé ensemble serait notre seul but et notre seule récompense. Tout cela a donné des résultats. J'ai des souvenirs touchants des moments passés sur le terrain avec les garçons. Mon plus beau cadeau de la fête des Pères est une ronde de golf que m'a offerte un de mes fils au terrain où il travaillait.

J'ai aujourd'hui quarante-sept ans. Je ne joue pas tellement mieux au golf que par le passé. Mais je peux jouer toute la journée sans m'en faire. Quel changement s'est-il produit depuis que j'ai acheté mon premier ensemble de bâtons ? Où est passée ma frustration de jeunesse ? Le golf m'a appris beaucoup de choses sur la vie, tout comme la vie m'en a appris sur le golf.

1. Relaxez – plus l'élan est aisé, plus la balle va loin. Serrer le bâton très fort et prendre un trop gros élan ne fera probablement qu'augmenter la tension et diminuer le plaisir – sans compter les mauvais résultats qui ne manqueront pas de se produire.

2. Prenez des leçons de base d'un expert – mieux encore, trouvez un conseiller sage et expérimenté, et efforcez-vous d'écouter et de vous laisser enseigner.

3. Concentrez-vous sur les gens. Choisissez de jouer avec des gens qui vous plaisent, des gens dont vous savez d'expérience qu'ils vous mettent de bonne

humeur. À l'occasion, rendez-vous seul au terrain et apprenez à vous montrer intéressé aux personnes que le sort vous assignera ce jour-là. Cherchez à apporter quelque chose d'encourageant et d'enrichissant à leur journée.

4. Faites le plein en apprenant quelque chose de nouveau. Les nouvelles expériences nous aident à rester jeune, réveillent notre intérêt, notre vitalité et notre amour de la vie. Trouvez un partenaire qui partage votre intérêt pour l'apprentissage et les nouvelles expériences.

5. Dans chaque situation difficile, recherchez le côté positif. Il est très rare qu'il soit impossible de jouer un coup. Même dans ce cas, vous pourrez probablement déplacer votre balle contre pénalité et vous sortir du trou. Allez-y franchement.

6. Comprenez que la vie, tout comme le golf, a ses hauts et ses bas… ses fosses de sable et ses allées. Surmontez les obstacles. Au-delà de chaque fosse de sable, il y a une allée bien entretenue ou un vert. Il ne faut qu'un coup pour remettre la balle en jeu.

7. Améliorez votre « jeu intérieur ». Un élan en douceur et "relax" – tout comme une vie en douceur et calme – trouve sa source dans l'esprit et dans le cœur. Apprenez à vous remuer et à raviver votre esprit en prenant le temps de sentir les fleurs. Respirez profondément. Admirez la beauté du parcours qui vous entoure et tirez le plus possible de cette expérience.

8. Le rythme est important. Mettez-vous en harmonie avec vos émotions. Un bon élan procure une satisfaction bien particulière. Il est aussi important de développer son instinct pour le jeu que d'en connaître la mécanique.

9. Surtout, amusez-vous – profitez de la journée et ne vous souciez pas des résultats.

Larry R. Pearson

Le vol de l'ange

« *Fore!* »

D'instinct, je me suis baissé, me protégeant la tête avec les bras. Une balle de golf a sifflé près de moi pour atterrir à vingt pieds à peine de mon corps tremblant. Elle a rebondi sur un monticule, a roulé le long du sentier des voiturettes et, comme pour marquer sa mort, a plongé *bellement* dans l'obstacle d'eau au-delà du vert.

« Que diable…? » Je me suis retourné lentement, irrité, cherchant le coupable des yeux. J'ai vu, marchant dans l'allée de façon magnifique, une créature d'une telle beauté que je ne m'en suis pas encore remis. Ses cheveux qui volaient de ses tempes étaient d'un rouge flamboyant. Sa démarche dégagée m'a donné un grand choc. Le genre de choc que tout homme aimerait recevoir.

« Oh! Je suis désolée », dit-elle en jetant un coup d'œil en ma direction avant de regarder du côté de l'étang brouillé. Ses grands yeux verts sont revenus sur moi et elle a ajouté : « Je vous ai fait peur? »

J'ai marmonné confusément une réponse. J'ai eu peur, mais j'étais plus intimidé par sa ravissante beauté. Elle a attendu patiemment, ses yeux passant de l'étang à moi. J'ai fini par dire quelque chose d'audible.

« Non, non. Ça fait partie du jeu. Rien de spécial, ces choses-là arrivent. »

Elle regarda de nouveau en direction de l'étang et ajouta : « Je crois que je ne ferai plus jamais confiance aux distances indiquées sur cette carte. J'étais certaine d'être à plus de cent verges du drapeau. » Elle a froncé les sourcils et m'a de nouveau regardé droit dans les yeux.

« Bien, ce trou est assez court, ai-je avancé. Le septième a la réputation d'être bien trompeur. »

« Le septième?! Je me sens tellement idiote. » Elle s'est arrêtée, puis a fouillé dans les poches de son élégant blouson pour en extraire une carte de pointage froissée. Elle a regardé la carte, puis elle a ajouté : « Je croyais jouer le sixième. »

Elle a souri et m'a regardé d'un air contrit, s'attendant peut-être à ce que je trouve son erreur amusante. Je suis resté silencieux, mon visage n'exprimait rien. Finalement, après quelques instants, elle m'a tendu la main.

« Je suis désolée, j'ai omis de me présenter. »

Sa douce main, chaude en cette fraîche journée d'automne, a effleuré la mienne avec la douceur d'une plume. Sa voix dénotait des origines bourgeoises du Sud. Sa beauté m'avait tellement frappé que j'en étais presque catatonique. « Je suis Clarice McGraw », dit-elle.

En me débattant avec mon sac et en ayant l'impression que mon cardigan était en train de se démailler, j'ai imité son geste poli et bafouillé « Ah! Oui!… Je suis Jimmy Olden. »

En lui serrant la main, je l'ai regardée dans les yeux et j'ai eu l'impression qu'elle me jugeait. *Elle doit souvent avoir affaire à des fous comme moi,* ai-je pensé.

D'un air assuré, elle a secoué ma main une dernière fois, d'une manière assez énergique pour une main si douce, et l'a laissée. Étrangement, j'ai eu l'impression qu'elle ne m'oublierait pas de sitôt.

Je me suis lentement détendu et nous avons entrepris une conversation. Comme nous jouions tous les deux seuls, nous avons terminé le premier neuf ensemble. Elle avait rendez-vous, j'ai donc poursuivi seul, et j'ai aimé le neuf de retour. Cependant, avant qu'elle ne quitte, j'ai pu apprendre qu'elle était nouvellement arrivée dans la région, qu'elle avait ouvert une boutique pour dames sur le bord de la mer et qu'elle aimait jouer au golf tôt le matin. Je lui ai un peu parlé de moi et j'ai souhaité avoir l'occasion de la revoir bientôt. Elle a souri avec chaleur.

Cette nuit-là, je n'ai pu fermer l'œil et il faisait encore nuit lorsque je suis arrivé au club. En suivant la route vers le stationnement, je pouvais entendre le cliquetis des arroseurs au loin. J'ai stationné et éteint les phares de ma voiture. Une ampoule solitaire luisait au-dessus de la porte de la boutique de golf.

Je suis resté là calmement, avec ma tasse de café décaféiné. Alors que les rayons du soleil matinal commençaient à émerger d'entre les branches des eucalyptus le long du parcours, je me suis demandé si je faisais bien. *Et si les choses marchaient entre nous ? Et si mon rêve se réalisait ? Pourrais-je survivre à l'obligation de toujours être à mon meilleur, peu importe le moment ? Comment pourrais-je survivre à cette beauté ?*

La lumière du soleil s'est faite plus forte et le chaud éclat du nouveau jour a envahi ma voiture. J'ai étendu les bras sur le volant et fait craquer mon cou en l'étirant. Quelques instants plus tard, l'assistant professionnel a ouvert la boutique et allumé les lumières. Bientôt, il préparerait son propre café, noir et fort, et entreprendrait sa journée. Il s'appelait Ted et nous l'appelions « Vas-y, balle! » Il était grand et fort, et pouvait frapper la balle à des distances incroyables. Quand il la frappait d'aplomb, il criait : « Vas-y, balle! » Il avait une telle exubérance, sans prétention.

Voilà le médium parfait par lequel je pouvais parler à Clarice. C'était le golf. Il n'y a rien de plus naturel et de plus facile que les liens qui se tissent entre joueurs qui partagent une ronde. Tout ce qu'il me restait à faire était de jouer une partie en sa compagnie. J'ai pensé aux nombreuses fois où j'avais entrepris une ronde avec de parfaits étrangers qui étaient rapidement devenus des amis. En fait, c'est au golf que j'avais rencontré mes meilleurs et mes plus vieux amis.

Clarice est entrée dans le stationnement et est venue garer sa Volvo à côté de ma vieille Spider Fiat. Par hasard, j'étais arrivé à peine une heure plus tôt. D'un air désinvolte, je suis donc descendu de ma monture rouillée.

« Oh! Bonjour! » ai-je dit en prenant ma voix Gary Cooper.

« Oh! Jimmy. Quel plaisir de vous revoir. Vous allez jouer? » m'a-t-elle demandé en me regardant avec ses beaux yeux.

« Un peu abasourdi, j'ai fini par répondre : « Oui, bien sûr. Voulez-vous que nous jouions ensemble? »

Elle a dit en riant : « J'imagine que vous estimez plus prudent de jouer avec moi que devant moi. »

J'ai ri.

Nous avons pris notre départ et marché dans l'allée en parlant de ce dont parlent les golfeurs entre eux.

À la fin du premier neuf, nous nous connaissions assez bien pour dire que nous étions devenus des amis. Nous avons ri et compati à la suite de nos coups erratiques et nous nous concédions généreusement nos coups roulés. J'ai été rassuré quand elle m'a demandé si j'accepterais de jouer le neuf de retour avec elle. En remontant l'allée du dix-huitième, nous avions chacun de notre côté commencé à échafauder des plans. Je lui ai demandé si elle aimerait souper avec moi.

Elle a feint de se concentrer pendant un moment, comme si elle consultait mentalement un agenda social chargé. Puis, en souriant d'un air espiègle, elle m'a invité chez elle pour un pain de viande et des pommes de terre en purée.

Notre amitié était née et, pendant l'automne, nous avons régulièrement joué au golf ensemble. Nous avons découvert une nouvelle passion au cours de l'hiver alors que la neige recouvrait les verts. Elle m'a offert un bois 1 pour Noël, je lui ai offert un *putter*. Nous sommes devenus plus que des amis et nous sommes partis vers des cieux plus cléments pour les étrenner. Avant le printemps, j'avais demandé sa main.

Nous nous sommes mariés à la petite église sur la route derrière le dixième vert et nous avons franchi la porte, salués par nos amis de golf qui formaient une haie d'honneur de leurs bâtons. Ils nous ont lancé de la semence de gazon. Au début, c'est le golf qui nous a rapprochés, mais bientôt nos cœurs ont été envahis d'amour. Calmement et naturellement. De plus, j'ai appris à aimer toujours paraître sous mon meilleur jour pour Clarice.

Dans notre nouvelle vie commune, nous passions le plus de temps possible sur les terrains de golf. Nous prenions nos vacances en voyageant à travers le pays et en jouant sur les meilleurs parcours.

Une année, j'ai applaudi quand Clarice a failli remporter le championnat des dames à notre club. J'ai acheté une bouteille de champagne pour fêter sa troisième place et noyer son désappointement. La tête pleine de bulles, je lui ai dit qu'elle avait facilement remporté le championnat de mon cœur. Elle était ma championne entre toutes. Elle avait remporté la catégorie des anges.

Pendant douze ans, le golf nous a apporté de la joie et nous a permis de nous voir sous des jours inédits. Nos vies ont été remplies d'expériences enrichissantes. Les gens, les lieux, notre amour du golf, qui nous avait rapprochés, étaient inextricablement liés. C'était un chaud édredon dont le souvenir ne se ternira jamais.

Un jour, cependant, ma Clarice est revenue d'un examen médical pour m'annoncer qu'elle avait un cancer du sein. Nous sommes restés assis pendant un long moment, les yeux dans les yeux, aucun de nous ne voulant montrer sa faiblesse relativement à une telle épreuve. Elle a fini ses jours à l'hôpital peu après Noël. Elle était revenue à la maison pour une dernière fois et nous avons échangé nos présents sous le sapin. Elle m'a offert un bois 1, choisi par notre professionnel, Ted. Pour ma part, je lui ai offert un chandail rouge à motifs de feuilles d'automne qui me rappelaient notre rencontre. Ma Clarice est décédée le premier mardi de janvier.

J'ai fait un long voyage et je n'ai pas apporté mes bâtons. À mon retour, au début du printemps, ma première idée a été de me rendre au club. Lorsque je suis arrivé, j'ai été accueilli par nos amis les plus chers. J'ai décidé d'aller au terrain de pratique pour me délier le dos. Après quelques minutes, je frappais la balle d'aplomb. J'ai donc décidé d'aller jouer quelques trous seul. En déposant mon sac sur le premier tertre, j'ai pensé que ce serait l'occasion d'étrenner mon nouveau bois 1. Il était magnifique. J'ai enfilé un bon coup de départ en plein centre de l'allée. De la fenêtre de la boutique, j'ai entendu Ted crier « Vas-y, balle! » J'ai souri et lui ai fait un signe de la main.

Évidemment, je pensais à Clarice. Les premiers bourgeons du printemps commençaient à fleurir et l'herbe était verdoyante. Nous avions toujours pris grand plaisir aux beautés du printemps. Je jouais bien malgré ma longue absence du parcours. J'ai frappé un joli coup en direction du septième vert. Ma balle reposait sur la frise. J'ai alors utilisé mon fer 7 et envoyé la balle au bord de la coupe.

En me rendant au trou, un léger coup de vent a poussé ma balle dans la coupe. Une chaude émotion m'a envahi; j'ai levé les yeux au ciel et murmuré : « Es-tu avec moi, mon Ange? »

En cueillant ma balle de la coupe, j'ai entendu une voix au loin. Elle semblait s'adresser à moi avec une certaine urgence et j'ai cru qu'elle disait… « *Fore!* »

Une balle de golf a atterri à moins de vingt pieds de moi. Le bras levé, je me suis protégé la tête et j'ai regardé en direction de l'allée. J'ai vu un jeune garçon aux cheveux roux qui courait en ma direction en traînant un sac presque aussi gros que lui.

« Excusez-moi, monsieur, je ne croyais pas que je pouvais atteindre ce vert. »

Il se tenait devant moi. J'ai souri en repensant à une autre personne qui n'avait pas cru qu'elle pouvait atteindre ce vert. J'ai regardé le jeune garçon dans les yeux et j'ai dit : « T'en fais pas, mon garçon. Ça fait partie du jeu. Rien de spécial, ces choses-là arrivent. »

Nous sommes rentrés ensemble en parlant de ce dont parlent les golfeurs entre eux.

Ce soir-là, je me suis assis devant le foyer avec un verre de vin. En regardant la lueur orange des braises dans la pièce, j'ai remonté le cours du temps et j'ai pensé combien le golf avait enrichi ma vie. J'ai pensé à Clarice et à la manière dont le golf nous avait présentés l'un à l'autre, avait nourri notre amitié et, plus tard, notre amour. D'une certaine manière, je pensais que Clarice serait avec moi chaque jour que je passerais sur le parcours et qu'à l'occasion la douce brise de son aile effleurerait ma balle et la pousserait dans la coupe.

J.G. Nursall

Le caddie substitut

Il m'est arrivé quelque chose hors de l'ordinaire à l'Omnium L.A., où je suis sortie de ma retraite de mon ancien métier pour devenir caddie. Andrew Martinez, le caddie de longue date de mon mari, Tom Lehman, s'est blessé la veille du tournoi et Tom m'a demandé de le remplacer. J'ai accepté à la condition de ne pas trimbaler l'énorme sac Taylor Made de Tom. Nous nous sommes mis d'accord et j'ai hérité d'un sac beaucoup plus petit.

Ma première tâche comme caddie était de retrouver Tom au terrain de pratique pour le réchauffement avant sa ronde. Les autres joueurs et caddies ont été fort étonnés de me voir. J'ai vaqué à mes occupations comme tous les autres caddies – marquage des balles, nettoyage des bâtons, mouillage de la serviette.

Les choses se sont bien déroulées et Tom a assez bien joué. Il était amusant d'entendre les murmures et les commentaires de la foule le long du parcours. Le seul moment difficile est arrivé le dimanche, au seizième trou. Tom connaissait une journée, disons, éprouvante. Mais j'étais fière de lui, car il contrôlait son caractère.

Après que Tom eut fait trois coups roulés pour un *bogey*, j'ai remarqué son *putter* qui volait vers le milieu de l'étang. La foule a sursauté et me regardait, attendant ma réaction. Je me suis contentée de sourire, et Tom et moi nous sommes dirigés vers le départ suivant.

En chemin, je lui ai murmuré : « Très bien. Au moins, tu n'as pas juré. Maintenant, c'est moi qui choisirai le bâton avec lequel tu feras tes coups roulés sur les deux derniers trous. »

Tom était d'accord.

Au dix-septième, il a d'abord frappé son coup de départ au centre de l'allée et son deuxième coup a défoncé le vert. Il a frappé un *wedge* de sable et sa balle s'est arrêtée à six pouces de la coupe. Je lui ai dit de terminer avec le même bâton et la foule a adoré ça. Particulièrement quand il l'a réussi.

Au dix-huitième, une normale 5, Tom a frappé son coup de départ en plein centre de l'allée et son deuxième coup l'a laissé avec une approche facile. Je lui ai donné le même *wedge* qui lui avait servi de *putter*. Il a failli caler le coup (ce qui aurait éliminé le problème du *putter*), la balle s'est arrêtée à six pieds.

Pour faire un effet, je lui ai passé son bois 1. Une fois que la foule a compris qu'il n'avait plus de *putter*, elle espérait un oiselet avec le bois 1. Il l'a raté. Mais deux normales pour terminer ont fait de cette situation une leçon facile à retenir.

Melissa Lehman

Père et fils

Le golf est le plus solitaire des sports. Vous êtes totalement seul et vous avez toutes les chances de causer votre propre perte. Le golf fait ressortir toutes vos qualités et tous vos défauts comme être humain. Plus vous jouez, plus vous êtes convaincu que la performance d'un homme est la manifestation externe de ce qu'il croit vraiment être, au tréfonds de lui-même.

Hale Irwin

L'écriture, la peinture ou la musique peuvent souvent capter la splendeur de ce que la vie a de mieux à offrir, mais, à l'occasion, la vie imite l'art. J'ai récemment vécu une expérience qui m'a fait comprendre ce fait : notre fils étudiant, Mark, et moi avons joué une ronde de golf au bord de la mer près de Giant's Causeway, en Irlande du Nord, une des plus belles côtes du monde.

J'écris ceci non pas comme un bon golfeur au point de vue technique, mais je l'espère en tant que « bon » joueur qui aime bien une ronde en famille ou entre amis, qui essaie de gagner, mais qui s'incline volontiers devant un meilleur joueur. Il est triste de constater que les « bons » joueurs, au sens que je viens de décrire, sont de moins en moins nombreux dans un monde de compétition.

Mark et moi avions l'intention de profiter de notre journée ensemble, une des rares occasions où un père et son fils peuvent profiter de la compagnie de l'autre sans interruption. Mark revenait d'un travail de vacances en Allemagne, où il avait pelleté de la poudre de cari dans une usine d'épices. Il s'apprêtait à retourner à l'Université de Manchester en Angleterre et je retournais à mon poste à l'Université Queen's de Belfast le lendemain matin. Nous avons donc décidé de partager une ronde de golf au bord de la mer.

Ceux qui ne connaissent rien au golf devraient tout de même poursuivre leur lecture. Je ne suis pas certain de comprendre le golf moi-même, ou pourquoi des adultes, hommes et femmes, dépensent tant de temps, d'argent et d'énergie – tout en subissant tant d'angoisse – à essayer de frapper une petite balle blanche dans un trou minuscule avec de longs bâtons à l'air ridicule, en prenant le moins de coups possible.

C'est plus qu'un jeu, c'est une leçon de vie. J'ai vu des hommes mûrs pâlir à l'idée de frapper le dernier coup roulé de trois pieds pour la victoire. Pire encore, je connais des hommes qui ont trouvé difficile de perdre gracieusement aux mains de leurs amis les plus proches ou de leurs fils. Parfois, ces gagnants sont les vrais perdants.

Malgré cette angoisse, il y a aussi des vagues de satisfaction irrationnelle – qui se transforment parfois en joie – lorsque votre élan est à son meilleur et que la petite balle s'envole au-dessus de l'allée comme si Jack Nicklaus lui-même l'avait frappée.

C'était une de ces journées de bons coups inattendus alors que Mark et moi arpentions les allées bordées d'un côté par la pittoresque rivière Bush. Il y avait plus de vingt ans que je jouais sur ce parcours. Ce matin-là, j'ai compris que Mark arrivait à maturité et qu'il allait battre son père pour la première fois. C'était de bonne guerre.

En marchant et en conversant, mon esprit s'est attardé sur le thème de la vie qui imite l'art, plus particulièrement sur l'art du grand et bien-aimé poète anglais Sir John Betjeman qui a écrit « Le golf au bord de la mer » :

La balle a volé droit et loin,
Elle a survolé l'ornière,
Et comme une flèche, elle a disparu
Derrière la fosse de sable –
Un glorieux et bondissant coup de départ
Qui m'a fait apprécier d'être vivant.

Comme nous progressions vers le dix-huitième trou, il devenait évident que papa, même s'il jouait mieux qu'à son habitude, peinait pour rester en vie. Au dernier trou, Mark, un gentil géant dans la peau d'un jeune homme, s'est avancé d'un air confiant pour tenter de caler le court coup roulé qui lui donnerait la victoire. Pendant qu'il se concentrait, je souhaitais qu'il réussisse et gagne. Pourtant, j'étais aussi prêt à aller en trou supplémentaire s'il le fallait. Avec une lenteur insupportable, il a frappé son coup et la balle a roulé doucement – dans la coupe! Sa figure s'est illuminée de joie et, dans mon cœur, j'ai pensé « Ça, c'est mon fils. » J'ai pensé à ces vers de Betjeman :

Elle reposait là
À deux pas du drapeau :
Un coup roulé solide et elle s'est dirigée
Directement dans la coupe.
Même l'herbe s'est réjouie
De ce trois sans précédent.

Après, au chalet, nous avons pris un repas simple mais superbe en regardant le vert où Mark avait enregistré sa victoire mémorable. Nous avons rejoué chaque coup, nous avons parlé de sport et philosophé sur la vie. Je lui ai même montré, pour la énième fois, l'hôtel blanc au-delà du promontoire où sa mère et moi avions tenu notre réception de noce un quart de siècle plus tôt, et je lui ai raconté, encore une fois, mes efforts anciens et difficiles pour apprendre le golf sur ce même terrain. Un jour, j'étais tellement frustré que j'ai mis ma balle dans ma poche et je me suis contenté de marcher avec mon partenaire plutôt que de jouer quelques trous. Plus tard, mon éditeur, qui avait lu le récit de cet incident dans ma chronique d'un journal de Belfast, a écrit le titre suivant : « Le jour où j'ai joué quatre trous en zéro coup ! »

Mark écoutait avec attention cette histoire de famille. Il savait lui aussi apprécier la beauté et la poésie. Il est (je le crois fermement) un fils apprécié, un partenaire et un confident de plein droit, et sa victoire sur le terrain de golf soulignait sa maturité et son indépendance croissante. Avec un tel fils, moi, le perdant techniquement, je savais que j'étais l'heureux gagnant à long terme, et d'une façon bien plus profonde.

Ce soir-là, j'ai lu à Mark la dernière strophe du poème de Betjeman, qui rendait si bien notre joie et notre sentiment d'être privilégiés :

Ah! l'odeur des algues des cavernes sablon-
neuses
Et les bouffées de thym et de brouillard,
La marée montante, les vagues Atlantiques
Qui donnent contre les falaises ensoleillées
Le chant des alouettes et les bruits de la mer
Et la splendeur, la splendeur à perte de vue.

En effet. Il y avait assez de splendeur en cette magnifique journée pour réchauffer le cœur d'un père et celui de son fils pour toute une vie.

Alf McCreary

Une preuve d'amour

C'était la veille de Noël, dans l'après-midi. Je venais tout juste de finir d'emballer le dernier cadeau pour ma famille quand Greg, mon fils de seize ans, est entré dans la chambre après avoir terminé son magasinage avec son père.

« Maman, tu ne peux pas savoir ce que papa t'a acheté pour Noël! dit-il. C'est un cadeau qui te prouvera combien il t'aime. »

J'ai tout de suite pensé à une bague ou à un superbe bracelet à diamants. Sans abandonner mon idée de cadeau « d'amour », j'ai répondu par une question : « Crois-tu que ce que j'ai acheté à papa est suffisant pour Noël? »

Après quelques instants de réflexion, Greg a répondu : « À vrai dire, maman, je ne sais pas. Peut-être ferais-tu mieux de courir à la quincaillerie et lui acheter ce coffre à outils qu'il veut depuis longtemps. Par contre, il sera difficile de lui donner l'équivalent de ce que tu recevras. »

Très excitée, j'ai eu de la difficulté à dormir la veille de Noël, comme lorsque j'étais enfant. Des visions de bagues et de bracelets dansaient dans ma tête et au matin, j'étais la première debout. Je me suis empressée de réunir Greg, mon autre fils, Jeff, et mon mari, Randy, pour le traditionnel dépouillement de l'arbre de Noël. Chacun ouvrait un cadeau à tour de rôle et nous faisions des oh! et des ah! en guise d'appréciation du choix de chacun pour manifester son amour. J'ai choisi d'ouvrir mes cadeaux en dernier, retardant le moment où je déballerais le cadeau qui prouverait à quel point mon mari m'aimait.

Mon tour est enfin venu. Mon premier cadeau était un mélangeur. Puis, une batterie de cuisine. J'ai pris chaque morceau de la boîte et j'ai regardé soigneusement à l'intérieur, sur les poignées et même dans les emballages, dans l'espoir d'y trouver quelque chose qui ressemblait à un bijou. Mon cadeau suivant était de l'eau de Cologne, ma marque préférée. Je n'avais pas encore vu de signe du cadeau spectaculaire auquel je m'étais préparée à manifester une grande surprise et une grande joie. Le dernier cadeau de mon mari était une jolie robe de nuit et un déshabillé couleur or (mais de la mauvaise taille).

Cachant mon désappointement, j'ai chaleureusement remercié Randy pour les cadeaux et je lui ai donné un gros baiser sur les lèvres. Mentalement, j'essayais de déterminer quel cadeau pouvait représenter un témoignage d'amour dans l'esprit d'un garçon de seize ans. J'ai décidé qu'il s'agissait probablement des casseroles !

Nous avons commencé à ramasser la montagne de papier, de boucles et de boîtes. Randy s'est approché de moi par derrière au moment où je mettais ces choses aux ordures, m'a prise par la taille et m'a entraînée au salon où nous avions un autre sapin de Noël. Mon moral abattu s'est relevé et je m'attendais à voir la bague ou le bracelet accroché à une des branches. Au lieu de cela, il m'a tirée vers l'arbre et m'a fait signe de regarder derrière, où j'ai vu un sac et des bâtons de golf neufs.

Mon visage s'est allongé alors que je tentais de comprendre comment un nouvel ensemble de bâtons de golf était pour Randy une preuve de l'amour qu'il me portait. Je savais qu'il adorait le golf, je n'avais pas besoin de preuve supplémentaire.

Mes fils ont dit à l'unisson : « Papa, elle ne les aime pas. »

Randy, certain de son choix, a calmement rassuré les garçons : « Ne vous en faites pas. Je savais qu'elle réagirait ainsi. Il lui faut seulement un peu de temps pour apprendre à jouer et à aimer le golf comme moi. »

« Ils ne sont pas à toi ? » ai-je demandé d'un air stupide. « Ils sont pour moi ? » Je commençais à perdre mon calme. « Je ne peux croire que tu as pensé que j'aimerais jouer seule au golf ! »

Randy, un excellent golfeur qui jouait régulièrement autour de 70 et qui attirait une foule de spectateurs, même sur le terrain de pratique, avait souvent manifesté son exaspération face aux golfeuses qui ralentissaient le jeu parce qu'elles n'étaient pas assez bonnes. Moi, une femme, je n'avais aucun talent athlétique et je n'avais fait qu'un ou deux élans de golf dans ma vie. Malgré toute mon imagination, même la plus folle, je ne me classerais même pas dans la catégorie des « pas très bonnes ».

Randy, pas du tout impressionné par ma réaction moins qu'enthousiaste, a dit : « J'ai pensé que nous pourrions jouer ensemble. Quand nous y allons, les garçons et moi, nous pourrions avoir notre quatuor ; et je sais que tu en viendras à aimer ce jeu tout autant que nous. »

« Tu es sérieux, n'est-ce pas? » lui ai-je demandé, incrédule. Je commençais à comprendre. M'entraîner sur le terrain de golf, c'était ça, la vraie mesure de l'amour de Randy. Me permettre à moi, une femme nulle au golf, de jouer avec lui était bien un signe de son amour.

Au cours des mois qui ont suivi, sa patience et sa persévérance à m'amener au terrain de pratique et à me faire prendre des leçons m'ont prouvé que son cadeau en était un d'amour et non pas une fantaisie ou un achat désespéré de dernière minute pour Noël.

Comme nous sommes tous deux enseignants, nous passons nos étés à la plage à San Clemente, en Californie, à faire du camping et maintenant à jouer au golf. Nos fils sont adultes et occupés à leurs propres affaires; nous avons une activité commune comme couple qui nous gardera en forme et jeunes. Randy aime toujours jouer en compétition où il est super, mais, patiemment, il prend le temps de m'aider et de m'encourager. Il m'a motivée à participer à une activité séduisante qui présente un joli défi.

Greg, le jeune de seize ans qui m'a préparée à ce cadeau d'amour il y a sept ans, s'est récemment marié. Je lui ai donné un petit conseil de femme sur les cadeaux la veille de son mariage. Je l'ai regardé dans les yeux et je lui ai dit : « Mon fils, lorsque tu voudras montrer à Sarah combien tu l'aimes, au cours des cinq premières années, choisis un bracelet ou une bague à diamants. Réserve les bâtons de golf pour plus tard, lorsqu'elle sera prête à comprendre à quel point un tel cadeau est un témoignage d'amour. »

Judy Walker

Retour à Inwood

Quel bel endroit qu'un parcours de golf! Des prés ruraux les plus ordinaires aux Pebble Beach et St. Andrews de ce monde, un parcours de golf est un lieu sacré. Je vois Dieu dans les arbres, l'herbe et les fleurs, dans les lapins, les oiseaux et les écureuils, dans le ciel et dans l'eau. Je me sens chez moi.

Harvey Penick

En allant à la plage Rockaway dans notre Studebaker 1957 et, plus tard, dans notre Dodge Dart 1963, nous passions devant un superbe parcours de golf. En passant, je me retournais pour regarder par la lunette arrière. C'était le Inwood Country Club.

Je n'avais jamais vu un si beau terrain. Il était ceinturé d'une clôture en fer forgé pour l'isoler des maisons délabrées du voisinage. Les voitures passaient à toute allure, ce qui rendait l'endroit encore plus mystérieux. C'est ainsi qu'un bon matin, je devais avoir neuf ans à l'époque, j'ai sauté sur ma bicyclette et, une heure plus tard, je me suis retrouvé devant la barrière.

La scène semblait sortie d'un film ou, mieux encore, de la couverture d'un livre des Hardy Boys que j'avais à la maison. J'étais là et je regardais cette entrée en pierre massive et, tout au fond, le chalet vieillot et un peu sinistre. Sous la plaque de métal qui annonçait « Inwood Country Club », il y avait un avertissement :

« Privé – Réservé aux membres ». C'était trop invitant pour me rebuter. Ma seule concession à la déférence a été de descendre de ma bicyclette et de m'engager à pied sur le chemin privé.

Au loin, des gens se tenaient en groupes – des golfeurs avec leurs caddies. J'étais là à regarder l'entrée impressionnante en pierre et, tout au loin le parcours. Partout, il y avait des teintes de vert, encadrées d'arbres gracieux, d'arbustes et de parterres de fleurs magnifiques. Tout était tellement différent du monde que j'avais traversé pour arriver ici. J'ai cru qu'il valait mieux éviter le chalet parce que je n'arriverais pas à expliquer ma présence si un membre s'avisait de me demander ce que je faisais là. À l'endroit où le chemin tournait vers le chalet, j'ai pris la droite et je me suis dirigé derrière le stationnement. J'ai laissé ma bicyclette non verrouillée derrière des buissons.

D'un côté, il y avait les marécages de la baie Jamaica et, au-delà de l'eau, les pistes de l'aéroport d'Idlewild (maintenant John F. Kennedy). À ma droite, il y avait une rangée de haies et, derrière, une vaste étendue de pelouse et d'arbres. À la maison, nous avions la télé en noir et blanc et la seule fois où j'ai été aussi impressionné qu'à ce moment, c'est quand j'ai vu mon premier match de baseball à la télé couleur chez un voisin. Ce n'était pas l'étendue de ce jardin mais l'intensité des nuances de vert et la façon dont les branches encadraient le tout. J'ai passé près d'un vert, traversé un petit pont en pierre au-dessus d'un étang couvert de nénuphars et je me suis dirigé le long d'une allée vers un groupe de golfeurs.

Au loin, j'ai vu quelqu'un prendre son élan. La tige de métal a miroité et la balle s'est élevée dans le ciel bleu. Puis, j'ai entendu un "clic" et j'ai vu la balle se diriger vers moi, sauf qu'elle a doucement monté, s'est stabilisée et a flotté pendant ce qui m'a semblé une éternité. Avant que la balle ne redescende vers le sol devant moi, j'étais amoureux de ce jeu.

Plus de vingt-cinq années plus tard, je suis retourné au Inwood Country Club, cette fois en compagnie de ma fille de onze ans, Cory, pour lui montrer l'endroit où j'étais tombé amoureux du golf. Tout comme mon propre père, elle savait s'intéresser à ce que j'aimais. Elle avait même commencé à jouer pour être avec moi. Elle pouvait même regarder un tournoi à la télé avec moi et avait aussi commencé à reconnaître certains joueurs.

Un matin, alors que nous visitions mes parents, j'ai cru que ce serait une bonne idée de trouver un autre prétexte pour une évasion matinale. Elle est rapidement entrée dans ma conspiration et nous sommes partis dans ma Toyota Tercel 1990.

Le trajet a paru plus court cette fois. Il est étrange que les distances diminuent avec l'âge. Le long du chemin, les édifices m'ont semblé plus petits que lorsque je grandissais. Les rues étaient pleines de petites boutiques, d'affiches au néon et d'une impression d'être nulle part, fruit de notre société de commerces en rangées. Lorsque j'ai tourné à droite et quitté le boulevard Sheridan, tout m'est apparu comme dans le temps, y compris le terrain vague devant le club et l'affiche qui me rappelait que je n'y étais pas le bienvenu.

Cette fois, par contre, je n'avais rien à cacher. J'avais appris qu'en Amérique, lorsqu'on semble à son affaire, personne ne nous interroge. Il suffit de se donner l'air d'être dans son droit. J'ai stationné la voiture près du chalet, fait un signe amical de la main au portier et je me suis dirigé avec Cory vers la boutique, où nous nous sommes présentés au professionnel. Il s'appelait Tommy Thomas et je l'avais connu comme ça alors que je travaillais comme caddie sur le circuit de la PGA quelques années auparavant.

Tommy Thomas était un des nombreux plombiers du golf qui tentent leur chance sur le grand circuit, pour découvrir pour diverses raisons qu'ils ne peuvent tout simplement pas être compétitifs, ou que la vie de nomade du circuit ne leur convient pas. Peu importe, je me souvenais de lui, pas à cause de ses exploits, au contraire, mais plutôt pour son habitude d'employer une certaine balle de golf suspecte. On l'avait appelé « L'homme aux Molitor » et quelque douze années plus tard, il a souri quand je l'ai appelé par son surnom. Les surnoms qu'on reçoit sur le Tour ne nous quittent jamais.

Rapidement, nous avons échangé les rares souvenirs du Tour que nous avions en commun. « Auriez-vous objection à ce que nous allions voir le dix-huitième trou? Je veux montrer à Cory l'endroit où j'ai découvert le golf pour la première fois. »

« Pas de problème, a-t-il répondu. Assurez-vous simplement de ne pas nuire aux joueurs. Nous avons quelques matinaux. Ils ont commencé par le neuf de retour et devraient bientôt terminer. »

Cette fois, le terrain avait une signification que j'ignorais dans ma jeunesse. Le Inwood Country Club avait tout de même été le site de deux championnats majeurs : le PGA de 1921 et l'Omnium des États-Unis de 1923. Le pont en pierre devant le vert était une réplique du célèbre original au dix-huitième du Old Course de St. Andrews. J'ai raconté tout ça à Cory en marchant le long du côté droit de l'allée du dix-huitième.

La journée était splendide, l'air se réchauffait, le ciel était clair et aucun avion ne venait troubler le calme de cette matinée. Quand nous avons été rendus là où était née ma passion pour le golf, des années auparavant, j'ai remarqué une plaque qui, ai-je appris plus tard, avait été placée récemment.

« En 1923, Bobby Jones a gagné le premier de ses quatre Omniums des États-Unis en frappant un fer 2, de cet endroit à moins de six pieds de la coupe, durant une éliminatoire contre Bobby Cruickshank. »

Cory a lu la plaque tout haut, sans véritablement comprendre ce dont il s'agissait. Par contre, elle comprenait ce que cet instant signifiait pour moi. Cette petite de 11 ans, qui était habituellement une pie bavarde, est restée silencieuse à mes côtés pendant quelques minutes, alors que je revivais l'émotion de ma première visite.

Puis, elle m'a regardé et, avec ses yeux gris bien sérieux, elle a dit : « Cool... »

Bradley S. Klein

Les bâtons magiques
de papa

Mon père est mort le mois dernier. Il avait 86 ans. Sa santé était fragile et son décès n'a pas été une surprise. Ses funérailles ont été un épanchement d'affection et d'accolades. Si les neuvaines, les messes et les prières valent quelque chose, papa est déjà un des conseillers de saint Pierre. Il est ironique que ses enfants n'aient pas été très sensibles à ces témoignages admiratifs.

Mon père était médecin et, à ce qu'on dit, un bon médecin. Sa spécialité consistait à mettre les bébés au monde et il adorait sa profession. Il était d'une génération qui croyait que le médecin d'une femme enceinte devait être présent à la naissance. Plusieurs excursions à la mer, plusieurs vacances ou occasions spéciales ont été retardées, abrégées ou simplement annulées parce que Madame Untel devait donner naissance incessamment.

J'ai toujours été étonné que tant de parents nomment leur fils Joseph en l'honneur de mon père. Ses patientes l'adoraient. Il savait comment donner à chaque personne l'impression qu'elle était la plus importante sur terre.

Il était aussi sociable hors de l'hôpital ou hors de son cabinet. Ses origines irlandaises, dont il était très fier, son amour de la poésie et son sens de l'humour en faisaient un conférencier en demande pour des événements, tant publics que privés. Bref, c'était un homme charmant. Malheureusement, ses enfants croyaient qu'il laissait son charme au même endroit que sa voiture en rentrant le soir.

Papa était sévère et exigeant. Il était l'aîné d'une famille de cinq qui avait connu la dépression. Son enfance avait été réfléchie, difficile et courte. À son tour, il attendait de ses enfants qu'ils pensent et agissent en adultes. Les repas en famille n'étaient pas toujours des moments heureux.

Ceci dit, c'est mon père qui m'a initié au golf. À la fin des années 40 et au début des années 50, le sport pour un jeune adolescent se limitait au baseball, au football et au basketball. Je ne connaissais aucun autre adolescent qui jouait au golf.

Mon ami Frank Costello et moi avions été recrutés comme caddies pour papa et ses amis. Les sacs étaient lourds, la rémunération pitoyable et on nous demandait de trouver des balles à des endroits impropres à une balle de golf, encore plus aux humains. Frank et moi avons bientôt découvert qu'il valait mieux nous trouver des obligations les mercredis et les samedis.

En tant que caddie, j'ai appris la signification des pointages de golf. Je savais que toute personne qui joue en bas de 100 était un bon golfeur. Dans les 80, on était un grand golfeur. Jamais je n'ai pu imaginer qu'un amateur puisse jouer dans les 70.

Puis, mon père est devenu membre d'un club de golf – le Upper Montclair Country Club (UMCC) – un parcours de qualité de 27 trous, une douzaine de milles à l'ouest de New York. Nous avions un abonnement familial et on m'a encouragé à jouer. Je ne jouais qu'en dernier ressort, habituellement un neuf trous, seul. Je jouais rarement en bas de 50. Lorsque cela se produisait, c'était avec l'aide de nombreux *mulligans*, de coups roulés fort généreusement donnés et quelques « elle aurait dû tomber dans la coupe ».

Relativement parlant, il était plus facile de faire du latin que de jouer avec mon père. De lui, je n'ai appris presque rien sur la manière de jouer au golf, mais je savais tout du jeu de golf. Ma première leçon a porté sur le bon rythme d'un match de golf. Le jeu lent était un péché. Encore aujourd'hui, je suis mal à l'aise lorsque les groupes qui nous suivent doivent attendre, même si ce n'est pas notre faute.

Un golfeur ne se présente jamais au tertre de départ sans au moins deux balles dans sa poche. S'il vous faut frapper une deuxième balle, il est impoli de faire attendre les autres pendant que vous retournez chercher une autre balle. Papa était inflexible sur la bonne préparation. Il fallait avoir des *tees* en quantité suffisante et savoir où se trouvait son marqueur. Il serait découragé de voir l'état des souliers de golf de mes fils. Les siens étaient toujours propres et fraîchement cirés. Je crois que, à soixante-trois ans, je suis un des rares qui nettoient encore leurs souliers de golf.

Il dédaignait les élans de pratique et son opinion des « règles d'hiver » était claire : seuls les tricheurs s'en prévalent. Au cours des années, j'ai joué avec des généraux, des amiraux et des politiciens, dont la plupart peuvent faire des discours impressionnants sur l'honneur, le devoir et la patrie. Pourtant, ils n'hésitent pas à déplacer leur balle sur le parcours.

Papa tenait scrupuleusement ses pointages. À la fin de sa vie, quand il s'aperçut que sa mémoire faiblissait, il demandait à ses compagnons de jeu de l'aider à compter ses coups. Pour papa, la différence entre un sept et un huit était importante. J'ai appris de lui que parmi les gens les plus ennuyeux du monde se trouvent ceux qui doivent revivre chacun de leurs coups après une ronde.

Papa disait : « Ce qui est fait est fait, et comme la plupart des golfeurs s'attardent à leurs mauvais coups, à quoi bon ? »

Papa aimait gager modestement. Mais, dans sa tête, compétition et survie étaient synonymes. J'ai appris tout cela avant de savoir jouer au golf.

Après mon diplôme universitaire, j'ai entrepris une carrière dans l'aviation. Dès le début, j'ai été un mordu du golf et grâce à Oncle Sam, j'ai pu jouer partout au monde et aux États-Unis. Grâce à mon père, je n'ai jamais douté de ce qu'il fallait faire. Lorsque mon handicap est descendu sous la barre de 20, j'ai mis en pratique chaque règle de golf apprise de mon père. Je jouais rarement avec papa. Jusqu'à ma dernière affectation, nous n'avons jamais habité à moins de 1 600 kilomètres de chez lui et souvent la température, lors de nos voyages au New Jersey, ne se prêtait pas au golf.

À trente-huit ans, j'ai abandonné le golf pendant neuf années. Ma femme et moi avons été gratifiés de sept enfants en santé et bien actifs, et leurs nombreuses activités ne me laissaient pas de temps pour le golf.

Lorsque mon fils aîné, Michael, a lui-même commencé à jouer au golf, j'ai été de nouveau attiré vers ce jeu.

Cette fois, je suis devenu très passionné. En 1984, j'ai acheté mon premier ensemble de bâtons semi-personnalisés, des bois Ping et des fers Ping Eye Two, à points bleus. De nouveaux bâtons, une opération au dos et le nouvel élan qui en a résulté, ont apporté une nouvelle vigueur à mon jeu et fait baisser mon handicap. Ce fut aussi l'occasion de jouer de nouveau au golf avec mon père.

Nous habitions la Virginie et il était facile de monter régulièrement au New Jersey. Papa était maintenant septuagénaire et son golf avait faibli. À son meilleur, il était heureux de jouer en bas de 100 et il n'a joué en bas de 90 qu'une seule fois dans sa vie. Par contre, son enthousiasme pour le golf ne s'est jamais démenti. Nous avions toujours un petit enjeu lors de nos matchs. Son handicap de 36 lui donnait un grand avantage et il gagnait toujours.

Malgré mon bon handicap – j'en étais à 5 – je n'ai jamais été à mon meilleur à Upper Montclair. Si j'acceptais facilement que mon père me batte, c'était une autre histoire de perdre au parcours. Peu importe la qualité de mon jeu, je n'ai jamais réussi à jouer sous les 80. Il était facile de jouer 80 ou 81, mais je n'ai jamais réussi à briser cette barrière.

À l'été de 1991, j'ai monté au nord pour jouer ce qui devait s'avérer mes dernières rondes au UMCC. Au cours de ce superbe week-end, j'ai joué 76 et 74. J'étais très satisfait mais ce qui m'a le plus surpris, ce fut le plaisir que mon père a pris à mes exploits. À 80 ans, il en a fait un plus gros plat que moi.

Pour moi, ce week-end représentait le point culminant d'une odyssée de golf de quarante ans – de l'adolescent peu intéressé au golfeur amateur compétent. Quelque temps après, mon père a pris sa retraite de la pratique médicale et déménagé à Hilton Head, Caroline du Sud. Nous avons joué à quelques reprises à Moss Creek, mais sa santé défaillante ne lui permit pas de retrouver la magie de cette journée à Upper Montclair. Avec les années, j'en suis venu à comprendre que mon père avait une estime et un amour du golf que peu de gens ont saisis.

Pour lui, le golf allait au-delà des dix-huit trous à jouer. C'était une expérience intégrale : la préparation, la gageure, les bons et les mauvais trous, la normale occasionnelle, la traditionnelle soupe de pommes de terre froide et une bière après, la discussion sur l'état du monde, la douche chaude et les vêtements propres. Tout cela faisait partie d'une journée au golf, et il fallait apprécier chaque moment à son meilleur. Le pointage avait son importance, mais une importance relative, et ne représentait qu'une petite partie de l'ensemble.

Après ce week-end de 1991, mon jeu a continué de s'améliorer. Vers la fin de 1992, je me prenais au sérieux. Quelques succès modestes lors de plusieurs tournois d'un jour pour seniors m'avaient porté à croire que je passerais mes dernières années à collectionner les trophées de golf.

Puis, je suis devenu gourmand. Ayant décidé qu'il me fallait baisser mon handicap de 5, je suis devenu victime de la technologie moderne. Peu importe que je joue le meilleur golf de ma vie avec mes fidèles Ping, je devais faire mieux. J'ai fait cadeau de mes bâtons à mon fils John, qui joue maintenant le meilleur golf de sa vie.

La technologie a fait des merveilles dans mon cas. Cinq années et cinq ensembles de bâtons plus tard, mon handicap est maintenant de 14 et mon élan est devenu mécanique.

Puis, mon père est décédé. Après les funérailles, je suis resté quelques jours à Hilton Head pour aider sa femme à régler ses affaires. Notre mère était morte subitement plusieurs années auparavant et nous en étions venus à aimer la seconde femme de papa, Louise. Elle lui a offert l'amour et l'attention que peu d'hommes reçoivent une fois dans leur vie, encore plus rarement deux fois.

Une de mes responsabilités était de m'occuper des équipements de golf de papa. Son garage était encombré de bric-à-brac, de paquets non ouverts, provenant de maisons de vente par catalogue, þqui contenaient des *putters* et des *wedges* « magiques ». À quatre-vingt-cinq ans, papa cherchait toujours le bâton qui lui permettrait de sauver une normale. J'ai donné tous ces objets à des programmes de golf pour les jeunes, sauf un : le dernier ensemble de bâtons de papa, presque neuf, des Ping Eye Two, à points bleus.

Je les ai ramenés en Virginie, sans savoir ce que j'en ferais. Peu après mon retour, j'ai participé à un tournoi local de trois jours. Mon jeu a été très ordinaire et je ne me suis pas qualifié pour la dernière journée.

Au cours des semaines qui suivirent, découragé de mon jeu, j'ai utilisé les bâtons de mon père. Ce fut une expérience mystique. Sur une période de onze jours, j'ai joué 76, 75, 73, 75, 74 et 75.

La sagesse populaire sait qu'il est impossible à un golfeur possédant un handicap de 14 de jouer de telles parties. Les quelques rondes suivantes ont été un peu moins impressionnantes, mais il était clair que mon jeu avait pris une direction favorable. Mon handicap baissait, et mon élan était devenu plus aisé et plus fluide qu'il ne l'avait été depuis des années.

J'ai de nouveau du plaisir à jouer au golf. Pourquoi? Toute sa vie, mon père a eu la réputation d'être un grand charmeur. De son vivant, ce charme n'a pas déteint sur moi. Avec ses bâtons, il m'a légué ma part.

John Keating

La présence de sa mère

Ce vendredi, 20 mars 1998, il faisait beau soleil à Phoenix, en Arizona. Je me préparais à mon départ en après-midi au Championnat Standard Register Ping de la LPGA. Ma sœur vivait tout près, à Scottsdale, et mes parents étaient en ville. J'anticipais le plaisir de les voir au cours de cette journée.

Ma mère aimait particulièrement séjourner à Phoenix avec ses deux filles. Cependant, nous ignorions que cette visite en Arizona serait sa dernière. Ce serait aussi le dernier tournoi qu'elle me verrait jouer.

Maman était une de mes supporters les plus fidèles et elle aimait me suivre sur le tour pour me regarder jouer et m'encourager. Elle n'a jamais raté un coup, elle suivait tout – du premier départ au dernier coup roulé. Elle était connue pour son cri strident qui accompagnait chacun de mes oiselets. J'ai toujours aimé la voir dans la foule avec son sourire épanoui. Maman profitait de chaque occasion pour être en ma compagnie.

En septembre 1997, la vie a radicalement changé pour notre famille. Maman a subi une légère attaque et les médecins ont trouvé plusieurs tumeurs dans son cerveau. Après deux opérations au cerveau, le diagnostic est tombé : cancer. Six mois plus tard, la maladie ayant ravagé son corps, maman était confinée à un petit scooter pour se déplacer sur le terrain de golf. Au lieu de son sourire et de ses cris aigus, je voyais un visage défait, usé et sans expression. Seul le ronronnement du moteur parvenait à mes oreilles.

Dieu m'a gratifiée d'une ronde fantastique ce vendredi de mars. J'ai joué 64, une de mes meilleures rondes de la saison. Le golf était agréable et les résultats superbes, mais j'étais plus heureuse encore de savoir que maman m'avait vue jouer. Au cours de la journée, mon attention ne se portait pas seulement sur ma partie mais sur elle aussi. Il me semblait qu'il lui fallait des efforts de concentration pour manœuvrer son scooter autour des obstacles. Je voulais savoir comment elle se sentait de devoir utiliser une machine pour se déplacer d'un endroit à un autre, mais je n'ai pu le faire. J'avais le cœur brisé de voir comment cette maladie mortelle dévorait son corps et son esprit.

Ce fut une journée de grandes émotions. La joie, le rire, la tristesse et les larmes ont inondé mon cœur toute la journée. Cela m'a ramenée à la réalité de la vie. Jouer 64, avoir la chance de gagner un tournoi de golf et passer sa vie à arpenter les allées vertes ne constituent pas une vie. Mes souvenirs de maman en tant que spectatrice sont beaucoup plus importants que d'avoir joué 64. Dieu nous dit d'entreposer nos trésors au ciel – ces choses qui ne peuvent être détruites par la main de l'homme, car « là où sont vos trésors, là se trouvera votre cœur ». La vie, c'est apprécier le temps passé avec sa famille et ses amis. La vie, c'est l'amour – aimer Dieu et ceux qui nous entourent.

Maman est morte du cancer le 31 mai 1998, à peine deux mois plus tard.

Je n'oublierai jamais cette étape du circuit, le dernier tournoi que maman aura vu. À travers le ronronnement de son scooter, je savais dans mon cœur qu'elle criait à chaque oiselet que je réussissais. Maman est partie et elle me manque beaucoup. Je suis réconfortée à l'idée qu'elle est au ciel et que je la reverrai. Pendant que ma vie se poursuit, au golf et ailleurs, maman sera toujours présente. Je peux toujours entendre sa douce voix qui m'encourage.

Tracy Hanson

La fin subite
d'une histoire d'amour

Toutes les histoires d'amour devraient comporter un moment où l'héroïne envoie réparer son fer 2. C'est le cas de celle-ci.

La trajectoire du fer 2 de Renay White était à peine plus haute que le ventre d'un kangourou. L'adolescente australienne a donc décidé d'en faire changer la tige. Son entraîneur a donné le bâton à un autre jeune joueur, Stuart Appleby, un jeune campagnard élevé sur une ferme laitière, qui arrondissait ses fins de mois en réparant des bâtons.

Justement, Appleby avait déjà aperçu la jeune femme vigoureuse et souriante, qui se déplaçait en ayant l'air tout à fait sûre d'elle. Il a demandé « Qui est-ce ? »

« Renay White », a répondu Ross Herbert, l'entraîneur de la jeune fille.

« A-t-elle un amoureux ? »

« Non. »

C'est ainsi que, au cours de l'été de 1992, Appleby a appris à mieux connaître White, jolie, intelligente, avec un sens de l'humour et finalement très flirt. Elle le lui a bien rendu en le déclarant beau à en mourir avec ses yeux bleus, mais très snob.

Ah! L'amour fou, le bel amour. Elle avait 19 ans, il en avait 21, ils étaient confus.

Bien sûr qu'il voulait mettre la main sur son fer 2. En quelques minutes, Appleby a retourné le bâton à l'entraîneur qui a dit plus tard : « Stuart était emballé de faire un bon travail. Déjà, Renay et lui communiquaient par l'entremise du golf. »

Ils s'étaient trompés quand ils avaient confondu timbre de voix et caractère. Elle était bruyante, rieuse et fonceuse; il était calme, réservé et sérieux.

Rapidement, ils se sont compris. Elle n'était pas flirt, elle était d'un naturel animé. Il n'était pas snob, il se concentrait sur son travail. Leurs personnalités se complétaient. Pendant la tournée des étudiants australiens dans les universités américaines cet automne-là, Stuart et Renay sont naturellement devenus partenaires de duo mixte.

Depuis ce temps, ils ont toujours été partenaires. D'abord amis, puis amants, puis mari et femme qui avaient adopté une des règles de vie les plus sympathiques : *Dansez comme si personne ne vous voyait, aimez comme si la peine ne vous atteingnait jamais.*

Leur histoire commence vraiment à la plage.

Après les matchs américains, Appleby savait qu'il voulait le golf et Renay. Il avait le premier, mais pas la seconde. Puis, elle lui a suggéré : « Pourquoi tu ne viendrais pas chez moi? »

Il faut cinq heures de route pour se rendre de chez lui à chez elle, sur la côte sud-est de l'Australie.

Appleby arriva, oh… en cinq minutes… Ils ont passé la journée ensemble avant qu'il ne retourne le soir même. Sa mère lui a bientôt dit : « Stuart, tu broies du noir, tu te morfonds. Retourne chez Renay. »

Cette fois, Stuart et Renay ont nagé, ont pris du soleil et passé du temps sur la plage. Tant et si bien que, à la fin de la semaine, il a prononcé des paroles qui lui sont venues si aisément qu'elles semblaient inévitables.

Il a dit : « J'ai toujours voulu rencontrer quelqu'un comme toi. Je veux finir mes jours avec toi. » Elle a répondu : « Je veux être avec toi. » Puis, elle a pensé : *Mon Dieu ! Ça y est.*

Elle a confié à sa sœur Duean qu'elle avait rencontré un garçon qu'elle adorait, qu'ils pensaient les mêmes choses, qu'il la faisait rire et riait avec elle.

Renay était une golfeuse prometteuse depuis l'âge de 12 ans, de la même génération que Karrie Webb, devenue depuis la sensation du circuit américain. Mais, peu importe son talent, Renay n'y pensait plus. Elle savait que sa passion pour le golf prenait une lointaine deuxième place derrière sa passion pour Stuart.

Elle préférait sa compagnie au travail auquel elle devrait s'astreindre pour devenir une Webb ou une Appleby. Pendant des heures, elle attendait en bordure des terrains de pratique, de Melbourne à Orlando, regardant son homme, attendant, parlant, parfois même faisant un somme sur la pelouse. Elle lui a souvent servi de caddie.

Ensemble, ils ont échafaudé de grands rêves. Puis, un jour, il a dit : « Ces rêves se sont réalisés en très grande partie, jusqu'au moment de sa disparition. »

Sur la route, elle écrivait des lettres à ses parents. Elle avait un ordinateur portable d'où elle inondait le cyberespace de ses courriels souriants. À chaque événement, à chaque nouvelle histoire, à chaque prise de conscience, elle téléphonait à Duean, déterminée à l'informer dans les cinq secondes de tout ce qui se passait.

Lorsque Stuart conduisait vers les terrains de golf, elle lui disait où tourner.

Lorsqu'il lambinait, elle disait: « Stuart, bouge-toi » et il le faisait, en riant toujours. Une querelle de deux heures pour certains couples ne durait pas plus de deux secondes entre eux.

Lorsqu'il se plaignait « Mon *putting* est mauvais », elle semait un sourire dans ses yeux en répondant : « Mauvais? Mauvais? Tu es horrible! En passant, je t'aime. »

Quand Stuart jouait, elle le suivait le long des cordons, portant un short d'écolière, un t-shirt, des souliers de course et un drôle de chapeau, en plus d'un sac à dos.

Lorsqu'il n'a pas fait la coupure dans sept des neuf tournois du début de la saison 1998, elle a envoyé un courriel à son entraîneur, Steve Bann : « Stuart joue si bien qu'il est à la veille de gagner. » Puis, il a gagné l'Omnium Kemper.

À l'âge de vingt-sept ans, il était devenu une vedette. En moins de deux saisons et demie sur le tour de la PGA, il avait gagné à deux reprises et empoché environ 2 millions $. Renay et lui ont acheté une maison à Isleworth, le quartier d'Orlando où habitent Tiger Woods, Mark O'Meara et le professionnel de tennis Todd Woodbridge dont la femme, Natasha (Tash, pour les intimes), est devenue la meilleure amie de Renay.

Renay a séduit Tash avec son rire. C'était une femme si heureuse. Todd Woodbridge avait essayé d'initier la golfeuse au tennis et avait entendu Renay dire : « Pourquoi la balle BOUGE-T-ELLE TOUT LE TEMPS? »

Un soir, Tash cherchait des verres à vin rouge.

« Le cristal », a dit Renay.

« Mais nous partons en bateau. »

« Et après? »

C'est ainsi que la verrerie de cristal remise au gagnant de la classique Honda de 1997 s'est retrouvée en usage au pique-nique.

En juin, Renay était assise sur sa véranda. Elle venait de jouer au golf avec la professionnelle australienne Jody Adams. Pour sa première ronde depuis des mois, Renay avait joué 75, si remarquable qu'Adams l'a incitée à tenter sa chance sur le tour.

« Pas besoin, Jody, a répondu Renay. Je ne pourrais être plus heureuse qu'en ce moment. »

Stuart et elle ont repeint les chambres à coucher, ont aménagé une salle de télé et installé une table de salle à manger, en bois d'Australie, pouvant accueillir 12 personnes. Ils ont accroché des œuvres d'art aborigène et utilisé des bols fabriqués d'essences de bois d'Australie. Dans la cuisine, des ouvriers avaient fendu un comptoir. Renay en a commandé un autre. Elle aimait son allure, aimait le caresser de ses mains. Il était en marbre noir italien.

Ils voulaient des enfants. « Elle aurait été une mère exceptionnelle, si pleine d'amour, si patiente », dit Stuart. Un jour, Tash Woodbridge avait murmuré à Renay : « Je crois que je suis enceinte » et Renay lui avait frappé le bras. « Non, tu ne peux pas ! Nous serons enceintes en même temps ! » « Lorsque le test s'est avéré négatif, raconte Tash, nous avons dansé comme des enfants. » Elles étaient tellement heureuses d'avoir la chance d'être un jour enceintes en même temps.

La dernière fois qu'elles se sont parlé, Tash a senti son bonheur. Renay et Stuart étaient en seconde lune de miel. De Londres, ils prenaient le train pour Paris le lendemain. Renay l'avait appelée pour lui demander des informations sur Paris. Où manger, quelles églises, quels musées…

Elles se sont parlé par-delà l'Atlantique pendant quarante-cinq minutes. Puis, le mari de Tash a dit qu'elles devraient raccrocher. Elles pourraient se parler un autre jour.

Le lendemain, elle est morte. Frappée par une voiture qui reculait alors qu'elle quittait, en compagnie de Stuart, le taxi qui les avait menés à la gare Waterloo. Renay Appleby est morte avant d'arriver à l'hôpital.

Stuart porte dans sa poche la montre qu'elle avait ce jour-là, elle marque toujours l'heure de Londres.

Elle portait une chaîne au cou avec son nom. C'est lui qui la porte aujourd'hui. Sur sa visière de golf, il porte son badge d'épouse de joueur de la PGA. Il touche à son pyjama. Il regarde les billets de train, Londres à Paris, et dit : « C'est la fin de l'histoire. Point final. »

La lumière de la joie a disparu, remplacée par les ombres du néant. Stuart Appleby, vidé, est arrivé pour participer au championnat de la PGA quatre jours après avoir déposé des fleurs sur la tombe de Renay. Il a demandé à rencontrer la presse. Il est arrivé sur le podium, comme un homme hanté, pas rasé, foudroyé, en pleurs, mais très brave.

Il a dit de Renay qu'elle était « le premier prix de la loterie de la vie ». Il a parlé de son rire, de ses amis. Il prononcera son nom, il parlera de ses souvenirs.

Un jour, quand il aura besoin d'elle, elle sera là, simplement parce qu'il y croit.

Ce sont les petites choses qui vous manquent, un baiser de bonne nuit, le jus d'orange du matin, une conversation de 30 minutes. « Tout cela remplit votre vie », dit-il.

Stuart a demandé que la stèle de Renay soit fabriquée dans le marbre noir italien de sa cuisine qu'elle aimait tant.

Sa famille et Stuart se sont mis d'accord sur son épitaphe, lui laissant la dernière ligne…

À la douce et heureuse mémoire de
Renay Appleby,

Nous ne pouvons qu'espérer transmettre
tes qualités à ceux que nous croiserons.

Nous avons été bénis de t'avoir dans nos vies.

Les souvenirs que tu nous as donnés
resteront en notre mémoire.

Épouse adorée de Stuart

« Ma meilleure amie, pour toujours. »

Dave Kindred

6

SORTIR DE...
L'HERBE LONGUE

*C'est l'espoir constant et impérissable
de s'améliorer qui rend le golf
extrêmement agréable.*

Bernard Darwin

Une Dernière Fois

Cela arrive peut-être à tous les hommes, ou seulement aux athlètes qui atteignent l'âge mûr. Je veux parler du syndrome *Une Dernière Fois* : marquer un dernier touché, monter un dernier taureau, frapper un dernier circuit. Quand, à quarante-cinq ans, votre tour de taille dépasse votre tour de poitrine gonflée, les *Dernières Fois* se font de plus en plus rares.

Je vis dans une petite ville du Texas, Mason (2 153 habitants), et comme nous n'avons pas de terrain de golf local, je joue à Brady, à quarante-cinq kilomètres au nord. Un jour, j'étais dans la pharmacie de Bill O'Banion lorsqu'il m'a dit : « Bientôt, ce sera la campagne de financement de l'hôpital. »

« Bien, tu peux compter sur ma contribution. »

« J'ai eu une idée pour recueillir plus de fonds. J'ai pensé qu'en jouant en coups alternatifs, nous pourrions frapper une balle de golf de la cour municipale de Mason jusqu'à la coupe du neuvième trou du terrain de Brady. Nous demanderons à quelqu'un de calculer la normale, puis nous trouverons des gens pour nous commanditer, tant par coup sous la normale. »

« Quand penses-tu faire ça? »

Bill m'a regardé et a répondu : « La date retenue est le 11 juin. Et il n'y a pas de *tu* là-dedans. C'est *nous,* toi et moi. »

« Excuse-moi, mon ami, impossible pour moi. Il n'y a pas de motels entre Mason et Brady. »

« Nous n'allons pas marcher. Personne ne s'y attendrait. Nous trouverons bien une voiturette pour notre projet. »

« De plus, ai-je dit, quand je joue mon 90 habituel, je suis épuisé. Il faudra que je frappe la balle au moins trois cents fois avant d'arriver à Brady et *tous* les coups seront des élans complets. »

« Ça ira, ne t'en fais pas. »

« Bill, nous parlons de longues mauvaises herbes le long de la route. Nous parlons de pâturages avec des vaches et des bœufs. Nous parlons de côtes qui montent et descendent. »

Cela se passait en mai, alors qu'il faisait encore frais. J'ai finalement accepté. Il me semblait que j'avais enfin trouvé ma *Dernière Fois*.

Puis, les journaux locaux ont commencé à écrire des articles et la radio de Brady a voulu nous accompagner du départ au vert. Je voulais bien ma *Dernière Fois*, mais pas devant une salle comble.

Le 11 juin et l'été sont arrivés le même jour. Nous devions frapper notre premier coup de départ sur la place de la cour municipale à 10 heures. À 9 h 30, la température atteignait déjà les 30 degrés. On avait estimé la normale à 688 coups. Ne me demandez pas comment.

Bill nous a menés passé la vitrine de la Banque Commerciale avec son premier élan, un superbe coup de fer 7. À mon tour, maintenant. J'ai frappé un coup bondissant vers une cour remplie de vieille machinerie agricole.

Bill s'est retrouvé à devoir frapper du dessous d'une moissonneuse à traction hippomobile. Il a envoyé la balle dans la fosse de réparation de la station-service Chevron, d'où il nous a fallu six coups pour sortir.

À partir de ce moment, les choses se sont envenimées.

Bill a frappé un coup sous un camion chez Eckert Equipment. Je me suis couché par terre pour tenter de balayer la balle afin d'éviter un coup de pénalité. La moitié de la population de Mason nous suivait. J'étais étendu là en me disant que personne ne savait que j'avais déjà détenu le record interscolaire du 100 mètres haies ou que j'avais gagné ma vie à monter les taureaux sauvages pendant une année. J'ai placé mon *putter* à plat et j'ai balayé la balle 15 verges plus loin.

Le coup suivant de Bill nous a permis de quitter enfin le « territoire des vitrines » et nous approchions des limites de la ville lorsque j'ai frappé un fer 4 dans le cimetière. Quand nous avons enfin dirigé la balle en direction de Brady, nous approchions le pied du mont Mason et nous étions six coups au-dessus du rythme que j'avais estimé au moment de sortir de la ville.

Nous l'appelons la montagne Mason alors qu'en réalité elle ne dépasse pas 300 verges. Essayez de frapper une balle de golf jusqu'en haut.

Avec son fer 5, Bill a frappé un coup bien droit qui est tombé sur la chaussée et a rebondi avant de rouler et rouler jusqu'à s'arrêter. Ensuite, la balle s'est mise à rouler vers le bas et elle s'est immobilisée à 100 verges derrière le point d'où Bill l'avait frappée. Nous n'avions pas le choix, nous devions garder la balle dans l'herbe longue sur l'accotement. Nous avons donc pioché jusqu'en haut de la montagne, certains de nos coups franchissant 100 verges; la plupart, beaucoup moins. Lorsque nous avons finalement atteint le sommet, j'estimais que nous étions vingt-six coups au-dessus de la normale.

C'est alors qu'il s'est mis à pleuvoir.

Nous avions un important équipage en plus des spectateurs qui nous suivaient. Nous avions une ambulance où prenaient place le Dr Jim Pettit et le policier de Mason, Jack Boring, qui avait reçu l'autorisation de l'État de contrôler la circulation; nous avions des camions devant et derrière nous, arborant des affiches qui disaient qu'un « golf-o-thon » se déroulait. Mais surtout, il y avait notre chef caddie, Brock Grosse. Il avait bricolé une espèce de remorque attachée derrière son tricycle à moteur avec un sofa où Bill et moi pouvions nous asseoir pour aller d'un coup à l'autre.

La pluie a duré près d'une heure. Nos gants étaient trempés ainsi que les *grips* de nos bâtons. Il était déjà assez difficile de garder la tête du bâton en ligne avec la balle en frappant hors de l'herbe longue. C'était une autre paire de manches quand le bâton nous tournait dans les mains. Une fois, j'ai frappé un coup à quatre-vingt-dix degrés de la direction visée. Je n'aurais jamais cru que c'était possible.

Nos règles disaient que tout l'espace entre les clôtures barbelées qui longeaient la route constituait l'allée. Si nous dépassions les clôtures, nous étions dans l'herbe longue et la balle devait être jouée là où elle reposait, sinon c'était un coup de pénalité pour *droper* la balle et la déplacer. C'est ainsi que nous nous sommes trouvés dans l'herbe longue lorsque la balle a atterri au milieu d'un troupeau de vaches.

Nous avons enjambé la clôture et elles se sont approchées, nous ont tassés en se collant sur nous et en marchant sur la balle.

À la fin, notre policier a sauté la clôture et a tiré un coup de revolver en l'air. Le bétail s'est éloigné. Mais les vaches avaient piétiné la balle dans le sol au point où on la voyait à peine. Le maire de Mason, Willard Aubrey, notre juge-arbitre, donna calmement sa décision. « Ceci est de l'herbe longue. Jouez la balle là où elle se trouve ou prenez un coup de pénalité. »

Bill a rétorqué : « Quoiii ! Montrez-moi où on parle de vaches qui piétinent une balle dans les règles de la PGA. »

Le maire est demeuré imperturbable et nous avons pris un coup de pénalité.

À ce moment-là, nous étions en avance sur la normale, mais le temps commençait à nous manquer. Pour se rendre au parcours de Brady, nous devions traverser la ville, tourner à gauche à la cour municipale et poursuivre pendant 5 kilomètres sur la Route 87.

J'avais pris arrangement avec les policiers de Brady pour qu'ils retiennent la circulation pendant que nous traverserions la ville. Sans quoi, nous en aurions été réduits à des coups roulés de 20 ou 30 pieds le long de l'accotement et nous aurions perdu notre chance de jouer mieux que la normale et de recueillir des fonds pour l'hôpital. Naïvement, j'avais dit aux policiers que nous arriverions aux limites de Brady vers 15 heures et ils ont dit qu'ils nous attendraient à l'entrée de la ville.

À 15 heures, nous étions encore à 24 kilomètres de Brady. Très fatigué, j'ai déboulé le long du talus vers l'endroit où un de nos caddies avait repéré la balle. Soudain, j'ai entendu un bruissement sec. J'ai immédiatement tourné de 180 degrés et j'ai quitté l'endroit. Il y a plusieurs choses qui m'effraient plus qu'un serpent à sonnettes, mais je n'arrive pas à m'en souvenir. Après que Jack Boring et une femme eurent capturé le serpent, Bill a frappé le coup suivant.

À huit kilomètres de Brady, j'ai calculé que nous étions 50 coups sous la normale. Mais il était si tard que j'ai cru que les policiers étaient partis souper.

Nous avancions, et pourtant je jouais machinalement, donnant de grands coups sur la balle en espérant qu'elle parcourrait quelques verges pour que Bill puisse alors nous mener 200 verges plus loin. Le Dr Pettit est venu me voir et m'a dit : « Repose-toi dans l'ambulance. Laisse Bill frapper seul pendant un moment. »

J'ai répondu : « Laissez-moi frapper encore quelques coups. »

Je ne me suis pas reposé et nous sommes bientôt arrivés aux limites de Brady. Les policiers étaient là pour nous aider à traverser. Nous étions à 70 coups sous le *par*.

Quelque chose d'étrange s'est alors produit. Les rues n'étaient pas remplies de spectateurs, mais des gens nous attendaient. Les gens qui avaient suivi notre progression à la radio arrivaient en voiture et klaxonnaient pour nous témoigner leur appui.

Je ne sais si c'était une poussée d'adrénaline, de la fierté ou quelque hormone inconnue, mais ma fatigue a semblé disparaître. Soudain, j'ai compris que c'était vraiment ma *Dernière Fois*.

Nous utilisions le *chipper* de Bill, un bâton plombé dont la face a l'angle d'un fer 5. Ignorant le facteur « vitrines », je frappais mes meilleurs coups de la journée, droit devant dans la rue, 100 verges dans les airs, suivies d'un roulement de 50 verges.

Il nous a fallu cinq coups pour arriver à la cour municipale et tourner à gauche en direction du terrain de golf. À 150 verges du vert, Bill a frappé un superbe coup de fer 9 qui s'est arrêté à quelque 10 pieds à court de celui-ci.

Il devait bien y avoir deux cents spectateurs autour du vert. Je n'avais jamais frappé une balle de golf devant tant de gens. Mon approche au vert a été désastreuse. J'ai laissé un roulé de quarante pieds pour Bill. Il a laissé son coup à court de trois pieds de la coupe.

Un coup énervant. En traversant le vert, je me suis dit : « Pour une fois, ne cède pas à la pression. » J'ai envoyé la balle en plein centre de la coupe. Après, je me suis dirigé vers Bill pour lui serrer la main.

On me dit qu'il y a eu une fête. On me dit que nous sommes allés dîner. Je n'en sais rien. Tout s'est embrouillé après que mon coup roulé a disparu dans la coupe. Je ne sais que trois choses :

Nous avons terminé à 108 coups sous la normale.

Nous avons recueilli cinq mille cinq cents dollars pour l'hôpital.

Et j'ai réussi ma *Dernière Fois*.

Giles Tippette

Une des choses les plus fascinantes à propos du golf : c'est un miroir du cycle de la vie. Peu importe combien vous jouez, vous devez retourner au premier départ le lendemain pour recommencer et devenir quelqu'un.

Peter Jacobsen

La détermination
d'un champion

Larry Alford avait commencé à jouer au golf de compétition à dix ans et, déjà, il avait accumulé une foule de trophées. À 16 ans, il était un des jeunes golfeurs les plus prometteurs du pays. Il jouait dans les 70 et avait été élu le joueur le plus utile de l'équipe de l'école secondaire McCullough, en deuxième et troisième années. Après sa 3e secondaire, Alford a joué contre les soixante-quatorze meilleurs golfeurs juniors au tournoi Junior Mission Hills Desert, à Rancho Mirage, Californie. Il détenait la première place *ex æquo* au début de la dernière ronde après avoir joué un 72 et un 71 ; mais il a flanché et ramené un 78 en dernière ronde, ce qui le plaçait *ex æquo* en deuxième place, cinq coups derrière le meneur – Tiger Woods.

La performance d'Alford a attiré l'attention des entraîneurs des meilleures équipes de golf universitaires du pays dont Arizona, Arizona State, Stanford et Oklahoma State. Désirant rester près de chez lui, il a accepté une bourse de l'Université de Houston. « Imagine, on s'occupera de tout. Je serai près de la maison et mes études universitaires ne te coûteront rien », disait Alford à sa mère, Missy, « et je ferai partie d'une des meilleures équipes universitaires du pays. »

En retenant ses larmes, Missy Alford a serré son fils dans ses bras, sachant qu'il avait travaillé si fort pour gagner cette bourse afin de lui rendre les choses plus faciles. « C'est merveilleux, Larry, dit-elle. Je suis si heureuse pour toi. »

Cet été-là, Alford a travaillé plus fort que jamais à améliorer son golf; il frappait des centaines de balles à chaque jour tout en travaillant à l'atelier des voiturettes du Woodlands Country Club. Le soir, avec un de ses meilleurs amis, Brendan, ils plongeaient dans les obstacles d'eau des terrains de golf voisins pour y récupérer les balles égarées. Ils en ramassaient jusqu'à 2 000 chaque soir, qu'ils revendaient 18 cents pièce, ce qui permit à Larry de jouer encore plus au golf cet été-là. Il donnait son chèque de paie du club de golf à sa mère, un professeur d'art qui bouclait ses fins de mois en fabriquant et vendant des couronnes ornementales, et en posant du papier peint. « C'est bien Larry », disait Larry Alford père. « Il termine deuxième au plus important tournoi junior de l'année pour aller plonger dans les obstacles d'eau et y récupérer des balles de golf. Le succès ne le changera jamais. »

Vers la fin de l'été, un coéquipier de golf a demandé à Larry s'il ne lui rendrait pas service en menant la Corvette de son père chez un parent pendant qu'il suivrait dans sa propre voiture pour ramener Larry chez lui. Larry a accepté et ils sont partis. Peu après 18 heures, il faisait encore jour, Larry a perdu le contrôle de la Corvette sur l'Interstate 45. La voiture a fait trois tonneaux, projetant Alford par le toit ouvrant sur la chaussée. L'ami d'Alford a freiné et a vu son coéquipier étendu sans bouger et saignant abondamment de la tête, de la figure et du bras gauche.

Dans la salle d'urgence de l'Hôpital Hermann de Houston, un médecin est sorti de derrière un rideau et a demandé aux parents de Larry de s'approcher. *Oh! Mon Dieu!,* a pensé Mme Alford en voyant son fils, qui était couleur de glace et dont la tête était grosse comme un ballon de basket. Du coin de l'œil, elle a vu ce qu'elle a interprété comme un regard d'horreur sur le visage d'un des médecins.

« J'ai eu l'impression qu'il voulait que nous voyions Larry une autre fois, peut-être la dernière », se souvient Missy. Puis, alors qu'elle et Larry père se retiraient, elle pria mentalement, *Mon Dieu, sauvez-le s'il vous plaît.*

Dès que Larry Alford est arrivé à l'Hôpital Hermann, le Dr James « Red » Duke, chef de la chirurgie traumatique de l'hôpital, savait qu'on ne pourrait sauver son bras gauche coupé. Mais la blessure à la tête était beaucoup plus urgente, elle menaçait sa vie. Sans compter les autres blessures mineures : fracture de l'os orbiculaire qui avait arraché partiellement l'œil de Larry de son orbite, fracture de la mâchoire, d'une cheville et d'une omoplate, affaissement d'un poumon et un bras droit gravement blessé. « Je regrette, mais nous avons dû amputer le bras gauche sous le coude », a annoncé le Dr John Burns, orthopédiste, aux parents de Larry.

« S'en tirera-t-il ? » a demandé Missy Alford.

« Nous ne le savons pas », a répondu le Dr Burns.

Aux côtés de Missy, il y avait Jay Hall, un ami, qui ne pouvait s'empêcher de s'inquiéter de la réaction de Larry à la perte de son bras gauche, si jamais il survivait. *Comment Larry pourrait-il se passer du golf?*, se demandait Hall. Puis, chassant cette idée de son esprit, Hall comprit qu'il y avait des enjeux beaucoup plus importants qu'une carrière au golf. *Ils doivent sauver la vie de Larry,* se dit-il. *C'est tout ce qui compte mainte-nant.*

Larry Alford est demeuré inconscient et dans un état critique pendant près de quatre-vingt-dix jours. Puis, sa condition s'est graduellement améliorée jusqu'à ce que sa vie ne soit plus en danger. Pourtant, ses parents savaient qu'il y aurait des jours difficiles. Principalement, il finirait par apprendre qu'il avait perdu sa main gauche.

Un soir, Larry a repris conscience et a soudaine-ment compris que sa main gauche avait été amputée. Il a appelé une infirmière qui s'est précipitée dans sa chambre et lui a dit doucement : « Je suis désolée Larry, mais ils ont dû amputer ta main. » Entre-temps, on avait averti son père qui est accouru à l'hôpital.

« Papa, comment vais-je faire pour jouer au golf? » a-t-il demandé.

« Ne t'en fais pas, Larry, a répondu son père. Tu joueras encore et tu te débrouilleras très bien. »

Le jeune Alford n'a pas été déprimé longtemps. « Maman, c'est ma faute », a-t-il dit à sa mère un jour. « Je suis à blâmer mais Dieu m'a sauvé la vie. Je suis chanceux. »

Quelques semaines plus tard, en parlant golf, Larry s'est tourné vers son père et lui a demandé : « Papa, as-tu mes bâtons de golf? »

« Oui, Larry, dans le coffre de la voiture. »

« Bien, répondit Larry excité. Pourrais-tu aller chercher mon cocheur d'allée (*pitching wedge*)? Nous pouvons peut-être frapper de petits coups d'approche dehors. »

Quelques minutes plus tard, Larry et son père étaient sur la pelouse de l'Institut Del Oro de Houston, où Larry était en convalescence. Bien qu'il ait perdu près de vingt kilos et malgré son état de faiblesse, Larry a commencé à frapper des coups d'approche de son bras droit. Coup après coup, il faisait décrire d'élégants arcs à sa balle, ce qui les a réjouis.

« Papa, regarde ces coups! » a dit Larry, heureux de frapper des balles à nouveau.

« Très bien mon garçon, c'est magnifique », a répliqué son père, encouragé par la joie de Larry.

Une semaine plus tard, à la suggestion de Larry, son père et lui sont allés jouer une ronde de golf sur un des parcours du Woodlands Country Club. Le père et le fils étaient évidemment à la fois heureux et craintifs.

Mon Dieu, faites qu'il se débrouille, s'est dit M. Alford intérieurement. *Faites qu'il ne soit pas dévasté.*

Larry Alford père n'avait pas à s'en faire. Même toujours faible et manquant de résistance, son fils a frappé ses coups franchement et avec précision lors de sa première sortie en tant que golfeur manchot. Ses coups d'approche et ses coups roulés étaient particulièrement superbes. « Hé! Papa, c'est super! » dit-il à son père en marchant dans l'allée.

Après dix-huit trous, Larry avait joué 86, quelque 10 coups de plus que sa moyenne avant l'accident, mais un score spectaculaire pour un golfeur manchot.

En se rendant au chalet, Larry, clairement excité par sa partie, a demandé à son père : « Papa, crois-tu que je peux toujours me rendre à la PGA? »

Son père, qui avait déjà réfléchi à la question, répondit : « Oui, je le crois. Mais je crois aussi qu'il nous faudra aborder ce sujet un jour à la fois. »

Plus tard, à l'insu de Larry, Jay Hall a appelé les fabricants de prothèses pour s'enquérir de l'existence d'une main artificielle pour le golf, qui permettrait à Larry de jouer en compétition. Il n'y en avait pas. Hall a donc décidé qu'il en créerait une lui-même. « Il a d'abord fallu que je définisse le rôle de la main gauche dans l'élan de golf chez un golfeur droitier », dit Hall, un psychologue professionnel et bon golfeur. « La réponse est simple. La main gauche tient le bâton avec trois doigts et elle sert de charnière ou redresse le bâton. Essentiellement, son rôle se limite à ces deux fonctions, rien d'autre. »

Hall savait qu'il était surtout important que la main tienne le bâton assez fermement pour éviter que la prise bouge dû à la force de l'élan. Pour s'en assurer, Hall a intégré des cellules d'air sous pression dans la paume de la main. Pour le poignet, il a créé un joint à rotule qui, selon lui, pourrait reproduire le mouvement d'une articulation humaine.

Hall a ensuite apporté ses dessins à Ted Muilenburg, propriétaire d'une société de prothèses de Houston. « Jay ne connaissait rien en matière prothétique, et j'ignorais tout du golf », dit Muilenburg.

« Pourtant, j'ai été impressionné par ses plans, tant et si bien que nous avons décidé de fabriquer la "Prise

Halford", comme on l'a appelée, en combinant les noms de famille de Larry et de Jay. » Muilenburg a utilisé une prothèse de genou d'enfant en aluminium pour le poignet et des cellules d'air qui, lorsque gonflées, se serrent autour de la poignée du bâton de golf comme des doigts humains. Ensuite, on a attaché un manchon de silicone à succion qui se glisse sur le coude pour tenir la main en place.

En voyant la prothèse pour la première fois, les larmes sont montées aux yeux de Missy. Elle essayait d'imaginer les réactions de son fils à la vue de cette main qu'elle devait lui offrir en cadeau de Noël. « Ça va fonctionner », a dit Hall, en regardant la création de Muilenburg. « Je sais que ça marchera. »

En ouvrant son dernier cadeau de Noël, Larry a regardé dans la boîte et, d'un air stupéfait, il a crié : « C'est une main – ma main de golf. »

Missy a dit : « C'est l'idée de Jay. Il en est même le concepteur. »

Débordant d'émotion, Larry a pris Jay dans ses bras : « Merci beaucoup. »

Le "Prise Halford" a connu un accueil enthousiaste, même si on a dû lui apporter un certain nombre d'ajustements au cours des années.

« Certains golfeurs qui voient comment fonctionne ma main gauche m'ont dit qu'ils échangeraient volontiers leur bras contre le mien, mais je leur dis "Pas question". »

Depuis qu'il a pris possession de sa main de golf, Alford a joué sa meilleure partie à vie, un 69. Il a aussi enregistré son premier trou d'un coup et a joué pendant trois ans sur l'équipe universitaire à Sam Houston. Depuis sa graduation en 1997, Alford travaille comme assistant professionnel à son club, le Woodlands Country Club. Il a aidé à recueillir des fonds pour plusieurs œuvres caritatives en mettant au défi les golfeurs de placer leur balle plus près du trou que la sienne sur les normales 3. « Peu de gens ont réussi », dit Alford, qui joue dans les 70 et canonne ses coups de départ à plus de 250 verges.

« Cet accident a été une bénédiction pour moi », ajoute Alford, qui donne des causeries de motivation aux jeunes dans les écoles et les églises des environs de Houston. « Il y a une raison pour cet accident. Je remercie Dieu de m'avoir sauvé la vie, de m'avoir donné une attitude si positive et une seconde chance en tant que golfeur. Pour ce qui est de jouer au golf avec un seul vrai bras, je dis aux gens que le golf est déjà assez difficile avec deux mains que la difficulté n'est pas tellement plus grande avec une seule. »

Jack Cavanaugh

Sur ses propres jambes

Bob Hullender est en train de raconter sa vie lorsqu'il doit s'interrompre. Les émotions qui lui reviennent en parlant de ce qui lui est arrivé deux fois sont trop fortes. La voix cassée et les yeux pleins d'eau, l'homme qui a effectué 221 sorties de combat à bord d'un Phantom F-4 au Vietnam en tant que général d'aviation demande à être excusé.

Comme partout dans le monde du golf, les compétitions d'amateurs d'âge senior se multiplient en Amérique. Si vous avez le temps, l'argent et un assez bon jeu, tout golfeur de cinquante-cinq ans et plus peut participer à un tournoi à chaque semaine, comme Hullender y arrive presque. Dans la plupart des cas, la normale, ou mieux, permet de gagner. Il n'y a plus de place dans les associations de seniors d'élite qui organisent la plupart de ces tournois très officiels de 54 et 72 trous. Les inscriptions au Championnat Amateur Senior des États-Unis sont passées de quelques centaines à son début à plus de 2000, et la croissance se poursuit. Il est probable qu'il y a vingt fois plus de barbes grises qui jouent assez bien pour concourir en dehors du circuit des interclubs.

Hullender règne sur cet univers florissant. Son cheminement est un exemple du triomphe de la volonté sur l'adversité.

Hullender est né à Ringgold, Georgie, en mars 1937. Il a grandi sur une ferme laitière et il aimait tous les sports de balle. Après son secondaire, il s'est inscrit comme étudiant coopérant à l'Université Georgia Tech, alternant trois mois de classes et trois mois au service du Tennessee Valley Authority. Il n'avait pas beaucoup de temps pour les jeux de balle à cette époque.

En 1959, avant d'être conscrit, Hullender a entrepris une carrière dans l'aviation en s'inscrivant au programme des Cadets de l'aviation. Débutant avec le grade de second lieutenant, il a terminé sa carrière avec celui de général. Sauf pour son service de 13 mois au Vietnam, il a eu beaucoup de temps pour les jeux de balle. Il est devenu champion lanceur à la balle rapide, capable de lancer à 168 kilomètres/heure, presque le record du monde. À cette époque, il jouait au golf l'hiver, mais cette discipline prenait la seconde place par rapport à son sport d'été.

Avec l'âge, les choses ont changé et depuis 1987, l'année de ses cinquante ans, Hullender a participé à trois Omniums Senior, ayant survécu à la coupure à deux reprises. Il s'est aussi qualifié pour chacun des championnats Amateur Senior depuis qu'il est devenu éligible à l'âge de cinquante-cinq ans. Il a terminé deuxième en 1994. Ses rivaux jurent que ce n'est qu'une question de temps avant qu'il ne remporte ce titre. C'est en partie à cause de la distance incroyable de ses coups, mais surtout à cause de sa détermination et de son courage, faisant de lui le golfeur qu'il est devenu.

Il faut savoir qu'il a deux hanches artificielles.

Les nouveaux venus dans la confrérie des amateurs seniors n'apprennent pas ce fait du général lui-même, car il n'en parle jamais. Cependant, c'est invariablement la première chose que ses pairs leur diront de Hullender. La plupart des compétiteurs qui jouent avec et contre lui peuvent à peine croire qu'un golfeur qui a subi tant d'opérations puisse jouer si souvent au golf, avec autant de force et de succès.

Vers la fin de la quarantaine, ses hanches ont commencé à se détériorer sous l'effet de l'ostéoarthrite. À mesure que la maladie progressait, il lui est devenu impossible de pratiquer un sport après l'autre, incluant sa bien-aimée balle rapide, car la douleur et la mobilité restreinte l'empêchaient de faire les pas nécessaires à son élan. La hanche droite a d'abord été attaquée, suivie de la gauche.

Au début des années 80, la chirurgie de remplacement de l'articulation coxo-fémorale en était à ses débuts, mais Hullender a trouvé un orthopédiste expert dans ce qu'on appelle la technique du revêtement poreux. Cette opération n'implique aucun ciment, car l'os colle au revêtement poreux de la prothèse qui est insérée sous pression dans les os de la hanche et de la jambe.

En 1986, il a fait remplacer sa hanche droite. Puis, vint la surprise agréable. En réadaptation, il a découvert que sa nouvelle hanche ne lui nuisait pas au golf, car il utilisait surtout ses mains et ses bras pour son élan. Cela l'a encouragé à travailler assez fort pour jouer autour de la normale en moins d'un an.

À l'automne 1992, la hanche gauche s'était détériorée suffisamment pour que la douleur et la mobilité réduite l'empêchent même de lacer ses souliers. Il est retourné sur la table d'opération.

« Parce que je savais quoi faire en réadaptation, ma deuxième opération a été moins traumatisante que la première. En vivant cette expérience, mon attitude a changé. Vous savez, on a tendance à devenir désespéré lorsque quelque chose d'aussi pénible que la détérioration quotidienne de vos hanches se produit… » C'est alors que ses yeux se sont embués et qu'il a demandé qu'on l'excuse. Il lui était difficile d'en parler.

« La réadaptation est critique. Au début, c'est difficile mais vous devez y aller religieusement, sans ménagement. Ils vous font lever et effectuer des mouvements isométriques le lendemain de l'opération. Suivent six semaines d'exercices de flexibilité et de renforcement de plus en plus énergiques, d'abord dans l'eau, puis au gymnase. Il faut marcher avec des béquilles jusqu'à ce qu'on puisse supporter son propre poids et ils vous demandent de marcher le plus possible. J'ai marché des kilomètres dans mon quartier et je le fais encore, chaque matin.

« Ce qui est motivant, c'est de savoir que si vous travaillez en ce sens, vous savez que votre corps s'améliorera, deviendra plus fort. Peu de temps après la deuxième opération, je faisais déjà des exercices pour ma hanche et ma jambe huit heures par jour. De plus, en pensant au golf, je travaillais mes mains, mes bras et mon tronc. J'étais inspiré par la certitude que je jouerais de nouveau au golf. Je voulais jouer au meilleur de mes habiletés. »

Il lui a fallu douze semaines pour retrouver son plein élan avec chacun des bâtons. Un an plus tard, Hullender était devenu un des dix meilleurs amateurs seniors d'Amérique. Il a été classé premier en 1995, puis en 1996 et encore en 1997. Il croit qu'il peut encore s'améliorer et il pratique en conséquence.

« Mais, vous savez, quand ils vous poussent sur la civière vers le bloc opératoire, vous ne pensez pas au golf. Vous vous demandez si vous pourrez jamais mettre un pied devant l'autre, si vous pourrez vous déplacer par vos propres moyens. C'est ainsi que je suis l'homme le plus heureux d'être sur le terrain, que je joue bien ou mal, que je gagne ou perde. »

Ken Bowden

Quand le malheur frappe

Pendant six ans, Bob et Nancy Mills ont fêté leur semaine favorite de l'année – la semaine de la Classique FedEx St. Jude – en accueillant amis et clients dans leur maison. Située en bordure du dix-huitième trou du Tournament Players Club de Southwind, la résidence des Mills était un tourbillon d'activité pour cette famille de golfeurs qui a travaillé à ce tournoi pendant 15 années.

Pourtant, une semaine après la Classique de 1997, Nancy Mills est sortie par la porte arrière, non pas pour se joindre à la fête, mais pour trouver un peu de calme au milieu du pire cauchemar que puisse vivre un parent. Un peu plus tôt, les médecins avaient informé les Mills que leur fille de cinq ans, Ali, avait un cancer. Abasourdie, Nancy regardait le tableau de pointage du tournoi, de l'autre côté de l'étang, qui affichait maintenant : « Les enfants de St. Jude vous remercient ». Elle a compris qu'Ali faisait désormais partie d'eux. Le tournoi qu'affectionnaient les Mills et dans lequel ils étaient engagés depuis des années allait désormais affecter leur vie d'une façon qu'ils n'avaient pas prévue – en profitant à leur Ali.

Pendant le tournoi, la semaine précédente, Ali avait commencé à avoir mal à une jambe. Elle a perdu l'appétit et est devenue pâle. D'instinct, Nancy savait qu'il y avait quelque chose qui ne marchait pas, et elle avait eu raison : la formule sanguine d'Ali était anormale et le médecin a senti quelque chose dans son abdomen. Elle a été envoyée à l'hôpital de St. Jude et, depuis cet après-midi, la famille Mills savait qu'elle faisait face à un cancer. Des tests éprouvants ont suivi le lendemain et ont confirmé qu'Ali avait une rare forme de tumeur, potentiellement létale, un neuroblaste. Elle s'étendait de l'abdomen au cou. La tumeur avait déjà atteint la moelle osseuse, le stade le plus avancé de la maladie. Les Mills étaient foudroyés.

« J'ai pensé : "Comment ai-je pu ne pas voir ça?" dit Nancy. Nous étions abasourdis. Nous ne pouvions penser clairement. Vous savez que des malheurs peuvent frapper vos enfants, mais je n'avais jamais pensé au cancer. Il n'y a pas d'antécédents de cancer dans notre famille. Pendant la première semaine, je ne pouvais pas prononcer le mot "cancer". »

Les médecins de St. Jude ont rapidement commencé le traitement d'Ali, car sa condition était sérieuse. Elle a commencé la chimiothérapie le soir même de ses tests et du diagnostic. Encore sous l'effet de l'anesthésie de ses tests, Ali s'est éveillée à l'hôpital le matin du 4 juillet pour apprendre qu'elle avait un cancer.

« Elle a été très calme, ce qui ne ressemble pas à Ali, raconte Nancy. Nous lui avons dit qu'elle avait une tumeur, voulant être très francs avec elle. Elle a très bien réagi. Même si elle avait récemment commencé à laisser pousser ses cheveux, elle a bien accepté leur chute à la suite de la chimiothérapie. Pendant son deuxième traitement, elle en a arraché une poignée qu'elle a mise dans une enveloppe pour que les oiseaux puissent les utiliser dans la construction de leurs nids. »

Les Mills ont vécu des temps difficiles pendant que les médecins d'Ali à St. Jude tentaient d'amener son cancer en rémission en lui faisant une transplantation de moelle osseuse, sa seule chance de guérison. Malgré une année de traitements violents de chimiothérapie et une opération pour retirer la tumeur primaire, le cancer demeurait toujours présent dans la moelle osseuse d'Ali. Enfin, la famille Mills a appris la bonne nouvelle : pour la première fois, la moelle osseuse d'Ali n'était plus cancéreuse.

La moelle osseuse d'Ali fut prélevée la semaine de la Classique FedEx St. Jude. « Il est tellement difficile de voir votre enfant subir un tel traitement, en sachant qu'il y a menace pour sa vie, dit Nancy. Vous ne voulez pas la voir souffrir, être privée de quoi que ce soit, ou qu'on la dévisage. Nous tentons de vivre normalement. »

Ali a persévéré bravement dans ses traitements et elle en est sortie avec peu de signes extérieurs de sa maladie autre que la tête chauve. Populaire et pétillante, elle amuse ses infirmières et ses médecins à St. Jude en leur chantant des chansons et en leur jouant des tours. Nancy commente : « Elle n'a pas laissé ses épreuves la déprimer. »

En mars, Ali est allée voir *Le Roi Lion* sur Broadway à New York. Sa calvitie, résultat de la chimiothérapie, a attiré l'attention d'une autre enfant, assise devant elle. Ali a entendu la petite fille dire : « Il n'a pas de cheveux ! » Elle lui a tapé sur l'épaule et lui a dit : « A) Je suis une ELLE, B) on appelle ça un cancer et C) c'est l'effet des médicaments. » Puis elle a penché son crâne lisse vers la petite fille et lui a gentiment dit : « Tu veux toucher ? »

C'est là le vrai caractère d'Ali. Elle a déjà ému le personnel de St. Jude aux larmes avec sa chanson favorite qui dit « Dieu ne voit pas de la même manière que les humains. Les humains voient l'extérieur des personnes, Dieu voit leur cœur. »

Le cœur d'Ali, magnifique et courageux, donne tout son sens à la Classique FedEx St. Jude. Cela ne passe pas inaperçu dans la famille Mills dont l'engagement dans le tournoi aide à sauver la vie de leur fille.

Bob Phillips
Soumis par Phil Cannon

Tout dépend du point de vue

Pour aujourd'hui et ses bienfaits, j'exprime toute ma gratitude.

Clarence E. Hodges

Encore une fois, la balle a courbé à droite. Un bruit sec a retenti comme un coup de fusil, puis une branche de pin est tombée et s'est fracassée dans l'allée. Mon fils a frappé le sol de son bois 1 et a crié : « C'est pour ça que je hais le golf! »

Depuis des semaines, Trey, golfeur gaucher, avait fait tomber des branches des arbres sur les terrains de golf de trois comtés. Aujourd'hui, quelques jours avant le dernier tournoi des écoles secondaires qui précédait le championnat du district, il n'avait toujours pas compris ce qu'il faisait de mal.

J'étais assise dans la voiturette, les bras croisés, regrettant mon étourderie d'avoir offert de conduire mon fils à ce terrain pour une ronde de pratique. Je n'aimais pas son attitude égocentrique.

Mentalement, je faisais le compte des jours de vacances que mon mari et moi avions passés à le conduire à des tournois à l'extérieur. Tout l'argent que nous avions dépensé en bâtons faits sur mesure et en leçons privées. Tous les efforts que j'avais déployés pour envoyer ses demandes d'inscription dans les tournois de qualification de prestige « premiers arrivés, premiers servis ».

Je commençais à avoir horreur du golf moi-même. Me méfiant de mes paroles, j'ai préféré me taire.

Trey, étudiant de première année, était un des membres de la grande équipe de l'école. Il a eu de la difficulté à s'intégrer aux quatre étudiants de dernière année qui avaient beaucoup en commun. Contrairement à ses coéquipiers, mon fils n'avait pas son permis de conduire, pas de petite amie et ne croyait pas qu'il pourrait frapper aussi loin des marqueurs bleus qu'il le faisait des blancs. Il s'était habitué à ramener des scores dans les 70 à partir des marqueurs blancs, mais depuis qu'il s'était joint à l'équipe, sa moyenne avait gonflé à 83.

Mon fils était victime de sa première léthargie.

Son comportement hargneux était peut-être attribuable à cette baisse, me suis-je dit. J'ai cherché à le réconforter. J'ai tenté d'alléger ses sombres doutes. Je lui ai promis que ces jours désespérants prendraient fin.

Pourtant, mon fils continuait à s'apitoyer sur lui-même... jusqu'à ce qu'il entende un commentaire pendant le tournoi suivant.

Le grand monde du golf de compétition chez les garçons et les filles est en réalité une petite communauté de joueurs et de parents qui ont tôt fait de se reconnaître aux différents tournois. C'est ainsi que Trey a immédiatement su que la femme qui suivait son quatuor était la mère d'un joueur décédé quelques mois plus tôt dans un accident en se rendant à une pratique.

Un de ses coéquipiers avait perdu la maîtrise de la voiture dans une côte abrupte, rendue glissante par la pluie. Tous ont survécu, sauf son enfant. Cette femme, malgré son deuil écrasant, s'inquiétait du moral très bas de l'équipe et était venue encourager les amis de son fils.

La mère ne réservait pas ses commentaires positifs pour les seuls membres de cette équipe, mais elle les offrait également à un concurrent qui se plaignait de mal jouer.

« Tu es un golfeur talentueux », lui a entendu dire Trey. « Sois heureux de jouer au golf. »

Quatre jours plus tard, au championnat du district, mon fils a joué deux merveilleuses rondes dans les 70. L'équipe a fini en tête et Trey a été nommé sur la première équipe de tout le district. Son entraîneur a dit au journaliste : « Ce jeune a vraiment percé. »

Mon fils et moi savons bien que ce qui a fait la différence, ce sont les mots d'une mère affligée qui est reconnaissante du temps passé avec son fils et qui ne tient plus rien pour acquis.

Melissa Russell

La bonté que nous témoignons aux autres
pendant leur malheur nous sera rendue
quand nous en aurons le plus besoin.

Harriet Johns

Et vlan! dans le stress

La pire journée gâchée de toutes est celle où on ne rit pas.

Nicolas Chamfort

Dans le monde des affaires, on considère le golf comme une manière de réduire le stress causé par le travail. C'est là qu'on conclut de grosses affaires et que se développent des amitiés.

Dans un monde inondé d'informations et de changements, il est difficile de ne pas se sentir tendu et fatigué. Pour beaucoup trop de gens, le stress de la vie les a privés de la possibilité de faire de leur mieux, d'être à leur meilleur et de profiter de leurs activités quotidiennes.

Voici quelques chiffres qui vous feront réfléchir : un million d'Américains subissent une attaque cardiaque chaque année. Quelque treize milliards de doses de tranquillisants, de barbituriques et d'amphétamines sont prescrites chaque année. Plus de huit millions d'Américains souffrent d'ulcères d'estomac. On estime que plus de cinquante mille personnes se suicident chaque année à cause du stress. Ce n'est que la pointe de l'iceberg. En réalité, des études indiquent que 80 pour cent des maladies traitées dans ce pays sont attribuables aux émotions.

Récemment, j'ai joué au golf avec des relations d'affaires qui aiment vraiment s'amuser. Nous appelons affectueusement notre groupe les « Anges golfeurs » parce que nous ne nous prenons pas au sérieux. Un de nos compagnons a surnommé notre formule de golf bien particulière, le « flog » (*golf* à l'envers), et nous avons ajouté quelques règles au jeu traditionnel. Une des premières règles est que tout le monde doit rire lorsqu'il se passe quelque chose de drôle. Lorsque quelqu'un rate la balle sur un départ, il est obligatoire de rire. On ne s'offusque pas. Dans notre jeu de flog, le seul échec est celui de ne pas s'amuser.

Un des médecins de l'équipe de flog a calculé que quiconque vit jusqu'à soixante-dix ans aura passé 613 200 heures à errer sur la planète. C'est bien trop long pour être stressé et ne pas s'amuser. Le plaisir est une diversion à la norme, qui nous sort de « l'ennui » routinier, résultat du stress créé par la vie.

Une autre de nos règles est de ne jamais tenir de pointage. Nous avons découvert que la plupart des gens trichent, de toute façon. Si vous désirez noter votre pointage, vous devez l'écrire sur la carte avant de quitter la voiturette pour aller frapper votre coup de départ. Si vous êtes assez près du vert, vous pouvez lancer la balle dessus, si vous le désirez.

Ma règle préférée est celle qui permet de mettre la balle sur un *tee* n'importe où dans l'allée. Un des anges du flog aime bien prendre la balle d'un autre joueur dans l'allée et la mettre sur un *tee*. Il se cache alors derrière les arbustes pour surveiller la réaction du joueur. Certains n'en croient pas leurs yeux et cherchent autour d'eux. La plupart ne s'en soucient guère et frappent la balle sur le *tee*. Lorsque nous laissons des gens passer, nous les applaudissons. Notre groupe d'amateurs ne veut que s'amuser.

Un jour, au moment de prendre notre départ, un autre quatuor est arrivé derrière nous. Nous savions qu'ils prenaient le golf au sérieux quand nous avons vu qu'ils possédaient leur propre voiturette avec leur nom imprimé dessus en grosses lettres. Ce groupe ne souriait pas beaucoup. Trou après trou, nous pouvions les entendre crier les uns contre les autres ou crier contre leurs *putters*. Le sable volait ainsi que les mottes de terre.

Au dernier trou, lequel est entouré d'eau, l'un d'eux particulièrement tendu a raté son dernier *putt* par quelques pouces. Il a saisi son sac, avec les bâtons. Il était si frustré qu'il a lancé son sac le plus loin possible dans l'étang et s'est dirigé vers sa voiture. En route, il a cherché ses clés dans ses poches. Il a lancé son chapeau violemment par terre lorsqu'il s'est souvenu où étaient ses clés. Il est retourné au bord de l'étang et y est entré en direction de son sac qui s'enfonçait. Il a ouvert la fermeture éclair, pris ses clés et lancé le sac encore plus loin dans l'étang.

À ce point, nous riions tellement que nous avons lancé nos balles sur le vert.

Notre équipe se fait regarder bizarrement sur les allées, mais nous nous amusons ferme.

Un jour, vers la fin du printemps, quelqu'un s'est plaint au professionnel de la conduite peu orthodoxe de notre équipe. Le professionnel a regardé l'homme et a dit en souriant : « Ne vous en faites pas, ils sont en libération conditionnelle de l'hôpital. »

Steve Densley
Soumis par Pam Jones

L'étreinte
dans la zone aigre-douce

J'ai d'abord pensé tout écrire pour ne rien oublier. Aujourd'hui, avec le recul, je comprends qu'il était impossible d'oublier. C'était un instant fugace... une expérience hors du commun. J'ai été témoin d'un moment ou deux que je ne suis pas certain de pouvoir décrire adéquatement.

Mark O'Meara et moi venions de prendre place pour ce qui était devenu un rituel depuis la victoire de Paul Azinger au PGA en 1993 : « La Conversation du dimanche » de l'émission télévisée SportsCenter avec le gagnant d'un tournoi majeur de golf. Pendant que les cadreurs réglaient l'éclairage, la porte s'est ouverte brusquement pour laisser le passage à Ian Baker-Finch.

Baker-Finch avait fait l'objet de commentaires pendant la semaine du tournoi. Il avait gagné l'Omnium britannique la dernière fois qu'il avait été joué sur le parcours du Royal Birkdale en 1991, en jouant des rondes de 64 et 66 pendant le week-end. Il avait dominé ce dimanche comme s'il lui appartenait de plein droit. Pourtant, quelques années plus tard, la qualité de son jeu a mystérieusement commencé à s'étioler. Pendant deux ans, il n'a pas réussi à se qualifier pour les rondes finales, ramenant habituellement des pointages dans les 80. Il a déjà dit que ses coups de départ étaient si erratiques qu'il n'avait aucune idée de la direction qu'allait prendre sa balle. L'année précédente, il avait joué 92 lors de la première ronde de l'Omnium à Troon et s'était retiré du tournoi. Il a alors décidé de prendre du repos et de réfléchir. Il s'est retiré du golf de compétition.

Baker-Finch était revenu au Royal Birkdale à titre de commentateur pour ABC et ESPN.

Je ne sais pas si j'aurais pu faire la même chose. Son retour sur les lieux de son plus grand triomphe n'était pas seulement un rappel de sa grande habileté passée, mais aussi le constat que tout était bien fini. Ses collègues, ses pairs, ses amis étaient en compétition pour gagner le tournoi et vaincre le terrain qu'il avait un jour dominé. À trente-sept ans, il tenait un microphone au lieu d'un bâton de golf.

Et voilà qu'il était sur le pas de la porte. Il m'avait déjà demandé de transmettre ses félicitations à O'Meara et à sa femme, Alicia. Quand Baker-Finch avait gagné au Royal Birkdale en 1991, il avait joué la ronde finale du dimanche avec O'Meara. Tous deux habitaient à Orlando et étaient devenus amis.

Tout à coup, sans que personne ne puisse intervenir, ces deux hommes se sont étreints en silence. Dans la salle, il y avait de nombreux officiels, des réalisateurs, des techniciens et des familles. Pourtant, les deux hommes se sont étreints sans fausse honte et ont pleuré en partageant en silence un moment important, comme s'ils avaient été seuls. L'un était au sommet de son art, débordant de confiance et de succès, l'autre était au plus bas du sien, rongé par la défaite et la résignation. Ils se sont rencontrés dans cette zone aigre-douce où il est impossible de distinguer la joie de la tristesse.

Plus tard, Baker-Finch et moi avons marché vers le studio de SportsCenter pour notre dernier reportage de la soirée. En passant près du vert du dix-huitième, maintenant désert, il s'est arrêté et a regardé les estrades vides alors que le soleil disparaissait dans la mer d'Irlande.

« Où était la coupe? » lui ai-je demandé. J'avais oublié mais je savais qu'il s'en souviendrait.

« Là », dit-il doucement en montrant un espace plat à droite vers l'arrière du vert.

J'ai ajouté : « Où était ta balle pour le dernier *putt*? » mais je connaissais la réponse.

Il est resté silencieux; il s'est rendu à l'endroit et a mimé son coup gagnant. Soudain, les estrades étaient bondées, la foule criait et Baker-Finch était de nouveau « le champion golfeur de l'année », comme le secrétaire du R&A le proclame chaque année à la remise des prix.

Il a souri l'espace d'un instant, puis son visage a pris un air absent. Il n'a rien dit mais je savais ce qu'il voyait : l'énorme distance entre ce qu'il avait déjà été et ce qu'il était aujourd'hui. Il avait l'air effrayé.

« Je me suis retenu toute la semaine. J'ai tout refoulé. Je ne suis plus capable », a-t-il dit. Ses yeux étaient rouges et les larmes coulaient sur ses joues.

J'ai bafouillé quelque chose comme ce grand championnat lui appartiendrait toujours, mais c'était boiteux. Nous avons marché dans l'allée en silence pendant un moment, puis je lui ai proposé de le laisser seul pendant quelque temps.

En m'éloignant, je me suis retourné. J'ai vu un ancien grand champion goûtant pour la dernière fois à la gloire qui avait été sienne un jour, avant de s'en détourner et de reprendre sa nouvelle vie.

Jimmy Roberts

Une aile a poussé

J'ai tant reçu que je n'ai pas le temps de m'attarder à ce que je n'ai pas eu.

Helen Keller

Sur tous les terrains de golf, il y a généralement un silence respectueux au premier départ.

Mais quand Bob Cox se prépare à frapper, il peut entendre très clairement les murmures des spectateurs.

« Regarde, cet homme n'a qu'un bras. »

Lorsque Cox frappe un long coup de départ tout droit au centre de l'allée, il entend souvent la réflexion : « Hou là! Je ne peux pas frapper aussi loin avec deux bras. »

Cox, qui a perdu son bras gauche dans un accident de motocyclette il y a vingt-deux ans, joue très bien au golf. Dans ce sport où la majorité des gens en santé ne peuvent pas jouer en bas de 90 pour dix-huit trous, il y arrive.

« Je suis très compétitif », disait Cox récemment dans un tournoi. « J'aime bien ce défi de frapper la balle quand les gens m'observent. »

Dans sa ligue de golf, au Winchendon Country Club de Winchendon, Massachusetts, il joue régulièrement 45 ou moins pour neuf trous.

Son record pour dix-huit trous est 88 (44-44) au parcours municipal de Gardner, où la normale est de 71.

« C'est agréable de jouer avec des amis et de les battre, dit Cox. J'adore ce jeu. »

Cox, qui a quarante et un ans, n'a pas toujours été aussi passionné du golf. Adolescent, il préférait le hockey. C'était, bien sûr, avant l'accident.

Cet instant fatidique, le 9 juin 1976, vers midi, a changé à jamais la vie de Bob Cox.

Alors qu'il conduisait sa motocyclette Suzuki 250 sur la rue Elm à Gardner, il est entré en collision avec une automobile. Dans l'accident, le bras gauche de Cox a été complètement sectionné à quelques pouces en bas de l'épaule. Cox et sa motocyclette ont été propulsés sur le chemin pendant que son bras gauche se retrouvait à vingt verges de son corps, sur la rue.

« Ils m'ont dit plus tard qu'il n'y avait pas beaucoup de sang, dit Cox. Je ne me souviens vraiment de rien. J'étais en état de choc. »

Transporté d'urgence dans un hôpital local, puis rapidement à Boston, Cox se souvient s'être réveillé au Massachusetts General et avoir demandé qu'elle était l'ampleur de la fracture à son bras gauche.

Cox, qui n'avait que dix-huit ans, a appris la terrible nouvelle. Une opération pour lui greffer son bras aurait été vaine.

« Il m'a fallu de la patience et de l'acceptation pour me réajuster à la vie, dit Cox. C'étaient les petites choses qui étaient difficiles, comme mettre du dentifrice sur ma brosse à dent, nouer ma cravate ou lacer mes souliers. Le hockey est la seule chose qui me manque. Je ne pouvais tout simplement plus lancer la rondelle. »

Jamais on ne pouvait détecter de l'apitoiement ou un « pourquoi moi? » dans l'attitude de Bob Cox. « Ce n'est pas utile, disait-il. Il est évident que j'aurais mieux aimé que cet accident n'arrive pas, mais je dois continuer à vivre. »

Sans jamais s'attarder au passé, Cox, toujours sportif, est passé au golf.

Il est le premier à rire de sa situation.

Lorsqu'un compagnon de jeu lui demande : « Quel est votre handicap? » Cox laisse souvent la question en suspens pendant quelques secondes. Quand on lui demande pourquoi il ne porte pas de gant, il répond : « Comment pourrais-je l'enfiler? »

Cox avait déjà joué au golf à l'occasion avant son accident. Il a donc décidé de prendre le jeu au sérieux dès la vingtaine.

Quelques professionnels enseignants lui ont suggéré de frapper du côté gauche ou du revers, en utilisant son bras droit pour tirer le bâton vers la balle.

« Je ne pouvais pas frapper de cette position, se souvient-il. Je n'avais pas assez de puissance. »

Pourtant, Cox a développé un élan solide de la droite, un élan auquel il a confiance.

Il place la balle au milieu de sa position de départ, saisit le bâton très bas, presque au métal, avec son bras droit musclé, et se concentre à frapper la balle d'un élan descendant.

« Le plus difficile fut d'apprendre à garder ma tête immobile », explique-t-il.

Il ajoute : « Je frappe probablement mieux mes fers que mes bois. J'arrache de grosses mottes de gazon. »

La meilleure partie de son jeu est sur les verts où il utilise un élan tout en douceur pour ses coups roulés, le bâton bien droit dans la ligne de frappe.

Pendant toutes ces années, Cox a développé une bonne technique de jeu. De son bras droit, il fait son élan arrière, transfère son poids et amorce un puissant élan vers l'avant.

Depuis vingt et un ans, Cox travaille comme représentant au service après-vente de Bell Atlantic. Il est très actif au sein du Club des Pionniers de l'entreprise, un organisme caritatif dont il a déjà été président.

Cox contribue de très près à l'organisation et à l'administration des Jeux Olympiques spéciaux du Massachusetts.

Pendant les week-ends et les vacances, Cox et sa femme, Becky, profitent de leur bateau de 11 mètres sur le lac Winnipesaukee, leur retraite d'été.

En hiver, Cox aime bien se promener sur sa motoneige.

Chaque année, quand arrive le 9 juin, Cox pense à l'accident. « Quand la date approche au calendrier, je pense à l'heure de l'accident. C'est gravé dans ma mémoire. »

Cependant, la plupart du temps, Bob Cox pense à l'avenir, aux jours où il aidera des gens par son travail ou par son bénévolat chez les Pionniers de Bell Atlantic, à ses loisirs au lac ou au golf avec des amis.

Sa vie me rappelle un poème de Nina Cassian, une écrivaine roumaine. Dans son poème « Un homme », elle décrit un soldat qui a perdu un bras en défendant son pays. Après un moment de chagrin, le soldat reprend sa vie avec optimisme. Le poème se termine ainsi :

> *À compter de ce moment,*
> *il s'est juré de tout faire*
> *avec deux fois plus d'enthousiasme.*
>
> *Et là où le bras avait été arraché,*
> *une aile a poussé.*

Jay Gearan

La royauté a ses privilèges

Le roi Hassan II du Maroc adorait jouer au golf. Il a fait construire son propre terrain.

Le parcours de 9 trous comprenait quarante-trois fosses de sable et le roi ne semblait jamais capable de les éviter, pour la plupart. Il a même fait appel à des professionnels du golf qui excellaient à se sortir des fosses de sable pour l'aider à améliorer son jeu.

Devant son insuccès, il a fait ce que fait tout roi qui se respecte. Il a demandé qu'on redessine le parcours et que les quarante-trois fosses de sable soient gazonnées, ce qui prouve encore une fois que la royauté a ses privilèges.

Rich Mintzer et Peter Grossman

« Impossible » n'est qu'une manière
de décrire le degré de difficulté.

David Phillips

Happy

Je me rappelle le golf au temps où on jouait S.V. (sans voiturette). Être caddie était une bonne façon de gagner de l'argent. De plus, ce jeu m'a enseigné une ou deux leçons sur la nature humaine, et combien un geste de bonté pouvait changer la vie d'un homme.

J'étais maître-caddie dans un club achalandé. Un matin, un homme m'a demandé si j'avais une place pour un autre caddie. Il m'a dit qu'il avait un garçon de dix-neuf ans handicapé mentalement, fort et en santé. Il a ajouté : « Le garçon ne connaît rien au golf, mais je suis certain qu'on peut lui enseigner à être caddie. »

Ce garçon s'appelait Happy, il n'était jamais allé à l'école et n'avait reçu aucune formation. (En ce temps-là, les programmes spéciaux d'éducation n'existaient pas.) Malgré un défaut d'élocution, il pouvait communiquer assez bien. Il a rapidement appris les règles de base. Les autres caddies l'ont très vite accepté.

Happy portait bien son nom, car il était d'un naturel gai. De temps à autre, par contre, je le voyais assis, l'air pensif, seul dans la cabane des caddies. Il semblait réfléchir à sa condition et se demander pourquoi il n'était pas comme les autres.

Comme il fallait s'y attendre, il y avait des personnes qui ne voulaient pas de Happy comme caddie. Plusieurs fois, il n'a pas trouvé preneur. J'ai expliqué cela à son père le plus délicatement possible, mais il était tout simplement reconnaissant que Happy puisse faire une activité normale et gagner quelques dollars chaque semaine. Je ne me résignais pas à le laisser tomber.

Un jour, un groupe de dames qui jouaient régulièrement ont invité une nouvelle à se joindre à elles. Madame Wentworth, c'était son nom, semblait être dans la quarantaine et jouait très bien au golf.

Comme il y avait beaucoup de monde, seuls quatre caddies étaient libres, dont Happy. Il a été affecté à Mme Wentworth. Quand les dames eurent terminé leur ronde, la nouvelle a dit qu'elle avait été très satisfaite de Happy. Ses manières étaient agréables. Il gardait l'œil sur la balle, se taisait et, de façon générale, agissait comme tout bon caddie. Elle a ajouté qu'elle se proposait de jouer plus souvent et voulait que Happy lui soit réservé.

Quand j'ai rapporté cela à Happy, il en a été ravi!

Chaque jour, il attendait dans la cour des caddies, tout près du stationnement. Il surveillait impatiemment chaque auto qui arrivait au club. Quand il reconnaissait celle de Mme Wentworth, il devenait excité comme un enfant. « Voici ma dame! » disait-il fièrement aux autres caddies.

Tout le temps où j'ai été maître-caddie, c'est toujours Happy qui a accompagné Mme Wentworth. Elle lui donnait régulièrement un pourboire de vingt-cinq cents, ce qui représentait une bonne somme à l'époque.

Je me demandais souvent pourquoi Mme Wentworth acceptait ce jeune homme sans aucune réserve. Elle faisait en sorte qu'il se sente important; il pouvait faire tout aussi bien que les autres caddies. Je crois qu'elle voyait en lui ce que tant d'autres ne percevaient pas.

J'ai quitté au milieu de l'été pour faire mon service militaire, et j'ai perdu de vue Happy, de même que Mme Wentworth et d'autres membres du club. Après quatre ans dans l'armée, je suis revenu dans ma ville natale et j'ai fait une visite au club. Le pro y était toujours. Quand je me suis informé de Happy, il m'a dit que le jeune homme avait continué régulièrement d'être le caddie de Mme Wentworth, sans jamais perdre son enthousiasme. « Mais, ajouta-t-il tristement, il faut que je vous dise quelque chose. »

Happy est décédé avant d'avoir vingt et un ans. Il est mort d'un problème respiratoire. La forme de maladie mentale dont il souffrait comportait des risques de complications d'origine génétique pour lesquelles aucun traitement n'était encore connu.

Le pro m'a dit que Happy n'a pas été pleuré seulement par son père. Son absence a laissé un vide dans la vie de Mme Wentworth et dans celle d'autres personnes au club.

Il a ajouté que, même si Mme Wentworth continuait de jouer au golf, elle a souvent déploré le fait qu'il n'y aurait jamais un autre Happy.

Bien que cela soit arrivé il y a longtemps, je me souviendrai toujours de Happy et de sa dame. Je songe à combien il a mis son cœur et son âme dans ce travail. Peut-être que Mme Wentworth était simplement bonne. Ou encore, qu'elle voyait en lui ce côté de l'esprit humain qui ne peut faire autrement que se dépasser, pour peu qu'on lui en donne la chance.

David Field

Un modeste début

J'ai joué mon premier tournoi de golf, le Championnat des dames de Minneapolis, en 1933. J'avais quinze ans et je m'étais qualifiée pour la dixième et toute dernière place, avec un pointage de 122, ce qui n'était pas trop mal pour moi à l'époque, car je jouais habituellement autour de 140. Mon adversaire pour la première ronde du tournoi était une femme plus âgée, qui s'était qualifiée avec un pointage de 121. Il était donc évident qu'il n'y avait aucun danger que le record du parcours soit égalé ou dépassé par l'une ou l'autre de nous. Même à cela, mon adversaire m'a battue rondement, et j'ai perdu chaque trou. Le match s'est terminé 10 et 8.

De retour à la maison, mon père m'a demandé comment je m'en étais tirée, et je lui ai répondu : « Pas très bien, j'ai perdu 10 et 8. »

« Ah bon!, a-t-il dit. Vous avez joué trente-six trous? »

« Non, ai-je avoué à regret, seulement dix-huit. »

« Donc, tu n'as pas été très bonne, n'est-ce pas? As-tu fait des bons coups? »

« Oui, lui ai-je dit, j'ai payé le caddie. »

Cette défaite, humiliante à ce moment-là, m'a poussée à travailler – à travailler fort – pour améliorer mon jeu. Il en résulta que, l'année suivante, je me suis qualifiée pour la ronde du championnat et j'ai gagné le tournoi.

Patty Berg

7

LE DIX-NEUVIÈME TROU

Après une bonne ronde, tous les golfeurs
de tous les pays vous diront que le golf
est probablement le meilleur jeu
qui ait jamais été inventé.

Herbert Warren Wind

J'ai peut-être besoin
d'une boule de cristal

Avant de jouer au golf, je croyais que la dégustation des vins était la chose la plus déroutante que j'avais jamais faite. Des gens, portant des noms comme Higgins, s'extasient sur le sucre résiduel et le tanin, et décrivent chaque échantillon d'un quart d'once en utilisant des expressions comme « robuste mais sans prétention ». De plus, je ne pouvais jamais me souvenir si on devait le laisser vieillir, le refroidir ou le boire avec du poisson frais à la pleine lune. Au moment où je me considérais un génie, sachant faire la différence entre un cabernet et un cabaret, je suis entré dans la boutique du professionnel pour acheter des balles de golf.

« Quelle sorte? » a demandé le professionnel.

« Sais pas. Blanches, j'imagine. »

Il s'est frotté les mains en examinant l'étalage de balles à trois niveaux. « Voulez-vous une balle en deux pièces? »

J'ai cru qu'il blaguait. « Non, dis-je. J'aime mieux commencer avec une balle complète. Elles se briseront lorsque je les assommerai avec mon bois 1. »

« Oh! dit-il sans sourire. Monsieur est un gros frappeur. Dans ce cas, vous voulez une balle de distance. »

Il m'a donné une boîte luisante avec des lettres dorées. Le prix qui y figurait était plus élevé que le prix du repas de la veille avec ma femme.

« La répartition des encavures est générée par ordinateur et les deux pièces sont assemblées par un système de moulage par injection très complexe. Elle vous donnera une distance incroyable. »

« Parfait, dis-je. Évidemment, je défoncerai probablement le vert des trous de moins de quatre cents verges. »

Toujours sans rire, il m'a retiré la boîte des mains et a dit : « Ah! Monsieur veut du mordant. »

Il a glissé une autre boîte multicolore sur le comptoir, m'a regardé dans les yeux et a ajouté : « Surlyn au lithium. »

J'ai tendu la main. « Ernie Witham ».

« Non, dit-il. L'enveloppe. Elle est faite de Surlyn au lithium. Vous savez ce que cela signifie? »

« Elle est radioactive? »

« Elle est molle. Elle a été redessinée pour donner plus de sensation. Et l'aérodynamique a été modifiée pour une trajectoire plus basse… Vouliez-vous une balle à trajectoire basse? »

« Bien sûr. J'imagine. Si cela signifie qu'elle volera plus droit. »

« Oh, oh! Problèmes de précision? Crochet à droite ou à gauche? »

« Oui. Oui. »

Il s'est déplacé vers l'extrémité de l'étalage de balles et est revenu avec un autre emballage.

« Celles-ci sont moins sensibles à la rotation latérale. De plus, elles sont deux pour cent plus grosses que les balles régulières. »

« Eh ben! Deux pour cent. Il me faudra probablement un plus gros sac. » J'ai regardé l'heure. « Oh, oh! C'est l'heure de mon départ. »

De toute évidence, il ne m'a pas entendu. Il a pris d'autres boîtes sur l'étagère. « Peut-être une balle en balata? Celle-ci tourne à plus de onze mille révolutions à la minute et garde sa compression. Cette autre balle en balata porte à 266 verges et elle révolutionne la performance des balles en balata. »

« Je–euh– »

« Vous ne voulez pas de balata? Cette autre marque offre des encavures de cinq profondeurs différentes pour de la distance pure et un meilleur contrôle. Ou, cette autre dessinée pour les élans de plus de 95 milles à l'heure. »

« Je–euh– »

« Nous avons ici une balle qui part comme une flèche, atteint son apogée plus rapidement mais descend très doucement… Celle-ci fend le vent… Celle-ci roule plus longtemps… Celle-ci est en Trilyn… Celle-ci, du Zylin… Celle-ci… »

« Je–euh… Je crois que je vais prendre quelques-unes de celles-ci. » J'ai pris deux balles jaunes et une balle orange du pot de balles usagées et j'ai lancé un billet de 5 dollars sur le comptoir. Je me sentais mal, car mon quatuor avait déjà terminé le premier trou.

Il a soupiré, respiré longuement et a commencé à ranger les boîtes multicolores. Puis, la clochette au-dessus de la porte a tinté.

« J'ai besoin de balles de golf, a dit la jeune femme. Mais je ne suis pas certaine de la sorte. Pouvez-vous me faire des suggestions ? »

Je l'ai entendu répondre : « Voulez-vous une balle en deux pièces ? » Puis, je me suis mis à courir en direction du deuxième trou.

Ernie Witham

L'homme dont le secret
est demeuré secret

Il est né dans un village de campagne où il n'y avait pas de terrain de golf.

Ses parents ne jouaient pas au golf et l'ont découragé de le faire.

Il était si petit que les autres enfants se moquaient de lui; et le seul bâton qu'il possédait était un bâton gaucher alors qu'il était droitier.

Alors qu'il avait neuf ans, son père s'est suicidé avec un revolver de calibre .38.

Il n'a jamais terminé son école secondaire et n'a jamais gagné un seul tournoi amateur.

Il est devenu professionnel à 17 ans et s'est joint au circuit, mais il a manqué d'argent et a dû rentrer chez lui, brisé.

À vingt-trois ans, il a joué dans son premier Omnium des États-Unis mais n'a pas survécu à la coupure.

À vingt-six ans, il ne lui restait que 8 $ quand on a volé les quatre pneus de sa voiture et qu'il est resté seul en rase campagne.

Son meilleur résultat, à ses quatre premières tentatives à l'Omnium américain, a été une 62e place, *ex æquo*.

Pendant presque neuf ans comme professionnel, il n'a pas gagné un seul tournoi.

À trente ans, âge où la plupart des golfeurs sont à leur meilleur, il a été appelé sous les drapeaux.

À trente-six ans, il a eu le bassin et une clavicule brisés dans un accident d'automobile et les médecins lui ont dit qu'il ne jouerait plus jamais au golf.

Il n'a jamais été commentateur à la télévision, n'a jamais participé au circuit senior ni porté un logo sur son chapeau. Il n'a jamais eu de professeur, de gérant ou de psychologue sportif. Ses gains totaux en carrière ont été de moins de 210 000 $.

Malgré tous ces échecs, au moment de sa retraite, Ben Hogan avait gagné soixante-quatre tournois et a mérité la réputation d'être le meilleur frappeur de balle de tous les temps, honneur jamais contesté depuis.

En 1954, il a écrit une série d'articles pour le magazine *Life,* où il prétendait expliquer « Le Secret ». Depuis, il y a eu des rumeurs à l'effet que Hogan avait omis de révéler un élément clé du « Secret » qu'il aurait transmis à des amis et connaissances au cours des années. Plusieurs professionnels ont affirmé le connaître, mais ils disent que Hogan leur aurait fait jurer de ne pas le révéler.

Un jour, un visiteur a été attiré dans la cuisine au Shady Oaks Country Club à Fort Worth par Hogan, qui a commencé à dire que le secret était dans le « transfert de poids », au moment où un garçon est entré avec un bac de vaisselle sale et a interrompu la confidence.

Peu avant son décès en 1997, l'ancien président de la Hogan Company avait organisé une rencontre entre votre serviteur et Hogan, car il semblait que celui-ci était enfin prêt à révéler « Le Vrai Secret ». À quelques heures de la rencontre, Hogan a subitement annulé le rendez-vous.

Tom Kite, qui a porté le nom de Hogan sur sa visière, dit qu'il ne croit pas que celui-ci ait caché quelque chose, du moins Hogan ne lui a jamais révélé de secret.

« Il n'avait rien à gagner, dit Kite. Il ne cherchait plus à battre qui que ce soit. »

Kite pense que le secret de Hogan résidait dans le fait qu'il n'a jamais cessé d'apprendre et de s'améliorer.

« M. Hogan cherchait constamment à apprendre, sachant bien que ce qu'il pourrait découvrir serait amélioré par les joueurs qui viendraient après lui, ceux-ci trouvant à leur tour des moyens de mieux faire, dit Kite. Il était toujours prêt à admettre que les golfeurs d'aujourd'hui sont meilleurs que ceux d'il y a vingt ans. »

« Il a consacré sa vie à étudier le golf. Alors que tout le monde cherche à gagner des tournois, il cherchait à apprendre. Il croyait que le voyage était plus intéressant que la destination. »

La leçon à tirer des succès de Hogan est rare, mais bien connue dans le domaine du sport. Duffy Daugherty, l'ancien entraîneur de football de Michigan State, l'a superbement formulée. En tentant d'expliquer ce qu'il fallait pour réussir, Daugherty a dit qu'il ne fallait que trois choses : un rêve, une colonne vertébrale pour la force et le courage de passer les moments difficiles, et un sens de l'humour pour rire des choses idiotes qui nous arrivent en cours de route.

Personne n'a jamais douté de la capacité de M. Hogan de rêver, et personne n'a jamais mis en doute sa force ni son courage.

Pour ce qui est de son sens de l'humour, cela a toujours été son secret.

Jerry Tarde

Le Zen et l'art de venir à bout des obstacles d'eau

Le golf est un jeu spirituel. Comme le Zen, vous devez laisser votre esprit prendre le dessus.

Amy Alcott

Un de mes beaux-frères aurait pu réussir sur le circuit si le hasard l'avait mené dans cette direction. Il a plutôt épousé ma sœur et est devenu un golfeur de fin de semaine, jouant les samedis et les dimanches à un club qui porte le nom de Paradise, à Fayetteville, Arkansas.

Le Paradise n'a rien du ciel. C'est un parcours modeste et le concepteur n'a pas abusé de son imagination. Privés d'un « bar des messieurs » lambrissé de chêne pour le repos des guerriers sportifs entre les deux neuf ou à la fin d'une campagne de dix-huit trous, les membres ont le droit de signer pour un hot dog et une bière au comptoir-lunch.

Peu importe, Raul est un homme qui s'éveille chaque matin convaincu de commencer la meilleure des journées dans le meilleur endroit du monde. S'il peut se libérer de son travail assez tôt, il ira jouer trois trous au Paradise avant la tombée du jour.

C'est un optimiste joyeux. Une de ces personnes dont les yeux brillent sans cesse, sauf en dormant; et, dans son cas, on n'en est pas certain. Raul raconte des blagues. Des blagues qu'il invente et elles sont habituellement assez drôles. Il aime chanter, mais pas en solo. Il incite tous les membres de la famille à chanter en chœur et tire apparemment beaucoup de plaisir de cette communion musicale.

Il y a quelques années, quelque chose s'est produit qui a éteint la lueur dans les yeux de Raul. Envolées les blagues, finie la musique. Il était en crise. Ma sœur n'y comprenait rien et ne pouvait lui faire dire ce qui n'allait pas. Il a broyé du noir pendant quelques semaines.

Si cette attitude n'avait pas été si contraire à sa nature, à l'opposé du Raul que nous connaissions et aimions, cette situation aurait pu durer indéfiniment. La famille a donc décidé de le provoquer : découvrir ce qui n'allait pas et lui offrir notre appui immédiat, à titre individuel ou collectif.

Cerné de toutes parts, il s'est senti obligé d'avouer : « Je joue mal au golf. » Après avoir insisté, nous avons appris autre chose. « J'ai pris l'habitude de lancer mes bâtons dans les obstacles d'eau. »

C'était bien vrai. Ma sœur l'avait vu, de ses yeux vu, en se rendant discrètement observer la noyade assassine des bâtons de golf. « Il s'est comporté en mauvais sportif », avait-elle rapporté, presque en larmes.

Il jouait, comme toujours, en quatuor. Les trois autres joueurs, témoins de la crise de rage de son mari, n'ont pas offert de lui prêter un bois 1, un fer ou un *putter*. Ils se sont plutôt réfugiés dans leurs voiturettes en tenant fermement leurs sacs entre leurs jambes. Ce n'était pas beau à voir. Et triste, a ajouté ma sœur.

Plus tard dans la journée, Raul a admis être devenu accro du lancer des bâtons dans l'eau. Il n'avait même plus besoin d'être en colère. Il les lançait comme ça, sans raison apparente. Il semblait avoir perdu le pouvoir de contrôler non seulement son golf, mais sa raison.

Il était devenu un homme brisé. Un homme brisé à qui il ne restait que deux bâtons dans son sac.

Or, il y a dans notre famille un certain nombre d'individus, tellement instruits de la révélation spirituelle qu'ils passent leurs journées allongés, supportés par des coussins et des révélations. L'un d'eux est un adepte du Zen.

Souriant béatement, ce qui, me dit-on, est un préalable de la discipline, notre cousin zen a gentiment attiré Raul à l'écart et lui a parlé pendant une heure et demie. Après la consultation, Raul est revenu dans la chaleur du cercle familial et nous avons été étonnés de remarquer sur son visage un sourire qui exprimait l'équilibre et la paix.

Le lendemain, ma sœur s'est rendue au parcours de golf pour observer le comportement de Raul. Elle a dû ramper dans l'herbe longue pour ne pas se faire voir. Au premier obstacle d'eau, elle a retenu son souffle.

Même à distance, elle sentait le calme qui habitait son mari. Elle l'a observé qui tournait la tête pour s'adresser à ses compagnons de jeu. Elle a vu le trio éclater de rire. Sans crainte, ils ont ri. Ils ont projeté la tête en arrière et ri, ce qui leur a valu, de la part du quatuor en train de *putter* sur le vert voisin, un « Chut! » retentissant.

Ma sœur a enfin pu respirer et elle s'est assise dans l'herbe longue. De toute évidence, Raul avait dit quelque chose de drôle. Était-il guéri de sa dépression de golf qui avait contaminé sa vie dans le vrai monde, et fait disparaître son bon caractère? Elle le souhaitait ardemment.

Soudain, elle a retenu son souffle, car son mari entrait dans le lac. En souliers de golf, bermuda, chemise réglementaire de golf et casquette souvenir qui prouvait qu'il avait déjà joué à St. Andrews, Raul marchait dans l'eau infestée de serpents. L'été, dans le nord-ouest de l'Arkansas, les serpents ne sont pas seulement nombreux, ils sont agressifs, lovés en nœuds sur le rivage et plongeant à volonté dans le lac.

Soudain, Raul a plongé et disparu sous l'eau. Ma sœur s'est élancée en criant de l'herbe longue vers l'allée. Balançant des coups de pied aux vipères lovées, elle s'est rendue au bord du lac en se tordant les mains. Il a surgi. Sortant triomphalement des fonts baptismaux, Raul tenait bien haut son fer 9.

Chaque fois qu'elle raconte cette histoire, ma sœur en rajoute un peu : « Il ressemblait au roi Arthur émergeant avec Excalibur », dit-elle.

Nous n'avons jamais su ce que notre cousin zen avait dit à Raul. Le plus terre à terre d'entre nous avance que notre cousin mystique s'est contenté de suggérer à Raul de se prendre en main, de plonger résolument et de récupérer ses bâtons. Peu importe ce qui a corrigé la situation, aujourd'hui, ses bâtons sont sacrés, bien propres, protégés et en sécurité dans son sac.

Micki McClelland

*Vous serez beaucoup plus heureux
quand vous aurez compris
que le temps perdu à être misérable
est du temps gaspillé.*

Ruth E. Renkl

Le prince
des amuseurs au golf

L'homme qui n'a pas le sens de l'humour est comme un wagon sans ressorts – il est secoué de façon désagréable par chaque petit caillou sur la route.

Henry Ward Beecher

Il existe deux formules de pro-ams : les pro-ams normaux, ceux qu'on joue chaque semaine, où des hommes d'affaires locaux paient pour jouer en compagnie de Greg Norman ou de Nick Price – ou de joueurs moins célèbres qu'ils trouvent tout aussi amusants.

D'autre part, il y a les pro-ams avec les célébrités, où des hommes d'affaires sont jumelés à des acteurs, des politiciens et des athlètes. Ceux-ci tournent habituellement à la foire, dont la figure dominante des dernières années à Pebble Beach a été Bill Murray.

Il y a plusieurs années, Jeff Sluman s'est retrouvé dans le quatuor de Murray. Grand fan de Murray, Sluman avait hâte de vivre cette expérience. Ce fut une semaine mémorable pour Sluman, mais, admet-il, il y a eu des moments difficiles.

« Le premier jour, j'ai pris trois coups roulés sur trois trous du premier neuf, dit-il. Je ratais tous les *putts* courts. Nous sommes arrivés au 11e trou (à Poppy Hills) et j'ai envoyé mon coup de départ quarante pieds plus loin que la coupe. En quittant le départ, quand j'ai entendu Bill dire à notre partenaire Scott Simpson, "Nous allons voir de quel bois il se chauffe", je savais que ça allait être ma fête. »

Sluman a laissé son premier coup roulé à court de six pieds et se sentait de plus en plus nerveux en évaluant son deuxième coup. Il a pris position au-dessus de la balle et s'apprêtait à frapper quand il a entendu Murray dire : « Mesdames et messieurs, cet homme a besoin d'amour. Maintenant, tous en chœur, dites : "Amour!" »

Sluman s'est retiré pendant que la foule, dirigée par Murray, criait : « Nous t'aimons, Jeff! » plusieurs fois. Sluman a porté la main à son cœur pour indiquer combien il était touché, puis il s'est préparé de nouveau à son coup roulé. Évidemment, dès qu'il a commencé son élan, il a entendu la voix de Murray qui disait : « Cet homme a besoin d'encore plus d'amour. Plus fort! Je veux vous entendre! »

Simpson, en bordure du vert, se tordait de rire. Cette fois, en recevant ce témoignage d'amour, Sluman a fait semblant de pleurer. La troisième fois, à son grand étonnement, Murray l'a laissé finir son coup roulé. Il a été encore plus étonné quand la balle est tombée dans la coupe.

« Je crois que j'ai reçu une ovation encore plus importante sur ce vert que lorsque j'ai remporté le championnat de la PGA », dit-il.

Il la méritait bien.

John Feinstein

Brossez, brossez

Il y a sept ans, golfeur débutant de 43 ans, j'ai participé à un tournoi *meilleure-balle*, commandité par un distributeur. Un ami m'avait inscrit le mois précédent et j'avais passé le mois entier à prendre des leçons. Le istributeur avait invité Johnny Miller et les participants pouvaient se faire photographier en sa compagnie.

En arrivant à la normale 3 où M. Miller et son groupe nous attendaient, j'étais très nerveux. Je n'avais joué que trois trous de « vrai » golf avant d'arriver à ce tertre et je n'avais impressionné personne (mon équipe n'avait retenu qu'un seul de mes coups).

J'ai fait prendre ma photo aux côtés de Johnny Miller qui m'a demandé comment allait ma partie. « Pas mal, pour un débutant », ai-je répondu, puis il m'a invité à frapper mon coup de départ. Le tertre de départ était surélevé et le vert, de la grandeur d'un timbre-poste, était situé au bas d'un talus et semblait à des milles de distance. J'ai pris mon fer 4 et je me suis dirigé vers le départ.

« Un instant », a dit Johnny. Il s'est approché et m'a soufflé à l'oreille : « Essayez un fer 8. » Je me suis traîné jusqu'à la voiturette et j'ai pris mon fer 8. J'ai dû rester figé pendant 45 secondes au-dessus de la balle avant de m'élancer, trop rapidement, et calotter celle-ci qui a fait un bond de trois pieds plus bas dans les arbustes.

Je me suis rapidement éloigné en espérant fuir les spectateurs. Johnny Miller était descendu de son perchoir et, prenant mon bâton, il a dit au groupe : « Voilà ce dont je parlais », avant de continuer à discuter des éléments fondamentaux de l'élan. En terminant, il a ajouté : « Souvenez-vous, brossez, brossez, caressez le gazon. » Il a frappé mon fer 8 à cinq pieds du drapeau.

Il m'a rendu mon bâton en disant : « Essayez-en une autre. Je crois que vous pourrez me battre. » Je tremblais tellement que j'ai eu de la difficulté à mettre ma balle sur le *tee*. Enfin, elle est restée en place. Je me suis reculé pour prendre la mesure de ce vert que je n'oublierai jamais et Johnny s'est approché en disant : « Oubliez le reste, brossez, brossez seulement. » Il s'est éloigné.

Je me sentais envahi par un nouveau calme, jamais ressenti auparavant. Je pouvais entendre la brise, et rien d'autre. Lorsque j'ai ramené le bâton en arrière, j'ai senti une nouvelle énergie qui circulait dans mon corps tout entier; mes mouvements étaient tellement fluides, tellement "relax" que j'aurais pu me plier pour rentrer dans un sac de golf.

La tête du bâton est descendue et « brosse, brosse », elle a parfaitement balayé la balle du *tee*. Au moment où la balle a commencé à lever, j'ai vu que, dans ma hâte, j'avais planté mon *tee* derrière la boule de fer argent qui délimitait l'aire de départ. Personne ne m'en avait averti.

Mon coup a frappé la boule de fer – *klonggg* – et a rebondi dans la voiturette où prenaient place Johnny Miller et l'organisateur du tournoi, qui ont réussi à éviter le danger. Quand on a eu fini de les aider à se relever, j'étais déjà loin, en route vers le trou suivant.

Depuis ce jour, j'ai initié au sport du golf un certain nombre de personnes que j'aime et admire. Je n'ai jamais donné de conseils, je leur suggère seulement de débuter en prenant des leçons. Il m'arrive à l'occasion de partager l'idée du « brossez, brossez ». Dans ces cas, je me baisse et je surveille ce qui arrive ensuite.

Steve Minnick

Les voiturettes de golf
n'ont pas quatre roues motrices

J'ai compris un matin que les voiturettes de golf n'ont pas quatre roues motrices quand j'ai essayé de trouver ma balle dans la boue.

Plus tard, on m'a expliqué que cet endroit ne faisait pas partie du terrain de golf, mais était plutôt le site d'un futur condo, un coin de rue plus loin. J'ai dû rater les marqueurs des hors-limites lorsque j'ai traversé l'autoroute. Une autre leçon du monde complexe du golf.

Je me souviens de la première fois où j'ai joué. Mon duo était jumelé à un autre duo. Après que mon coup de départ eut légèrement dévié pour se retrouver sur le toit du *clubhouse*, un des autres joueurs m'a demandé quel était mon handicap. J'ai cru que sa blague était de mauvais goût et je l'ai menacé de mon fer 9.

Aujourd'hui, je comprends qu'un handicap est une bonne chose, même s'il est de 52.

Il est essentiel d'apprendre les règles et le vocabulaire du golf. Cela sépare les débutants de ceux qui connaissent une autre mauvaise journée. En conséquence, mon expérience m'a permis de colliger quelques leçons qui pourraient servir aux autres novices.

Si votre instructeur vous dit d'adresser la balle, ne prenez pas votre stylo pour écrire « Destination : Vert » sur celle-ci.

Évitez de vous tenir sur le bitume en été avec vos chaussures de golf, à moins d'avoir un ami très fort à proximité.

La meilleure manière de retrouver votre balle perdue est d'interroger la personne qui boite sur l'allée adjacente à la vôtre.

N'insistez pas pour que votre mari/femme se mette au golf. Cela ne peut entraîner qu'un des deux effets suivants. Ou bien, il/elle jouera très mal, se plaindra pendant quatre heures et gâchera votre journée. Ou bien, elle/il jouera très bien et vous abreuvera de suggestions pour améliorer votre jeu et gâchera votre journée.

Un double *bogey* n'est pas un cocktail très alcoolisé du film *Casablanca*. Cela signifie deux au-dessus de la normale. Ce n'est pas un mauvais score, loin de là. Si on lui a donné un nom, ce n'est pas un mauvais score. On n'a pas donné de nom à un 15.

Un *chip* (coup d'approche) n'est pas quelque chose qu'une vache a laissé tomber. Ça, c'est une bouse. Un *chip* est un coup retenu bien chorégraphié qui va souvent plus loin que votre coup de départ.

Un *divot* est une motte de gazon qui est arrachée de l'endroit où était votre balle. Un « merde! » est une motte de gazon qui vous frappe au visage quand vous frappez deux pieds derrière la balle.

Une *slice* est une balle qui courbe vers la droite. Une mauvaise *slice* est une balle qui atterrit derrière vous.

Une position difficile peut vouloir dire deux choses. La première décrit la recherche d'une excuse valable – pour la énième fois – pour expliquer pourquoi il vous a fallu six heures pour jouer une ronde de golf et pourquoi votre haleine empeste l'alcool. Cela peut aussi vouloir dire que votre balle est difficile à jouer. Soit qu'elle se trouve derrière un arbre, dans un arbre, ou au sommet d'un arbre.

L'herbe longue est l'espace le long de l'allée qui se trouve juste avant la limite du terrain. Ici, le principe de base est le suivant : si le gars à côté de vous est en train de faire un barbecue, vous êtes probablement hors-limites.

Enfin, les Règles locales disent que vous n'êtes pas pénalisé si un corps étranger se trouve dans l'allée. En conséquence, si vous assommez un touriste avec votre coup de départ, vous avez le droit de déplacer votre balle d'une longueur de bâton.

Maintenant que vous connaissez quelques règles fondamentales, vous devriez avoir plus de plaisir à jouer. De plus, vous pourrez vous concentrer à résoudre certaines particularités fascinantes du golf. Par exemple, s'il est fait entièrement de métal, pourquoi insiste-t-on pour appeler ça un BOIS 3 ?

Ernie Witham

J'aime le golf parce qu'on peut y être nul sans avoir l'air plus abruti que les autres.

Dave Barry

Cinquante façons
de s'amuser plus au golf

1. Arrivez assez tôt pour vous sentir "relax".
2. Laissez tous vos soucis dans la voiture.
3. Enlevez votre montre.
4. Fermez votre téléphone portable.
5. Décidez que rien ne vous agacera pendant 18 trous.
6. Jouez comme si c'était la première fois.
7. Jouez comme si c'était la dernière fois.
8. Au premier départ, utilisez votre bâton favori.
9. Souriez, ou mieux, riez après un coup raté.
10. Jouez avec quelqu'un qui vous fait rire.
11. Félicitez votre partenaire chaque fois qu'il/elle réussit un bon coup.
12. Réparez la marque de balle de quelqu'un d'autre sur chacun des verts.
13. Invitez le groupe qui vous talonne à passer devant.
14. Devenez le plus grand fan de votre partenaire de jeu.
15. Marchez pour faire changement, ou prenez une voiturette pour faire différent.
16. Jouez la balle là où elle repose.
17. Jouez avec votre mari/femme, et concentrez-vous sur ses plus grandes qualités.
18. Donnez des conseils seulement si on vous en demande, particulièrement dans le cas de votre mari/femme.
19. Jouez au golf en semaine avec votre enfant.

20. Attardez-vous et admirez la beauté qui vous entoure.

21. Frappez une nouvelle balle jusqu'à ce que vous franchissiez l'obstacle d'eau.

22. Frappez exprès une *slice*.

23. Imaginez que le but du jeu est de frapper la balle dans la fosse de sable à chaque trou – tentez de le faire à chacun des 18 trous.

24. Cessez de prendre votre partie – et vous-même – trop au sérieux.

25. Souvenez-vous que vous jouez peut-être au golf pour vos affaires, mais que ce n'est pas du travail.

26. Reconnaissez que si le golf vous cause du stress, vous seriez peut-être mieux au bureau.

27. Lisez un bon livre sur le golf.

28. Notez dans un journal personnel vos réalisations et les moments spéciaux sur le terrain.

29. Servez de caddie à un ami pendant une ronde.

30. Jouez sur le parcours de vos rêves avec votre partenaire favori.

31. Jouez une ronde en compagnie de votre chien.

32. Jouez plus souvent.

33. Libérez-vous de l'obsession des résultats qui vous hante.

34. Rendez hommage à l'équilibre entre bien faire et simplement être – au golf comme dans la vie.

35. Jouez pieds nus.

36. Pendant une ronde entière, prétendez que vous avez de nouveau huit ans.

37. La prochaine fois que vous réussirez un coup roulé important, réagissez comme si vous veniez de remporter l'Omnium des États-Unis.

38. Souvenez-vous qu'au golf, comme dans la vie, nos pensées conditionnent nos résultats. Concentrez-vous sur ce qu'il y a de meilleur.

39. Respectez les autres golfeurs.

40. Jouez au golf avec des étrangers, vous vous ferez ainsi de nombreux amis.

41. Visez à donner le meilleur de vous-même sur le terrain.

42. Rendez hommage à la personne qui vous a initié au golf en jouant une ronde en sa compagnie.

43. Faites votre part pour que le golf devienne accessible à tous.

44. Initiez un jeune au golf.

45. Pensez à dix amis ou parents qui pourraient profiter du golf comme vous, et donnez-vous comme objectif de les initier au jeu.

46. Donnez votre vieil ensemble de bâtons à un nouveau golfeur.

47. Jouez une ronde record, dans votre tête.

48. Faites une pause pour vraiment apprécier le lever ou le coucher du soleil que vous tenez pour acquis.

49. Pensez à quel point le monde serait merveilleux si tous jouaient au golf.

50. Rendez grâce à Dieu pour l'existence de ce jeu et la possibilité que vous avez de le pratiquer!

Mark et Chrissy Donnelly

De Profundis, Homo
(Ici, on s'enfonce, mon homme)

Ce n'est pas une question de vie ou de mort. Ce n'est pas si important. Par contre, c'est une imitation de la vie et, en conséquence, ce jeu est une énigme enrobée dans un mystère qui est à son tour enrobé par une autre énigme.

Peter Alliss

Au cours des siècles, les philosophes ont imaginé les concepts qui ont influencé ce que sont aujourd'hui nos gouvernements, nos sociétés et notre mode de vie. Ainsi, n'est-il pas curieux que dans les Pages Jaunes, on trouve des centaines d'instructeurs de golf, de magasins de golf et de terrains de golf, mais pas un seul philosophe? Absolument aucun, zéro, nada, que dalle… le néant total incarné dans une absence universelle, comme diraient les philosophes.

Je crois que les philosophes seraient plus en demande aujourd'hui si on connaissait mieux leurs déclarations et leurs questionnements passés sur la métaphysique du golf. J'ai fait une recherche sur le sujet (sans subvention gouvernementale) et j'y ai déterré de véritables perles de sagesse. La plus fondamentale, à mon avis, est la déclaration du philosophe René Des Cart : « Je joue au golf, donc je suis. »

Des Cart essayait de définir un point de départ, un fondement de vérité irréfutable à partir duquel il pourrait construire une philosophie applicable à toute existence. Sa prémisse de base s'est écroulée lorsqu'elle a été mise en doute par le philosophe et golfeur de terrains publics, le Mexicain Manuel Cant.

Cant a déclaré que si le golf était la vérité première de l'existence, alors le mauvais golf serait la preuve d'une mauvaise existence. Cant savait que cela était faux, car il avait été caddie pour de riches Gringos qui jouaient très mal au golf mais qui avaient une très belle existence.

Les mois où il est impossible de se retrouver sur le terrain, pour se débattre personnellement avec les mystères existentiels du golf, nous procurent l'occasion rêvée d'exercer notre esprit en tentant de résoudre les énigmes classiques de la philosophie et du golf :

« Si un arbre tombe au milieu d'une forêt et qu'il n'y a personne autour, avons-nous le droit de déplacer notre balle sans pénalité si l'arbre est tombé sur elle ? » Oui, mais personne ne le saura !

« Lorsqu'une force irrésistible rencontre une obstruction inamovible, avons-nous droit à un allègement parce que notre ligne de jeu est obstruée ? » Non, car Einstein a démontré que la lumière dévie ; mais on ne peut dévier des règles du golf. Alors, si la lumière dévie, notre ligne de jeu devra donc dévier autour de l'obstruction.

« Notre hérédité ou notre environnement sont-ils responsables de notre *slice ?* » La prédisposition à la *slice* est d'origine génétique, bien qu'elle devienne plus prononcée en présence d'un environnement d'arbres, d'eau ou de hors-limites dans la trajectoire normale de celle-ci.

« Combien d'anges peuvent danser sur le dessus d'une tige? » Les anges ne dansent pas sur la tige du drapeau. Ils planent au-dessus du vert et enregistrent les gros mots. Il y a d'autres créatures ailées qui se dandinent sur les verts et qui sont responsables d'une partie des gros mots. À leur propos, c'est le célèbre naturaliste et philosophe indien, Lavthaball Ultrabalata, qui a dit : « Les droits des animaux ne devraient s'appliquer qu'aux animaux qui sont entraînés à la propreté. »

« Quel est le son d'une main qui applaudit? » Mon ami Al Van Dine a résolu ce problème zen lorsqu'il a dit que le son d'une main qui applaudit ressemble à la soudaine et joyeuse explosion de silence de la part de votre adversaire lorsque vous ratez un court coup roulé.

Al a aussi écrit à profusion au sujet des encavures. Il a écrit : « Les encavures ont toujours fasciné les philosophes, car elles représentent des intervalles de non-balle et pourtant elles sont présumées faire partie de la balle dont l'absence définit leur existence. » Très vrai.

J'aimerais terminer en offrant la bonne réponse à la question éternelle des enfants : « Pourquoi le ciel est-il bleu? » Parce qu'il fait une colère : il ne peut jouer au golf même par les plus belles journées. La paix soit avec vous.

Frank J. Haller

Il vous donnerait
sa chemise

Être caddie a longtemps été une façon populaire de gagner sa vie pour les immigrants des États-Unis, particulièrement dans les grandes régions urbaines le long de la Côte Est américaine.

Le club de golf Winged Foot, en banlieue de New York, bénéficiait entre autres de ces groupes d'hommes qui arrivaient au pays. Peut-être ne connaissaient-ils pas beaucoup le golf, mais ils étaient prêts à travailler fort et ils préféraient le grand air plutôt que la manufacture.

Un jour, un nouveau caddie avançait sur le parcours ouest. Pendant qu'il s'approchait du vert, le golfeur lui a demandé son *sand wedge*. Le caddie a fait mine d'ignorer sa demande, marchant stoïquement devant, la tête baissée.

L'homme lui a redemandé son *sand wedge* et, encore une fois, aucune réaction. Après la troisième fois, le caddie s'est arrêté, a couché le sac par terre et a fouillé à l'intérieur d'une des poches pour en ressortir un sac brun.

« Très bien », dit-il dans un anglais très accentué, pendant qu'il mettait sa main dans le sac pour en sortir un *sandwich* enveloppé dans du papier.

« Mais n'en prenez que la moitié, car il faut bien que je mange aussi. »

Don Wade

Le secret

Il est terriblement triste que ni Aristote ni Shakespeare n'aient joué au golf. Aucun jeu ne déshabille autant l'âme.

Horace Hutchinson

Nous étions en mai, par une magnifique journée. Le parfum de milliers de fleurs embaumait l'air. La nature et les sons du printemps m'enchantaient et je marchais lentement le long du chemin menant au terrain de pratique.

Je m'y étais rendu pour pratiquer en vue de mon tournoi régulier du samedi, et je devais absolument trouver une solution à ce malheureux crochet à droite qui empoisonnait mes parties depuis quelque temps.

J'ai débuté comme toujours en faisant gentiment lever des balles avec mon *wedge* de sable vers le drapeau. Graduellement, j'ai changé pour le fer 7, rejoignant assez régulièrement un autre drapeau. Malgré l'arrangement particulier de mes connexions neurosynaptiques, j'ai pu jouer assez décemment, jusqu'à ce que j'en sois rendu à frapper la balle à plus de 150 verges. La question maintenant était de voir jusqu'à quel point je devrais viser à gauche.

J'ai frappé quelques coups passables avec le fer 7 avant que la chose arrive. Puis, aussi rapidement que c'est venu, la chose a échappé à ma conscience. Qu'est-ce que j'avais dans la tête? J'ai entrepris de revivre mes dernières cinq minutes de pensée consciente. Pas facile. Mais j'ai senti quelque chose et soudainement, un influx nerveux enivrant m'a traversé l'avant-bras droit au moment même où je frappais parfaitement un autre coup. Quelle agréable sensation! Mais comment avais-je fait?

Une faible voix intérieure m'a parlé doucement. Je ressassais mes pensées dans ma tête et j'ai entendu un faible son, encore et encore. *Supinaaaaation. Supinaaaation. Supinaaaaation.*

Quoi? C'est alors que j'ai compris. Cela semblait très difficile à croire, mais l'écho dans ma tête répétait le mot célèbre de Ben Hogan. La chose était particulièrement dérangeante puisque j'avais moi-même abandonné la supination depuis longtemps. J'en étais là, ma vie empoisonnée par des trajectoires de balles qui, poussées vers la droite, accéléraient davantage vers la droite, et je ne voulais certainement pas apprendre à supiner mon poignet gauche. Ce que je voulais vraiment, c'était une façon de ramener la tête de mon bâton dans la trajectoire.

J'ai canonné un autre fer 7 et, à mon grand étonnement, j'ai vu la balle voler très haut et atterrir bien au-delà du drapeau blanc. J'ai commencé à détecter que la relation entre mon corps et le bâton était différente. Quelque chose avait changé, oui, mais quoi?

J'ai pris une autre balle au hasard. J'ai alors eu une révélation étonnante : ma position était comme celle d'un canard. Mon pied droit n'était pas à angle droit avec la ligne, mais il pointait à l'extérieur de la balle. En faisant quelques élans arrière, je pouvais ressentir une différence dans ma hanche droite – que je sentais serpenter avec aisance derrière la balle. Je ressentais un puissant effet de levier dans mon mouvement descendant et à la fin de mon élan. J'avais l'impression que je pouvais frapper la balle aussi fort que je le voulais. Finalement, c'était ça, mon secret.

J'ai frappé encore plusieurs douzaines de balles. En me retournant, j'ai vu derrière moi deux visages souriants, ridés, qui me regardaient. « Vous avez là quelque chose, mon ami », a finalement dit l'un d'eux. « Vous avez harnaché la foudre. Vous feriez mieux d'en profiter. »

J'en ai profité, mais en même temps j'avais peur – peur de lâcher mon fer 7.

J'avais besoin de savoir si la magie opérerait avec d'autres bâtons, et j'ai donc pris un fer 4. En faisant un élan de pratique, le bâton a doucement balayé le dessus du gazon, et je me suis aussi préparé à une déception, craignant de retrouver mes habitudes erratiques. J'ai réalisé mon objectif – prendre conscience de mon plein élan, la main droite étant vraiment celle qui faisait le travail – j'ai donc décidé de foncer. La balle a volé dans les airs, bien au-delà de toutes celles que j'avais déjà frappées avec ce bâton. J'en ai frappé une autre, puis une autre, et vingt balles plus tard, j'aurais juré qu'elles pouvaient toutes tenir sur une nappe de pique-nique.

J'ai pris le fer 3, puis le 2, et je me suis soudainement trouvé en territoire inexploré – frappant des balles jusqu'à la clôture derrière le terrain de pratique. J'ai terminé mon exercice en frappant des fers 9 à dix pieds de la marque de 135; je crois que j'ai frappé l'enseigne cinq ou six fois.

Le samedi suivant, j'ai rencontré Ted dans le vestiaire quelques minutes avant notre tournoi et je lui ai dit que j'essaierais une nouvelle stratégie sur le parcours. « En effet, tu devrais vraiment essayer une nouvelle tactique », a-t-il répondu avec son sourire acerbe qui a rencontré mon sourire confiant.

Ted a frappé le premier et il a coupé son coup vers le bord droit de l'allée. Réitérant mon intention d'essayer quelque chose de différent, j'ai annoncé mon choix d'un fer 3. En réalité, j'ai pris un fer 5 et j'ai frappé un coup superbe qui a abouti à quinze verges à peine derrière la balle de Ted. Il a reconnu mon effort par un « bien joué » à peine audible.

J'ai frappé avec mon *wedge* à huit pieds du trou et, encore une fois, Ted a dit : « bien joué ». Il a frappé et nous avons fait chacun deux coups roulés. Nous étions à égalité.

Nous étions tous deux à environ 235 verges du devant du vert du trou nᵒ 2, un *par* 5 de longueur moyenne. Avec mon fer 2, j'ai pris position, je me suis aligné légèrement à gauche du drapeau et j'ai frappé. La balle a fusé dans l'allée et s'est posée doucement sur le devant du vert, pour rouler à près de douze pieds de distance pour un aigle.

Ted n'a rien dit. J'ai raté le coup roulé, mais j'ai fait un oiselet pour ensuite me diriger vers le troisième départ. À partir de là, le jeu de Ted s'est sérieusement détérioré et, en conséquence, j'ai dû me battre contre le terrain.

Tout était faussé. Je frappais si loin la balle que mon plus gros problème était le choix du bon bâton. Finalement, j'ai décidé de frapper deux ou trois bâtons de moins que normalement et il semble que cela ait réussi, car je suis revenu au *clubhouse* avec un incroyable 30 qui, ajouté à 33 sur le premier neuf, m'a propulsé détenteur du record du parcours, une prouesse étonnante quand on sait que mon pointage précédent était de douze coups plus élevé.

Je n'étais pas moi-même. Je ne savais que penser. J'ai joué plusieurs rondes pendant la semaine et toujours, mon pointage était aux alentours de 60. Dans mon casier, quelqu'un avait placé une casquette Hogan blanche avec une note où il était écrit : « Vous feriez mieux d'en profiter. » C'était intrigant, mais pas autant que l'était ma partie de golf.

Près de deux semaines plus tard, j'ai frappé mon premier crochet à droite. Trois semaines après, je jouais de nouveau dans les 80. Ted se moquait de moi en m'appelant « le plus grand golfeur de tous les temps ». Je ne pouvais pas répondre. La magie s'était envolée aussi rapidement qu'elle était venue.

En septembre, la lettre est arrivée dans une enveloppe blanche ordinaire, avec une adresse de retour qui se lisait : « The Hogan Company, Fort Worth, Texas ». En l'ouvrant, j'ai été étonné de voir une lettre écrite de la main même de l'homme. « Je vous félicite de votre récent exploit, avoir brisé le record du parcours, écrivait M. Hogan. Je me souviendrai toujours de la ronde que j'y ai jouée en 1953. Mon pointage, qui était 64, a représenté pendant toutes ces années un de mes meilleurs succès, et je sais comment vous avez dû bien jouer pour briser ce record. Je vous offre mes meilleurs vœux et je vous souhaite d'en profiter pendant que ça passe. »

J'étais bouleversé. L'homme qui savait ce que signifiait posséder « le secret » connaissait aussi sa précarité. Il savait que je le perdrais. Il savait que ce n'était que temporaire. Ma femme venait de commencer à jouer. Depuis des années, je voulais lui enseigner mais je n'avais jamais osé. Je n'étais pas certain, mais je pense que son nouvel enthousiasme pouvait provenir de son désir de sympathiser avec ma léthargie accablante. Elle m'a invité au terrain de pratique pour constater ses progrès, et a ajouté que, depuis quelque temps, elle aimait vraiment frapper des balles. Elle attribuait son succès à une vidéocassette qu'elle regardait pour apprendre l'élan. J'étais intrigué et je lui ai demandé de m'en parler. Tout en frappant un fer, elle a dit malicieusement : « Ce n'est qu'une vidéocassette que j'ai enregistrée un jour que tu frappais des balles au terrain de pratique. »

J.G. Nursall

À propos des auteurs

Jack Canfield

Jack Canfield est l'un des plus grands spécialistes américains de la croissance personnelle et de la productivité. Il est un conférencier dynamique et amusant, et un formateur très en demande. Jack possède un talent extraordinaire pour informer et mener son auditoire vers des degrés élevés d'estime de soi et de rendement maximal.

Il est l'auteur et le narrateur de nombreuses cassettes et vidéocassettes à grand succès, dont *Self-Esteem and Peak Performance, How to Build High Self-Esteem, Self-Esteem in the Classroom* et *Chicken Soup for the Soul – Live.* On le voit régulièrement à la télévision dans des émissions telles *Good Morning America, 20/20* et *NBC Nightly News.* Jack est coauteur de nombreux livres, dont la série *Bouillon de poulet pour l'âme, Osez gagner* et *Le pouvoir d'Aladin* (tous avec Mark Victor Hansen), *100 Ways to Build Self-Concept in the Classroom* (avec Harold C. Wells) et *Heart at Work* (avec Jacqueline Miller).

Jack est très souvent le conférencier invité auprès d'associations de professionnels, d'écoles, d'agences gouvernementales, d'églises, d'hôpitaux, d'équipes de vente et de sociétés commerciales. Parmi ses clients, on compte The American Dental Association, The American Management Association, AT&T, Campbell Soup, Clairol, Domino's Pizza, GE, Hartford Insurance, ITT, Johnson & Johnson, The Million Dollar Roundtable,

NCR, New England Telephone, Re/Max, Scott Paper, TRW et Virgin Records. Il fait aussi partie du corps enseignant de Income Builders International, une école pour entrepreneurs.

Jack organise chaque année un séminaire de huit jours, un programme appelé Formation des formateurs, dans les domaines de l'estime de soi et du rendement maximal. Ce programme attire des éducateurs, des conseillers, des formateurs dans l'art d'être parent, des formateurs industriels, des conférenciers profession-nels, des membres du clergé et autres personnes inté-ressées à améliorer leurs talents de conférenciers et d'animateurs de séminaires.

Mark Victor Hansen

Mark Victor Hansen est un conférencier profes-sionnel qui, au cours des vingt dernières années, a donné plus de 4 000 conférences à plus de deux mil-lions de personnes dans trente-deux pays. Dans ses exposés, il parle de stratégie de vente et d'excellence; de la croissance personnelle et de l'art de se prendre en main; et comment tripler vos revenus et doubler vos loisirs.

Toute sa vie, Mark s'est donné pour mission de changer profondément et positivement la vie des gens. Pendant toute sa carrière, il a inspiré des centaines de milliers de personnes à se bâtir un avenir plus solide et plus avantageux pour eux-mêmes, tout en stimulant la vente de produits et services pour des milliards de dollars.

Mark est un auteur prolifique. Il a signé les livres *Future Diary, How to Achieve Total Prosperity* et *The Miracle of Tithing*. Il a cosigné la série *Bouillon de poulet pour l'âme, Osez gagner* et *Le pouvoir d'Aladin* (avec Jack Canfield) et *The Master Motivator* (avec Joe Batten).

Mark a également produit une bibliothèque complète de programmes audio et audiovisuels sur l'art de se prendre en main, permettant à ses auditeurs de reconnaître et d'utiliser leurs aptitudes innées dans leur vie professionnelle et personnelle. Son message a fait de lui une personnalité populaire de la télévision et de la radio. Il a participé à des émissions sur ABC, NBC, CBS, HBO, PBS et CNN. Il a aussi été photographié en page couverture de nombreux magazines, dont *Success, Entrepreneur* et *Changes*.

Mark est un grand homme avec un cœur et un esprit à la même mesure. Il est un exemple pour tous ceux qui cherchent à s'améliorer.

Jeff Aubery

Introduit dans le monde du golf dès son jeune âge, Jeff a eu comme mentor personnel et professionnel Nat C. Rosasco, le fondateur de Northwestern/Pro-Select Golf, Co., le plus important fabricant de bâtons de golf au monde. Aujourd'hui, entrepreneur à son tour, Jeff a fondé la société Tornado Golf Co., dont il est propriétaire, une des plus importantes sociétés de fabrication de sacs de golf. Le golf est une passion dans la vie de Jeff. Il commandite des programmes de golf pour juniors et des tournois de bienfaisance partout au monde. Golfeur passionné, Jeff prend le temps de jouer une ronde chaque fois que c'est possible. Il a eu le plaisir de jouer avec les plus grands noms du golf sur les plus beaux terrains du monde.

Ses meilleurs souvenirs de golf lui viennent des gens qu'il a rencontrés et de l'enthousiasme dont il a été témoin pendant la rédaction de *Bouillon de poulet pour l'âme du golfeur.* Il est marié à Patty Aubery, coauteure de *Bouillon de poulet pour l'âme des chrétiens, Bouillon de poulet pour l'âme du survivant.* Jeff n'est pas étranger au phénomène des *Bouillons de poulet.* Le couple et leurs deux enfants habitent à Santa Barbara, Californie. Golfeur et conférencier dynamique, Jeff est disponible pour donner des conférences.

Mark & Chrissy Donnelly

Golfeurs enthousiastes, Mark et Chrissy Donnelly sont un couple dynamique travaillant en étroite collaboration comme auteurs, spécialistes du marketing et conférenciers.

Ils sont les coauteurs du best-seller du *USA Today* et du best-seller #1 du *New York Times*, *Bouillon de poulet pour l'âme du couple.* Ils travaillent aussi à la rédaction de plusieurs autres livres, dont *Bouillon de poulet pour l'âme d'un père* et *Chicken Soup for the Friend's Soul (Bouillon de poulet pour l'âme d'un ami)* et une suite à *Bouillon de poulet pour l'âme du couple.*

Cofondateurs du Donnelly Marketing Group, ils préparent et mettent en œuvre des stratégies de marketing et de promotion très innovatrices pour augmenter la diffusion du message des *Bouillons de poulet pour l'âme* à des millions de personnes dans le monde.

Mark est actuellement chef de la direction du Donnelly Marketing Group. Il a été initié au golf à l'âge de trois ans. Il se souvient avoir suivi son père au terrain de golf et y avoir trouvé un trèfle à quatre feuilles qui, croit-il, a permis à son père de gagner un important tournoi amateur local. À la suite de nombreuses expériences de golf avec son père, Mark en est venu à bien connaître ce jeu, et il y est passablement habile. Mark a grandi à Portland, en Oregon et, sans le savoir, il a fréquenté la même école secondaire que Chrissy. Il est diplômé de l'université de l'Arizona, où il a été président de sa fraternité, Alpha Tau Omega. Il a été vice-président au marketing de l'entreprise familiale, Contact Lumber, pendant onze années, alors qu'il a cessé de s'occuper du quotidien de l'entreprise pour se consacrer à ses activités actuelles.

Chrissy est chef de l'exploitation du Donnelly Marketing Group. Elle s'est récemment mise au golf. Bonne élève, elle a joué un 90 au cours de sa première année. Mark doit surveiller ses arrières quand il joue avec elle. Chrissy a aussi grandi à Portland, en Oregon, et elle est diplômée de l'université d'État de Portland. En tant qu'experte-comptable agréée, elle a fait carrière pendant six années chez Price-Waterhouse.

Mark et Chrissy partagent plusieurs passe-temps dont le golf, la randonnée, le ski, les voyages, l'aérobie hip-hop et les réunions entre amis. Mark et Chrissy habitent à Paradise Valley, en Arizona.

Autorisations

Nous aimerions remercier les éditeurs et les personnes qui nous ont donné la permission d'utiliser le matériel suivant. (N.B. Les histoires dont les auteurs sont anonymes, qui sont tombées dans le domaine public, ou écrites par Jack Canfield, Mark Victor Hansen, Jeff Aubery, Mark Donnelly ou Chrissy Donnelly ne font pas partie de cette liste.)

Les nombreuses leçons du golf. Reproduit avec l'autorisation de Rabbin Marc Gellman. ©1998 Rabbin Marc Gellman.

Un seul. Reproduit avec l'autorisation de J.G. Nursall. ©1998 J.G. Nursall. Paru dans *Golf Journal.*

Objets perdus. Reproduit avec l'autorisation de Greg R. Bernard. ©1998 Greg R. Bernard.

L'Omnium des États-Unis. Reproduit avec l'autorisation de Bill Pelham. ©1998 Bill Pelham.

Sur un nuage. Reproduit avec l'autorisation de Ernie Witham. ©1998 Ernie Witham.

Le maniaque du golf. Reproduit avec l'autorisation de Nancy N. Winthrop (détenteur des droits d'auteurs pour Stephen Leacock). ©1998 Nancy N. Winthrop.

Une journée au Tradition. Reproduit avec l'autorisation de Christine Clifford. ©1998 Christine Clifford.

Je hais le golf - j'adore le golf! Reproduit avec l'autorisation de George Bush. ©1998 George Bush.

Une chandelle dans le vent. Reproduit avec l'autorisation de Jack Sheehan. ©1998 Jack Sheehan et Peter Jacobsen.

Reculer dans le temps. Reproduit avec l'autorisation de Betty Cuniberti. ©1998 Betty Cuniberti. Paru dans *Golf Digest Woman.*

Plimpton attire l'attention. Reproduit avec l'autorisation de George Plimpton. ©1998 George Plimpton.

En équipe, il n'y a pas de "Je". Reproduit avec l'autorisation de Dave Sheinin. ©1998 Dave Sheinin. Paru dans *Golf Journal.*

Le cadeau spécial. Reproduit avec l'autorisation de Adel Guzzo. ©1998 Adel Guzzo.

Mottes de terre. Extrait de *Then Jack Said to Arnie.* Reproduit avec l'autorisation de Don Wade. ©1991.

Le meilleur ami du golfeur. Reproduit avec l'autorisation de Bud Gardner. ©1998 Bud Gardner.

Le tout nouveau golfeur. Reproduit avec l'autorisation de Stan Reynolds. ©1998 Stan Reynolds.

Les aléas du golf. Reproduit avec l'autorisation de Tommy Ehrbar. ©1998 Tommy Ehrbar. Paru dans *Golf Journal.*

Slicker Sam. Reproduit avec l'autorisation de Frank Christian. ©1998 Frank Christian.

En plein centre de l'allée. Reproduit avec l'autorisation de Dave McIntosh. ©1990 Dave McIntosh.

Une leçon que je n'oublierai jamais. Reproduit avec l'autorisation de Simon & Schuster. Extrait de *Every Shot I Take* par Davis Love III et Michael Bamberger. ©1997 par Davis Love III et Michael Bamberger.

La jouer là où elle se trouve. Reproduit avec l'autorisation de Leonard Finkel. ©1998 Leonard Finkel.

Nous les jouons tous. Reproduit avec l'autorisation de William Bowen. ©1998 William Bowen.

Un vrai gentleman. Reproduit avec l'autorisation de Hugh Baldwin. ©1998 Hugh Baldwin.

Le jour où j'ai triché. Reproduit avec l'autorisation de John Meyers. ©1998 John Meyers.

Le coup roulé décisif. Reproduit avec l'autorisation de Ken Robertson. ©1998 Ken Robertson.

La différence entre les Écossais et les Américains. Extrait de *And Then Jack Said To Arnie* de Don Wade. Reproduit avec l'autorisation de Don Wade. ©1991.

La douce arnaqueuse. Reproduit avec l'autorisation de Bob Brust. ©1998 Bob Brust. Paru dans *Golf Journal.*

Le golfeur compatissant. Reproduit avec l'autorisation de Carla Muir. ©1998 Carla Muir.

Série
Bouillon de poulet pour l'âme

* *Volumes disponibles également en format de poche*
** *Volumes disponibles en format de poche seulement*